普通高等教育新工科智能制造工程系列教材

人工智能基础

唐　宇　谭志平　方明伟　黄华盛　编

机械工业出版社

本书共 13 章，主要分为两篇：基础理论篇和实践应用篇，旨在系统全面地介绍人工智能的基础知识和实践案例。本书主要内容涵盖从基础算法（如搜索算法、约束满足问题）到高阶的机器学习、深度学习和强化学习理论，并深入探讨了卷积神经网络、生成对抗网络和图神经网络等重要神经网络架构。书中还介绍了智能计算方法，如遗传算法和粒子群算法。此外，本书部分章节展示了支持向量机、目标检测和强化学习的实际应用案例，也讨论了无人驾驶、精准营销等当今热门应用领域。本书的初衷是向读者介绍人工智能的基础理论和实践应用，使他们能够深入了解这一领域的核心概念和技术。通过本书，学生能够系统了解人工智能领域的最新理论和技术，并具备将理论转化为实践的能力，为未来的科研创新奠定坚实基础。

本书适合作为高等院校计算机科学、自动化、信息技术、智能制造等相关专业本科生和研究生的教材，同时也可供从事人工智能技术开发、智能系统设计及大数据分析的技术人员参考。本书通过理论知识与应用实践的结合，不仅能帮助学生理解人工智能的基础理论知识，还能够培养他们创新和解决实际问题的能力。

图书在版编目（CIP）数据

人工智能基础 / 唐宇等编. -- 北京：机械工业出版社，2025.7. -- （普通高等教育新工科智能制造工程系列教材）. -- ISBN 978-7-111-78867-6

Ⅰ. TP18

中国国家版本馆 CIP 数据核字第 2025NR9205 号

机械工业出版社（北京市百万庄大街 22 号　邮政编码 100037）
策划编辑：余　皞　　　　　责任编辑：余　皞　丁昕祯
责任校对：樊钟英　陈　越　　封面设计：张　静
责任印制：单爱军
北京华宇信诺印刷有限公司印刷
2025 年 8 月第 1 版第 1 次印刷
184mm×260mm・11.5 印张・279 千字
标准书号：ISBN 978-7-111-78867-6
定价：39.80 元

电话服务　　　　　　　　　网络服务
客服电话：010-88361066　　机 工 官 网：www.cmpbook.com
　　　　　010-88379833　　机 工 官 博：weibo.com/cmp1952
　　　　　010-68326294　　金 书 网：www.golden-book.com
封底无防伪标均为盗版　　　机工教育服务网：www.cmpedu.com

前 言
PREFACE

　　人工智能（AI）是当今世界最为引人瞩目的技术领域之一，其已经深刻地改变了人们的生活方式、工作方式以及社会结构。从智能手机上的语音助手到自动驾驶汽车，再到智能推荐系统和医疗诊断，人工智能正在以惊人的速度和广度渗透到人们的日常生活中。在这个快速发展的领域中，理解其基础原理和应用实践变得尤为重要。

　　在基础理论篇中，本书将深入探讨机器学习、人工神经网络、强化学习、智能计算等核心理论，并介绍监督学习和无监督学习的基本原理，以及常见的算法，如最小二乘法、决策树、支持向量机、神经网络等。此外，本书还将讨论人工神经网络的各种类型，以及强化学习在智能体和环境之间进行学习和决策的方法。这些理论知识将为学生提供深入了解人工智能背后机制的基础。在实践应用篇中，本书将通过丰富的案例和实践经验，带领读者走进无人驾驶、精准营销、工业智能、智能医疗、智慧农业、智能翻译等应用场景，深入了解人工智能在不同领域的应用和发展趋势。通过深入浅出的讲解和图文并茂的展示，希望学生能够轻松理解人工智能技术的复杂性，同时也能够领略到其带来的巨大潜力和影响。

　　本书的目标是为广大学生提供一本系统全面的人工智能基础教材，既适合初学者快速入门，又能够满足专业人士深入研究的需求。相信通过本书的学习，学生将能够更好地理解和应用人工智能技术，为构建智能化的未来做出贡献。在这个充满挑战和机遇的时代，让我们一起探索人工智能的奥秘，开启智能时代的新篇章。

编　者

目 录
CONTENTS

前言

基础理论篇

第 1 章 导论和概述 1
  1.1 人工智能的概念 1
  1.2 人工智能的发展历史 2
  1.3 人工智能的应用领域 4
  1.4 人工智能的挑战和机遇 17
  1.5 本章小结 20
  1.6 习题 20

第 2 章 机器学习 21
  2.1 监督学习 21
  2.2 无监督学习 25
  2.3 本章小结 27
  2.4 习题 27

第 3 章 深度学习 29
  3.1 卷积神经网络 29
  3.2 循环神经网络 31
  3.3 生成对抗网络 32
  3.4 图神经网络 34
  3.5 本章小结 35
  3.6 习题 35

第 4 章 强化学习 37
  4.1 引言 37
  4.2 强化学习基本模型和原理 37
  4.3 马尔可夫决策过程 40
  4.4 强化学习主要算法 43
  4.5 强化学习发展趋势 48
  4.6 本章小结 50
  4.7 习题 50

第 5 章 智能计算 51
  5.1 最优化问题 51
  5.2 计算复杂性及 NP 理论 53
  5.3 智能计算基础理论 55
  5.4 遗传算法 57

5.5　蚁群优化算法 ·· 63
5.6　粒子群优化算法 ··· 66
5.7　本章小结 ·· 70
5.8　习题 ··· 71

第6章　人工智能大模型 ·· 72
6.1　大模型概述 ·· 72
6.2　Transformer ·· 75
6.3　生成式预训练 ··· 80
6.4　GPT系列模型 ·· 84
6.5　本章小结 ·· 87
6.6　习题 ··· 87

实践应用篇

第7章　无人驾驶 ··· 88
7.1　无人驾驶概述 ··· 88
7.2　无人驾驶技术基础 ··· 88
7.3　无人驾驶技术发展与应用 ··· 92
7.4　本章小结 ·· 96
7.5　习题 ··· 96

第8章　精准营销 ··· 98
8.1　背景和目的 ·· 98
8.2　方法和数据来源 ··· 99
8.3　精准营销概述 ··· 100
8.4　抖音智能推荐在精准营销中的应用 ·· 102
8.5　精准营销的挑战与未来展望 ··· 107
8.6　本章小结 ·· 109
8.7　习题 ··· 110

第9章　工业智能 ··· 111
9.1　工业智能内涵 ··· 111
9.2　工业智能关键技术 ··· 113
9.3　工业智能应用场景 ··· 115
9.4　本章小结 ·· 120
9.5　习题 ··· 120

第10章　智能医疗 ··· 121
10.1　智能医疗概述 ··· 121
10.2　智能医疗发展及现状 ·· 122
10.3　智能医疗应用场景 ··· 124
10.4　本章小结 ·· 130
10.5　习题 ··· 130

第11章　智慧农业 ··· 131
11.1　智慧农业概述 ··· 131
11.2　智慧农业发展现状 ··· 132

11.3　智慧农业应用场景 …………………………………………………………… 135
11.4　本章小结 ……………………………………………………………………… 143
11.5　习题 …………………………………………………………………………… 143

第 12 章　智能翻译 …………………………………………………………………… 144
12.1　智能翻译概述 ………………………………………………………………… 144
12.2　智能翻译发展及现状 ………………………………………………………… 145
12.3　智能翻译应用场景 …………………………………………………………… 147
12.4　本章小结 ……………………………………………………………………… 152
12.5　习题 …………………………………………………………………………… 152

第 13 章　应用案例 …………………………………………………………………… 153
13.1　基于机器视觉的水稻病害识别研究 ………………………………………… 153
13.2　基于面向对象注意力机制的无人机农情图像颜色校正算法研究 ………… 158
13.3　基于 CNN-Transformer 的农业病虫害识别 ………………………………… 162

参考文献 ………………………………………………………………………………… 175

基础理论篇

第1章 导论和概述

  人工智能是一项旨在模拟和实现人类智能的科学与技术。通过学习和训练大量的数据，利用复杂的算法和模型，人工智能系统能够自主地进行推理、决策和解决问题。人工智能的发展引领着人类进入了一个全新的时代，它不仅在各个领域带来了革命性的变革，而且对人类的生活方式、经济和社会产生了深远的影响。从自动驾驶汽车到智能家居，从机器人辅助手术到智能翻译，人工智能正在改变着人们的生活方式和工作方式。然而，人工智能也面临着一些挑战和争议。伦理和隐私、就业和经济影响、数据安全和偏见等问题成为了人们关注的焦点。因此，需要在推动人工智能技术发展的同时，积极探索解决这些问题的方法，确保人工智能的发展能够为人类带来更多的益处。在此让我们一同探索人工智能的奇妙世界，共同探讨人工智能对未来的影响和意义。

1.1 人工智能的概念

  人工智能（Artificial Intelligence，AI）是一门研究如何使机器能够模拟和实现人类智能的科学和技术。它旨在开发具备感知、理解、学习、推理、决策和解决问题能力的机器系统。人工智能的核心概念是模仿人类智能。它通过模拟人类的思维过程和行为，以及利用计算机和算法的力量，使机器能够执行类似于人类的智能任务。人工智能不仅仅局限于单一领域，而是跨学科、跨领域的，涉及计算机科学、数学、认知科学、心理学等多个学科的知识和方法。

  人工智能的关键技术包括机器学习、深度学习、自然语言处理、计算机视觉等。机器学习是指让机器通过学习大量的数据和样本，从中提取规律和模式，并用于决策和预测。深度学习是机器学习的一种方法，它使用多层次的神经网络模型来模拟人脑神经元之间的连接，从而完成更复杂的任务。

  人工智能的概念涉及以下几个方面：

  （1）学习能力　人工智能系统可以通过分析和理解大量数据，从中提取模式和规律，并通过学习逐渐改进自身的性能。这种学习能力可以表现为监督学习（通过标记数据进行训练）、无监督学习（从未标记的数据中学习）或增强学习（通过与环境的互动进行学习）等形式。

  （2）推理和逻辑　人工智能系统可以使用逻辑推理、推断和演绎等技术来处理信息，并从中得出结论。它们可以根据先前的知识和规则进行推理，从而解决问题和做出决策。

（3）感知和理解　人工智能系统可以通过传感器、摄像头、麦克风等设备获取和感知外部环境的数据，并通过计算机视觉、语音识别等技术来理解和解释这些数据。

（4）自主决策　人工智能系统可以根据收集到的数据、学习到的知识和设定的目标，做出自主的决策和行动，并不需要人类的直接干预。

1.2　人工智能的发展历史

人工智能作为一门旨在研究、模拟和实现人类智能的学科，其发展历程充满了曲折与辉煌，从最初的概念提出到如今已经成为影响深远的技术领域，AI 的发展历史跨越了数个世纪，见证了无数科学家、工程师和创新者的不懈努力。人工智能的发展历史可以按照时间段进行划分，其主要发展阶段如下：

（1）1943—1955 年：早期探索（20 世纪中叶）　20 世纪 40 年代末至 50 年代初，随着计算机技术的发展，科学家们开始尝试将机器视作能够表现出智能的实体。1943 年，神经生理学家沃伦·麦卡洛克（Warren McCulloch）和逻辑学家沃尔特·皮茨（Walter Pitts）提出了第一个人工神经网络模型，这一模型成为了人工智能研究的基础。1950 年，图灵测试由英国数学家艾伦·图灵（Alan Turing）提出，这一测试被认为是评价机器是否具有智能的标准。1956 年，人工智能领域的起点在达特茅斯会议上确立。这一时期人工智能研究刚刚起步，主要关注神经网络和机器智能的基本概念，为后续研究打下基础。

（2）1956—1974 年：符号主义　20 世纪 60 年代至 80 年代，人工智能的发展主要围绕符号主义展开。符号主义是一种基于符号和规则的推理方法，研究人员试图使用逻辑推理和知识表示方法来模拟人类智能的各个方面。在这一时期，人工智能研究的主要焦点在推理、专家系统和自然语言处理等领域。1956 年，约翰·麦卡锡（John McCarthy）在达特茅斯会议上首次提出了"人工智能"这一术语，正式确立了这一学科领域的名称。1958 年，麻省理工学院的人工智能实验室成立。1965 年，早期自然语言处理系统 ELIZA 问世。1969 年，Shakey 机器人成为能在现实环境中执行任务的第一个机器人。在这一时期，人工智能研究集中在符号主义和推理技术，试图通过逻辑和专家知识模拟人类智能。

（3）1975—1980 年：知识推理　20 世纪 80 年代至 90 年代，人工智能研究逐渐转向了知识工程领域。知识工程是一种利用专家知识来解决问题的方法，主要包括专家系统和规则基础系统。专家系统是一种利用领域专家的知识和经验来模拟决策过程的计算机程序。1975 年，DENDRAL 系统应用专家知识进行化学分析。1979 年，MyCIN 系统用于诊断和治疗细菌感染。在这一时期，人工智能研究开始注重知识表达和推理技术，专家系统被广泛应用于诊断、规划、监控等领域，取得了一定的成功。然而，随着专家系统在实际应用中遇到的困难和局限性逐渐显露，人工智能研究进入了低谷期。

（4）1981—1987 年：机器学习　20 世纪末，随着大数据时代的到来和计算能力的不断提升，机器学习重新成为人工智能研究的热点。机器学习是一种通过让计算机系统自动学习和改进而不是通过明确编程来执行任务的方法。特别是深度学习技术的兴起，使得神经网络重新受到关注，并在图像识别、语音识别、自然语言处理等领域取得了巨大成功。深度学习的出现标志着人工智能技术迈向了一个新的阶段，也促使人们重新思考 AI 的本质和未来。

1981 年，IBM 的 R1 系统利用机器学习和模式识别技术检测白血病。1986 年，反向传播算法被提出，推动了神经网络的发展。这一时期机器学习技术开始崭露头角，为神经网络和模式识别的发展提供了强有力的支持。

（5）1988—1997 年：专家系统和应用拓展　在此阶段，专家系统又开始成为人工智能领域的热点，其应用范围得到了拓展和深化。这一时期，专家系统在医疗诊断、金融分析、工业控制等领域得到了广泛应用。1988 年，美国 NASA 成功地利用专家系统控制了航天飞机的发动机。1997 年，IBM 的 Deep Blue 击败国际象棋冠军加里·卡斯帕罗夫。这一时期的重点是将专家系统应用于各种领域，以解决复杂的问题。其中一些重要的应用包括：几何定理证明，专家系统在几何学领域被应用，成功地证明了一些几何定理，展示了人工智能在推理和证明方面的潜力；医疗诊断，专家系统被应用于医学领域，帮助医生进行疾病诊断和治疗决策。这一时期的研究和实践使专家系统得到广泛的应用，人工智能在各个领域取得了一些重要的成果。专家系统的优势在于能够利用专家的知识和经验来解决复杂的问题，提供决策支持和解决问题的能力。然而，尽管专家系统在特定领域中表现出色，但也存在一些挑战和限制。其中包括知识获取的困难、知识库的更新和维护、专家系统的可解释性和适应性等方面的挑战，这也促使人们重新思考人工智能的发展方向。这为未来的研究和应用打下了坚实的基础。

（6）1998—2005 年：互联网和数据驱动　在 21 世纪初期，互联网和数据驱动成为人工智能发展的主要特征。随着互联网的普及和数据量的爆发式增长，人工智能技术进入了数据驱动的新时代。在这段时间里，搜索引擎技术的快速发展成为人工智能领域的亮点之一。1998 年，谷歌公司成立，推出了划时代的搜索引擎技术，以其强大的搜索算法和智能化的搜索结果排名迅速占领了市场。此外，数据挖掘和机器学习技术也得到了广泛应用，用于分析海量数据中的模式和趋势，为企业决策提供支持。同年，谷歌开始利用人工智能技术改进搜索引擎的效果，如 PageRank 算法。2005 年，YouTube 的创立和在线视频的普及，进一步推动了人工智能在图像识别和视频理解方面的研究和应用。这一时期，人工智能技术开始从实验室走向现实生活，并深刻影响了人们的日常生活和工作。互联网的兴起促进了人工智能技术的发展，大量数据的积累和利用成为推动人工智能研究的重要动力。

（7）2006—2011 年：深度学习的崛起　在此阶段，深度学习技术开始崛起和蓬勃发展，这一时期被视为人工智能发展的重要转折点。深度学习是一种基于人工神经网络的机器学习方法，其核心思想是通过多层次的神经网络结构来模拟人类大脑的工作原理，从而实现对复杂数据的高效学习和抽象表示。2006 年，加拿大多伦多大学的 Geoffrey Hinton 和他的团队提出了深度置信网络（Deep Belief Networks）模型，为深度学习的发展奠定了基础。随后，Hinton 和他的同事 Yann LeCun 及 Yoshua Bengio 在接下来的几年中陆续提出了一系列的深度学习模型和算法，如卷积神经网络（CNN）、递归神经网络（RNN）等，极大地推动了深度学习技术的进步。在这段时间，深度学习技术在图像识别、语音识别、自然语言处理等领域取得了突破性的进展。例如，2009 年，Hinton 和他的团队利用深度学习技术在图像分类任务上取得了显著的性能提升，引发了对深度学习在计算机视觉领域的广泛关注。2010 年，LeCun 等人将深度学习应用于手写字符识别，取得了惊人的效果，为后来的数字化文档处理和智能识别技术奠定了基础。深度学习的崛起使得人工智能技术在理论和实践上都取得了巨大突破，为之后的人工智能发展奠定了基础。然而，在这一时期，深度学习技术的应用仍面临着一些挑战，例如，模型训练需要大量的数据和计算资源，模型的可解释性和泛化能力等问题亟待解决。尽管如此，深度学习技术的崛起为人工智能技术的发展打开了新的局面，为未来人工智能的发展注入了新的活力和动力。

（8）2012年至今：人工智能的广泛应用　在此阶段，人工智能技术在各个领域的广泛应用成为人类社会发展的重要引擎。人工智能技术不断创新，并取得了巨大进步，为各行各业带来了深远的影响。在计算机视觉领域，深度学习技术的突破使得图像识别、目标检测、人脸识别等任务取得了前所未有的精度和效率。例如，2012年，谷歌利用深度学习技术在ImageNet图像识别竞赛中取得了巨大成功，引发了图像识别技术的革命性进步。此后，计算机视觉技术被广泛应用于安防监控、智能交通、医学影像分析等领域，为人们的生活和工作带来了极大便利。在自然语言处理领域，深度学习技术也取得了重大突破。机器翻译、文本摘要、情感分析等任务的性能大幅提升，使得人们能够更加高效地处理和理解大量文本信息。2014年，谷歌推出了基于深度学习的语言模型BERT，开创了自然语言处理领域的新纪元。此后，BERT模型被广泛应用于搜索引擎、智能客服、智能写作等领域，为语言理解和生成技术带来了革命性变革。在医疗健康领域，人工智能技术为疾病诊断、医疗影像分析、个性化治疗等方面提供了新的解决方案。深度学习技术在医学影像诊断中的应用取得了显著成果，帮助医生更准确地诊断疾病并提供个性化的治疗方案。同时，智能健康管理、远程医疗等新兴应用也得到了广泛发展，为人们提供了更加便捷和高效的医疗服务。除此之外，人工智能技术还在交通运输、金融服务、农业生产、教育培训等领域得到了广泛应用，推动了社会经济的发展和进步。然而，人工智能技术的发展也面临着一些挑战，如数据隐私保护、智能系统的安全性、人机关系的平衡等问题，需要持续关注和解决。随着技术的不断进步和创新，人工智能技术将继续为人类社会带来更多的改变和惊喜，为构建更加智能化、高效化的未来贡献力量。

综上所述，人工智能经历了多个阶段的发展，从早期的探索到符号主义、知识推理、机器学习和深度学习等技术的兴起，取得了显著的进展。未来人工智能有望在自动驾驶、机器人技术、智能城市、医疗保健和环境保护等领域继续发挥重要作用。然而，人工智能的发展也面临一些挑战，如数据隐私和伦理问题，以及对人类就业和社会结构的影响等。因此，需要持续关注并探索人工智能的发展，确保其符合道德和法律框架，同时注重人工智能与人类的和谐共处，促进技术的可持续和负责任应用。未来，人工智能的发展仍将受益于跨学科的合作和创新，如融合认知科学、计算机科学、数学、哲学等领域的知识。同时，重视人工智能的教育和普及，培养专业人才和推广人工智能技术的应用，将进一步推动人工智能技术的创新和发展。总的来说，人工智能的发展历史见证了技术的飞速进步，带来了许多惊人的应用和可能性。然而，也应保持警觉，平衡技术发展和社会影响，以确保人工智能的发展与人类的福祉相结合，创造一个更加智能、可持续和人性化的未来。

1.3　人工智能的应用领域

人工智能作为一门探索如何使计算机模拟人类智能的学科，已经深入到人们生活的方方面面，成为了当今科技领域最令人瞩目的发展方向之一。其应用领域之广泛和影响之深远，正逐渐改变着人们的生活、工作和整个社会。从医疗健康到金融服务，从交通运输到农业生产，从教育培训到娱乐媒体，人工智能技术正催生着一场全球性的变革。在医疗健康领域，AI 技术帮助医生提高了诊断的准确性，加速了新药研发过程，实现了个性化医疗服务；在金融领域，AI 应用于风险管理、智能投资、反欺诈等方面，提高了金融服务的效率和安全性；在交通运输领域，自动驾驶技术的发展将改变出行方式，提升交通的效率和安全性。人工智能的应用领域不断拓展和深化，其潜力和前景令人振奋。下面将具体介绍人工智能的一些主要应用领域。

1.3.1 数据分析和机器学习

机器学习（Machine Learning）是人工智能的分支领域，旨在使计算机系统能够从数据中自动学习和改进，而无需显式地进行编程。机器学习的目标是通过构建和训练模型，使计算机能够从过去的经验中学习，并利用学到的知识来进行预测、决策和解决问题。机器学习算法通过分析和处理大量的数据，从中发现数据之间的模式和规律，并生成能够对新数据进行预测或分类的模型。这些模型可以基于不同的学习方式进行训练，包括监督学习、无监督学习和强化学习。

数据分析（Data Analysis）是指对收集到的数据进行解释、整理、清洗和转化的过程，以便从中提取有价值的信息。数据分析涉及多个步骤，包括数据预处理、探索性数据分析、特征工程、建模和评估等。

在机器学习中，数据分析是至关重要的一步，涉及对数据进行统计分析、可视化、特征选择等处理，以便为机器学习算法提供高质量的输入。数据分析可以帮助发现数据中的趋势、异常值和相关性，为机器学习任务提供有价值的输入特征。综合起来，机器学习和数据分析相互关联且相辅相成。数据分析提供了机器学习所需的数据处理和特征提取基础，而机器学习则通过算法和模型构建，进一步挖掘数据中的模式和规律，为数据分析提供更准确的预测和决策能力。

机器学习和数据分析的原理基于统计学和算法理论，旨在从数据中提取有用的信息和模式。主要包括以下过程：

（1）数据收集和预处理　首先，需要收集和获取相关的数据。这些数据可以是结构化的数据（如数据库中的表格数据）或非结构化的数据（如文本、图像、音频等）。然后，对数据进行预处理，包括数据清洗、数据转换、缺失值处理等，以确保数据的质量和一致性。

（2）特征工程　特征工程是对原始数据进行处理和转换，以提取出适合机器学习算法使用的特征，包括特征选择、特征变换和特征构造等步骤。好的特征工程可以显著提高模型的性能和泛化能力。

（3）模型选择和训练　在选择合适的机器学习模型之前，需要明确问题的类型，如分类问题、回归问题、聚类问题等。根据问题的性质和数据的特点，选择适当的机器学习算法，如决策树、支持向量机、神经网络等。然后，使用已准备好的数据集对模型进行训练，通过调整模型的参数和优化算法，使模型能够从数据中学习和拟合。

（4）模型评估和优化　训练完成后，需要对模型进行评估以衡量其性能。常见的评估指标包括准确率、召回率、精确率、F1 分数等。如果模型的性能不符合要求，可以通过调整模型参数、增加训练数据、改进特征工程等方式进行优化。

（5）模型应用和预测　在模型训练和优化完成后，可以将模型应用于新的数据进行预测或分类。模型根据输入数据的特征，利用学到的知识进行推断和预测，并生成相应的输出结果。

（6）持续改进　机器学习和数据分析是一个迭代的过程。通过收集新的数据、重新训练模型、优化特征工程等方式，可以改进和提升模型的性能，以适应不断变化的数据和问题。总之，机器学习和数据分析的原理涉及数据的收集和预处理、特征工程、模型选择和训练、模型评估和优化等步骤，旨在从数据中提取有用的信息，并建立能够对新数据进行预测和决策的模型。

机器学习和数据分析在各个领域都有广泛的应用。以下是一些常见的应用领域：

（1）商业和市场分析　机器学习和数据分析可以用于预测市场趋势、消费者行为和需求，帮助企业制定营销策略、推广活动和定价策略。可以通过分析大规模的市场数据和消费者数据来发现隐藏的模式和趋势，以支持业务决策，提高市场竞争优势。

（2）金融和风险分析　在金融领域，机器学习和数据分析可以应用于风险评估、欺诈检测、投资组合优化和股票市场预测等任务。可以帮助金融机构发现异常模式和风险信号，并提供基于数据的决策支持。

（3）医疗保健　机器学习和数据分析在医疗领域具有广泛的应用。可以用于医学图像分析、疾病预测和诊断、药物研发和个性化治疗等方面。通过分析大量的医疗数据和临床数据，机器学习和数据分析可以帮助医生提高诊断准确性、优化治疗方案，并改善患者护理的质量。

（4）制造和供应链管理　机器学习和数据分析可以在制造和供应链领域中应用于质量控制、预测维护、供应链优化和需求预测等任务。可以利用历史数据和实时数据来预测设备故障、优化生产计划，并提高生产率和供应链可靠性。

（5）智能交通和物流　机器学习和数据分析在交通和物流管理中发挥着重要作用。可以用于交通流量预测、交通信号优化、路径规划和货物跟踪等方面。通过实时数据分析和预测模型，机器学习和数据分析可以提高交通系统的效率、减少拥堵，并优化物流运输过程。

（6）自然语言处理和语音识别　机器学习在自然语言处理和语音识别领域有着广泛的应用。可以用于文本分类、信息提取、机器翻译、情感分析和语音识别等任务。通过机器学习算法的训练和优化，可以实现自然语言处理和语音识别的自动化处理，使得人机交互更加智能和自然。

（7）社交媒体和推荐系统　机器学习和数据分析在社交媒体和推荐系统中扮演着重要角色。可以分析用户行为和兴趣，构建个性化推荐系统和广告定向。通过机器学习算法，可以根据用户的历史数据和偏好，提供个性化的内容推荐和用户体验。

（8）图像和视频分析　机器学习和数据分析在图像和视频分析领域具有广泛应用。可以用于图像识别、目标检测与跟踪、图像分割、视频内容理解等任务。通过训练模型来识别和理解图像和视频数据，可以应用于安防监控、智能交通、虚拟现实等领域。

（9）自动驾驶和智能交通　机器学习和数据分析在自动驾驶和智能交通系统中起到关键作用。可以通过分析传感器数据，如摄像头和雷达数据，来实现车辆感知、目标检测与识别、轨迹规划和决策等任务，从而实现自动驾驶和智能交通管理。

（10）市场预测和股票交易　机器学习和数据分析在金融领域中也广泛应用于市场预测和股票交易。通过分析历史市场数据和相关指标，机器学习可以构建预测模型来预测市场走势和股票价格变动，并辅助做出投资决策。

总之，机器学习和数据分析在各个领域中都发挥着重要作用，帮助人们从大量的数据中提取有价值的信息、发现潜在的模式和趋势，并支持决策和优化。随着技术的不断进步和数据的增长，机器学习和数据分析的应用前景将更加广阔，为各行各业带来更多的创新和发展机会。

1.3.2 自然语言处理（NLP）

自然语言处理（Natural Language Processing，NLP）是人工智能的一个分支领域，研究如何使计算机能够理解、处理和生成自然语言（人类日常使用的语言），如英语、中文等。NLP 的目标是使计算机能够对文本和语言进行自动处理和分析，完成对语言的理解、生成、翻译、情感分析等任务。NLP 涵盖了多个子领域和技术，包括语音识别、文本理解、情感分析、语言生成、机器翻译、问答系统等。在 NLP 中，计算机需要处理的文本通常是非结构化的，包含词汇、语法、语义、上下文等信息。NLP 技术的基础是对语言的形式和结构进行建模和分析，以便从中提取出有价值的信息。

NLP 的原理涉及多个方面，包括语言学、统计学、机器学习和深度学习等。以下是 NLP 的一些基本原理和方法：

（1）词法分析（Lexical Analysis）　词法分析是将句子划分为词汇单元（Tokenization），并对每个词进行词性标注、词形还原和词干提取等处理。这一步骤有助于对单词进行基本的语义和语法分析。

（2）句法分析（Syntactic Analysis）　句法分析是分析句子的语法结构和组成成分，以确定单词之间的依存关系和句法角色。常见的句法分析方法包括基于规则的方法和基于统计的方法，如上下文无关文法（CFG）和依存句法分析。

（3）语义分析（Semantic Analysis）　语义分析涉及理解句子的意义和语义关系，包括词义消歧（Word Sense Disambiguation）、语义角色标注（Semantic Role Labeling）和指代消解（Coreference Resolution）等任务。这些任务帮助人们理解句子中单词之间的语义关系和实体之间的关联。

（4）语言模型（Language Modeling）　语言模型是对语言的概率模型，用于预测句子的概率或生成合理的句子。语言模型可以是基于统计的模型（如 n-gram 模型）或基于神经网络的模型（如循环神经网络和变压器模型）。语言模型在机器翻译、自动摘要、语音识别等任务中起着重要作用。

（5）信息检索（Information Retrieval）　信息检索是从大规模文本数据中检索相关信息的过程，包括关键词匹配、文本索引和倒排索引等技术。信息检索在搜索引擎和问答系统中起着关键作用。

（6）机器学习和深度学习（Machine Learning and Deep Learning）　机器学习和深度学习方法在 NLP 中被广泛应用。可以用于训练模型，从大量的语言数据中学习和推理。常见的 NLP 任务，如文本分类、命名实体识别、情感分析等，可以使用各种机器学习和深度学习算法来完成，如支持向量机（SVM）、逻辑回归（Logistic Regression）、卷积神经网络（CNN）和循环神经网络（RNN）等。

（7）知识图谱（Knowledge Graph）　知识图谱是一种结构化的知识表示方式，用于存储和表示实体之间的关系和属性。在 NLP 中，知识图谱可以用于语义理解和推理。通过将语言中的实体和概念与知识图谱中的实体和关系进行关联，可以进行更深层次的语义分析和推理。知识图谱的构建和使用涉及自动知识抽取、实体链接、关系抽取等技术。

（8）迁移学习（Transfer Learning）　　迁移学习是将在一个任务上学到的知识和模型应用于另一个相关任务的过程。在 NLP 中，通过在大规模的语言数据上进行训练，如语言模型的预训练，可以学习到通用的语言表示和模式，然后将这些学到的知识迁移到特定的任务上进行微调和优化，以提高任务的性能和效果。

（9）注意力机制（Attention Mechanism）　　注意力机制在 NLP 中起着重要作用，特别是在机器翻译和文本生成任务中。通过注意力机制，模型可以动态地关注输入序列中的不同部分，以便更好地捕捉关键信息和上下文的重要性。注意力机制可以增强模型的表达能力和泛化能力，提高 NLP 任务的性能。

（10）序列建模（Sequence Modeling）　　NLP 中的很多任务都涉及对文本序列的建模和处理，如机器翻译、语言生成和语音识别等。序列建模的目标是对序列中的每个元素进行建模，以捕捉元素之间的关系和顺序信息。常用的序列建模方法包括循环神经网络（RNN）和变压器模型（Transformer），它们能够对序列进行编码和解码，从而实现对序列的理解和生成。

以上列举的是 NLP 的一些基本原理和方法，这些方法在实际应用中通常会结合使用，以处理具体的自然语言任务。随着深度学习和大数据的发展，NLP 在自动化翻译、问答系统、智能助理等领域取得了显著的进展，并为人们提供了更加智能和自然的与计算机交互的方式。

NLP 的一些常见任务和应用包括：

（1）语音识别（Speech Recognition）　　将语音信号转换为文本形式。

（2）信息抽取（Information Extraction）　　从大量的文本中提取出结构化的信息，如实体识别、关系抽取等。

（3）文本分类与情感分析（Text Classification and Sentiment Analysis）　　将文本分为不同的类别或分析文本的情感倾向。

（4）机器翻译（Machine Translation）　　将一种语言自动翻译成另一种语言。

（5）问答系统（Question Answering Systems）　　根据用户的问题，在文本中找到相应的答案。

（6）语言生成（Language Generation）　　根据给定的条件和上下文，生成自然语言的文本。

NLP 使用各种技术和方法，包括统计学、机器学习、深度学习、自然语言理解和生成模型等。随着技术的进步，NLP 在自动化翻译、智能助理、社交媒体分析、智能客服等领域有着广泛的应用，为人们提供了更加自然、智能和便捷的与计算机进行交互的方式。

1.3.3　计算机视觉

计算机视觉（Computer Vision）是一门研究如何使计算机系统能够模仿人类视觉系统并理解图像和视频的学科。计算机视觉旨在开发算法和技术，使计算机能够自动地从数字图像或视频中获取、分析和理解有关视觉世界的信息。计算机视觉的目标是使计算机能够模拟人类视觉系统的功能，包括图像感知、目标检测与识别、场景理解、运动跟踪、姿态估计、三维重建等。计算机视觉的应用非常广泛，包括图像搜索、人脸识别、智能监控、无人驾驶、增强现实、医学图像分析等。

计算机视觉主要应用于以下几个方面：

（1）图像获取与预处理　图像获取是指通过摄像机或传感器获取图像或视频数据。预处理阶段包括图像去噪、图像增强、颜色校正等，以提高图像质量和减少噪声。

（2）特征提取与描述　特征提取是从图像中提取具有代表性的信息或特征，如边缘、纹理、颜色等。特征描述是将提取到的特征转换为数学表达，以便计算机能够理解和处理。

（3）目标检测与识别　目标检测是在图像中定位和标记出特定目标的位置，而目标识别则是确定图像中目标的类别或身份。可以通过使用分类器、深度学习网络或基于特征匹配的方法来实现。

（4）图像分割与语义分析　图像分割是将图像划分为具有语义信息的区域，以便更好地理解和分析图像。语义分析是理解图像中的场景、对象和关系，如物体分割、场景分类和场景理解等。

（5）运动跟踪与姿态估计　运动跟踪是追踪视频序列中的运动目标，并确定其位置和轨迹。姿态估计是根据图像或视频中的目标形态，估计目标的姿态或姿势，如人体姿态估计、手势识别等。

（6）三维重建与立体视觉　三维重建是从多个图像或视频中恢复场景的三维结构和几何信息，如点云重建、立体视觉和结构光扫描等技术。

计算机视觉使用了多种技术和方法来实现其目标。以下是一些常用的计算机视觉技术：

（1）特征提取与描述算法　常用的特征提取算法包括边缘检测、角点检测、纹理描述子等。这些算法能够从图像中提取出具有代表性的特征点或特征描述子，以用于目标检测、识别和跟踪等任务。

（2）分类与识别算法　计算机视觉中常用的分类与识别算法包括支持向量机（SVM）、随机森林（Random Forest）、卷积神经网络（CNN）等。这些算法可以训练模型来对图像中的目标进行分类或识别，如人脸识别、物体识别等。

（3）目标检测与跟踪算法　目标检测算法能够在图像或视频中定位和标记出感兴趣的目标，如基于特征的方法（如 Haar 特征和 HOG 特征）和基于深度学习的方法（如 Faster R-CNN 和 YOLO）。目标跟踪算法则是在视频序列中追踪目标的运动轨迹，如卡尔曼滤波和相关滤波等。

（4）图像分割算法　图像分割算法可以将图像分割成具有语义信息的区域，以实现更精细的图像理解。常用的图像分割算法包括基于阈值的方法、基于边缘的方法、基于区域的方法和基于深度学习的方法（如语义分割网络）。

（5）深度学习技术　深度学习在计算机视觉领域取得了重大突破，尤其是卷积神经网络（CNN）的广泛应用。CNN 通过多层神经网络的堆叠和卷积操作，能够从原始图像中自动学习特征，并在各种视觉任务中取得卓越的性能，如图像分类、目标检测、语义分割等。典型的 CNN 架构包括 LeNet、AlexNet、VGGNet、ResNet 和 Inception 等。除了以上列举的技术和方法，计算机视觉还与其他领域的交叉应用紧密相关，如模式识别、机器学习、图像处理、信号处理、几何学和优化算法等。这些方法和技术的结合使得计算机能够从图像和视频数据中获取丰富的视觉信息，并进行高级的图像理解和分析。

计算机视觉在许多领域都有广泛的应用，以下是一些常见的应用场景：

（1）自动驾驶　计算机视觉在自动驾驶系统中用于道路识别、车辆检测与跟踪、行人检测、交通标志识别等，帮助车辆实现环境感知和决策。

(2) 人机交互　计算机视觉可以用于手势识别、面部表情分析、眼球追踪等，实现自然的人机交互和智能用户界面。

(3) 医学影像　计算机视觉在医学影像领域有着广泛的应用，如病变检测与诊断、器官分割、肿瘤定位等，帮助医生进行快速准确地诊断和治疗。

(4) 视频监控与安防　计算机视觉在视频监控领域用于实时目标检测、行为分析、异常检测等，提供安全防范和事件识别的能力。

(5) 增强现实　计算机视觉与虚拟现实结合，可以实现对真实世界的实时感知和交互，为增强现实应用提供基础。随着深度学习和大数据技术的发展，计算机视觉在各个领域的应用将不断扩展和深化，为人们提供更加智能和自动化的视觉分析和理解能力。

1.3.4　智能机器人

智能机器人是指具备一定程度人类智能的计算机系统或机器设备。它们能够感知和理解环境、学习和适应新知识、推理和解决问题，以及与人类进行交互和沟通。

智能机器人的关键特征包括以下几个方面：

(1) 感知能力　智能机器人具备感知环境和感知数据的能力。可以通过传感器、摄像头、麦克风等设备获取外部信息，并将其转化为可理解和处理的形式。

(2) 学习和适应能力　智能机器人能够从数据中学习和获取知识，并根据学习到的知识调整和改进其行为和性能。可以通过机器学习和深度学习等技术，从大量的数据中提取模式和规律，进而进行预测、分类、识别等任务。

(3) 推理和解决问题能力　智能机器人能够进行推理和逻辑推断，以解决问题和做出决策。可以利用已有的知识和规则进行推理，并结合新的输入信息进行问题求解。

(4) 自然语言处理和交互能力　智能机器人能够理解和生成自然语言，以与人类进行交互和沟通。可以理解语音指令、识别语音内容，并能够以口头或书面方式与人类进行对话。

(5) 自主性和自我调节能力　智能机器人具备一定的自主性和自我调节能力。可以根据环境变化和任务需求调整自身的行为和策略，以适应不同的情境和要求。

智能机器人的应用领域非常广泛，涵盖了人工智能、机器人技术、自动化系统、智能家居、智能交通等众多领域。可以帮助人类提高生产率、改善生活质量，以及解决各种复杂的问题和挑战。以下是一些常见的智能机器人应用：

(1) 人工智能助手　智能机器人可以作为人工智能助手，为用户提供各种信息和服务。例如，智能语音助手（如Siri、Alexa、Google Assistant）可以回答问题、执行任务、提供天气预报、设置提醒等，提供个性化的语音交互和智能助理功能。

(2) 自动驾驶汽车　智能机器人在自动驾驶中发挥着重要作用。它们可以通过传感器和算法感知和分析周围的环境，识别道路标志、车辆和行人，并自主地进行决策和驾驶操作，实现无人驾驶的功能。

(3) 工业自动化　智能机器人在工业生产和制造领域广泛应用。例如，机器人可以执行重复、危险或高精度的任务，如组装、焊接、包装等。智能机器人还可以通过机器视觉和感知技术进行质量控制和自动化检测。

(4) 医疗保健　智能机器人在医疗领域中有着广泛的应用。可以辅助医生进行诊断和治疗决策，帮助分析医学图像、解读病历数据，并提供个性化的医疗建议和治疗方案。智能机器人还可以监测患者的健康状况，提供远程医疗服务，并协助手术过程中的精确操作。

（5）客户服务和机器人助手　智能机器人可以在客户服务领域中充当机器人助手，与客户进行交互和解答问题。可以提供 24 小时在线支持、自动化回答常见问题、处理投诉和反馈，并提供个性化的服务和推荐。

（6）金融和风险分析　智能机器人在金融领域中广泛应用于风险评估、投资组合优化、交易分析和欺诈检测等任务。可以通过分析大量的金融数据和市场信息，进行预测和决策，提高交易效率和风险管理能力。

（7）教育和培训　智能机器人在教育领域可以提供个性化的学习体验和教育支持。可以根据学生的需求和学习风格提供定制化的教学内容和学习建议。智能机器人还可以提供虚拟实验室、在线辅导和自适应学习平台，促进学生的自主学习和知识获取。

（8）自然语言处理和语音识别　智能机器人在自然语言处理和语音识别领域有着广泛的应用。可以理解和生成自然语言，进行语义理解、机器翻译、文本分析、情感分析等任务。智能机器人还可以进行语音识别和语音合成，实现语音交互和语音控制。

（9）媒体和娱乐　智能机器人在媒体和娱乐领域中扮演着重要角色。可以根据用户的兴趣和偏好推荐个性化的内容，提供音乐、电影、新闻等推荐服务。智能机器人还可以进行图像识别和图像生成，实现图像编辑、虚拟现实和增强现实等。

（10）农业和环境监测　智能机器人可以在农业和环境监测中应用。可以利用传感器和数据分析技术，监测土壤湿度、气象条件、植物生长状态等，并提供精确的农业管理和环境监测建议。智能机器人还可以进行无人机监测和精准农业管理，提高农业生产率，促进环境保护。

1.3.5　自动驾驶

自动驾驶是指利用先进的计算机技术、传感器和控制系统，使汽车能够在无需人类干预的情况下自主地感知和理解环境，做出决策并执行驾驶任务。自动驾驶技术旨在实现车辆的自主导航和操作，使车辆能够安全、高效地行驶，并为乘客提供便利、舒适的出行体验。

自动驾驶系统通常包括以下关键组件：

（1）传感器　自动驾驶车辆配备多种传感器，如激光雷达、摄像头、微波雷达和超声波传感器等。这些传感器能够感知和获取车辆周围的环境信息，包括道路、车辆、行人、障碍物等。

（2）数据处理与感知　通过使用计算机视觉和图像处理技术，自动驾驶系统对传感器数据进行处理和分析，以实时感知和理解车辆周围的环境。这包括目标检测与跟踪、道路识别、障碍物识别等任务。

（3）决策与规划　基于感知到的环境信息，自动驾驶系统利用机器学习和人工智能算法，进行决策和规划。可以评估交通状况、制定安全驾驶策略、规划车辆行驶路径，并做出相应的操作。

（4）控制与执行　自动驾驶系统将决策结果转化为具体的控制指令，以控制车辆的加速、制动、转向等行为，包括车辆动力系统、制动系统、转向系统等的控制。

自动驾驶技术在交通和汽车行业中有广泛的应用。以下是一些常见的自动驾驶应用：

（1）私家汽车　自动驾驶技术可以应用于私家汽车，使驾驶员能够在长途旅行或交通拥堵时享受自动驾驶的便利。驾驶员可以将驾驶任务交给车辆，同时放松身心或从事其他活动。

（2）公共交通　自动驾驶技术可以改善公共交通系统的效率和可靠性。自动驾驶巴士和电车可以在固定路线上自主行驶，提供更准时的服务，并减少对人力资源的依赖。

（3）物流和货运　自动驾驶技术可以应用于货运和物流行业，提高运输效率和减少成本。自动驾驶卡车和无人机可以在高速公路或空中运输，自主驾驶和货物交付。

（4）出租车和共享出行　自动驾驶技术可以在出租车和共享出行服务中应用，提供更便捷和安全的出行体验。用户可以通过移动应用程序预约自动驾驶车辆，并享受无人驾驶的便利。

（5）城市交通管理　自动驾驶技术可以与城市交通管理系统集成，优化交通流量和减少拥堵。车辆之间可以进行实时的通信和协作，共享交通信息，实现智能的路线规划和交通协调。

（6）特殊场景应用　自动驾驶技术还可以应用于特殊场景，如农业、采矿和工业领域。自动驾驶农用车辆可以进行精确的农业操作，自动驾驶采矿车辆可以在危险环境中进行勘探和挖掘。

（7）公共安全和紧急救援　自动驾驶技术可以在公共安全和紧急救援中发挥作用。自动驾驶车辆可以快速响应并准确执行紧急任务，如火灾救援、医疗运送等，提高救援效率和保证人员安全。

（8）旅游和娱乐　自动驾驶技术可以为旅游和娱乐提供新的体验。自动驾驶车辆可以根据旅游路线导航，提供导游讲解，并为乘客提供沿途景点的信息。在娱乐方面，自动驾驶技术可以应用于主题公园、游乐园和赛车场等场所，提供刺激和安全的驾驶体验。

（9）高级辅助驾驶系统　自动驾驶技术也可以作为高级辅助驾驶系统的一部分，为驾驶员提供安全和便利的辅助功能。这些功能包括自动泊车、自适应巡航控制、车道保持辅助、碰撞预警和自动制动等，帮助驾驶员减轻驾驶负担和提高安全性。

尽管自动驾驶技术在不同领域中有广泛的应用，但其发展仍面临一些挑战，包括法律和道德问题、技术可靠性和安全性、标准和规范制定等。因此，自动驾驶技术的应用通常需要进行逐步的推进和测试，确保其安全性和可靠性。随着技术的不断进步和相关政策的完善，自动驾驶有望在未来改变交通和出行方式，并为人们带来更加智能和便捷的出行体验。

1.3.6　健康医疗

在健康医疗领域，人工智能技术正发挥着重要作用。通过深度学习和医学图像分析，人工智能可以帮助医生提高诊断效率和准确率，例如，在肿瘤检测和影像识别方面取得的显著成果。智能健康监测设备和医疗助手能够实时监测患者的健康状况，提供个性化的健康管理方案。此外，人工智能还被应用于药物研发、基因组研究等领域，加速了新药开发和个性化治疗的进程。人工智能技术的不断发展和应用将进一步推动健康医疗行业的创新和改善，为人类的健康和福祉带来更多的希望和可能。

健康医疗领域包括各种医疗机构、医疗专业人员和医疗设备，如医院、诊所、实验室、药房、护理机构等。它涉及多个学科领域，如医学、护理学、药学、生物学、心理学等，以提供全面的健康服务。健康医疗应用涉及广泛的领域和技术，以下是一些常见的健康医疗应用：

（1）远程医疗　利用远程通信技术，医生和患者可以进行远程诊断、咨询和治疗。远程医疗可以消除地理距离限制,方便偏远地区的患者获得医疗服务,同时减少医疗资源紧缺的压力。

(2) 个人健康管理　通过移动应用程序和可穿戴设备,个人可以跟踪和管理自己的健康数据,如心率、睡眠质量、运动量等。这些应用可以提供个性化的健康建议和提醒,帮助人们更好地管理自己的健康状况。

(3) 健康咨询和教育　在线健康咨询平台和健康教育资源可以为人们提供医疗咨询、疾病知识和健康管理建议。人们可以通过互联网获取医学信息,了解疾病预防和治疗方法,提高健康意识。

(4) 智能医疗设备　智能医疗设备可以监测和管理患者的健康状况。如血压计、血糖仪、心电图仪等设备可以帮助患者监测自己的生理参数,并与医生进行数据共享和远程监护。

(5) 医疗影像技术　医疗影像技术(如CT扫描、MRI和超声波等)可以帮助医生进行疾病诊断和治疗规划。这些技术可以提供详细的内部结构图像,帮助医生了解疾病的程度和位置。

(6) 健康数据分析　利用大数据和人工智能技术,医疗机构可以分析海量的健康数据,挖掘潜在的风险因素。这有助于改进疾病预测、治疗方案和公共卫生政策。

(7) 基因检测和个性化医疗　基因检测技术可以分析个人的基因组信息,帮助医生预测患者可能的疾病风险和药物反应。个性化医疗可以根据个体的基因信息和健康状况,为患者制定个性化的治疗方案和预防措施。

(8) 健康管理平台　健康管理平台整合了医疗数据、医生和患者的信息,提供全面的健康管理服务。患者可以预约医生、管理健康档案、接收提醒和监测健康指标等,同时医生可以更好地管理患者的病历和治疗计划。

(9) 智能手术系统　智能手术系统结合了机器人技术、虚拟现实和远程通信等,为医生提供更精确和安全的手术操作支持。智能手术系统可以提供更稳定的手术环境、精确的操作控制和实时的影像反馈。

(10) 医疗质量改进　数据分析和质量管理技术可以帮助医疗机构评估和改进医疗质量。通过收集和分析医疗数据、患者反馈和治疗结果,医疗机构可以发现问题领域,并采取相应的改进措施。

这些健康医疗应用的目标是提高医疗服务的效率、准确性和可访问性,改善患者的治疗体验和生活质量。随着技术的不断进步和医疗模式的创新,健康医疗领域将继续发展,并为人们提供更加个性化和便利的医疗服务。

1.3.7　金融领域

在金融领域,人工智能技术正被广泛应用。通过机器学习和数据挖掘技术,金融机构可以实现智能风险管理、欺诈检测和信用评估,提高了金融服务的效率和安全性。智能投资和交易系统能够分析大量数据,实现智能化的投资决策和交易执行,为投资者提供更好的投资体验。此外,人工智能技术还被应用于智能客服、贷款审核、金融市场预测等方面,为金融行业带来了更多的创新和发展机遇。

人工智能在金融领域的应用越来越广泛,其能够提供高效、智能的解决方案来处理金融数据和业务流程。以下是人工智能在金融领域的一些主要应用:

（1）欺诈检测和风险管理　人工智能可以通过分析大量的金融数据和交易模式，识别潜在的欺诈行为和异常交易。能够构建模型来检测信用卡欺诈、身份盗窃和其他金融犯罪行为，并提供实时的风险评估和预警。

（2）信用评估和借贷决策　人工智能可以利用大数据和机器学习算法，分析客户的信用记录、收入情况和其他相关因素，为银行和金融机构提供更准确的信用评估和借贷决策支持。这有助于降低信贷风险，提高贷款审批的效率和准确性。

（3）投资组合管理和智能交易　人工智能可以利用算法交易和量化投资策略，帮助投资机构优化投资组合的配置和交易决策。可以分析市场数据、经济指标和资产价格走势，实现智能交易和风险管理，提高投资回报和降低风险。

（4）金融客户服务和虚拟助手　人工智能技术可以构建智能虚拟助手和聊天机器人，为金融机构提供自动化的客户服务和支持。这些虚拟助手能够回答客户的问题、提供账户信息和执行基本的金融交易，提高客户满意度和服务效率。

（5）高频交易和量化分析　人工智能在高频交易领域发挥着重要作用，利用快速的数据分析和决策算法进行高频交易。可以快速识别和抓住交易机会，并利用大数据和机器学习来改进交易策略和预测市场趋势。

（6）风险预测和市场预测　人工智能可以分析海量的金融数据和市场信息，利用机器学习和深度学习算法进行风险预测和市场预测。可以识别潜在的市场趋势、波动和风险因素，帮助投资者做出明智的投资决策和制定风险管理策略。

（7）客户行为分析和个性化营销　人工智能可以分析客户的交易记录、行为模式和偏好，了解客户的需求和兴趣。基于这些分析结果，金融机构可以提供个性化的产品推荐和定制化的营销策略，提高客户满意度和销售效果。

（8）金融舆情分析和情绪指数　人工智能可以分析社交媒体、新闻报道和在线评论等文本数据，以了解公众对金融市场和特定公司的情绪和舆论。这种舆情分析可以帮助投资者和金融机构预测市场情绪的变化，并做出相应的调整和决策。

（9）保险索赔处理和风险评估　人工智能可以利用图像识别和自然语言处理技术，自动处理保险索赔申请和评估风险。可以分析事故照片、医疗报告和索赔文件，快速确定索赔的合理性和赔偿金额，提高保险公司的处理效率和准确性。

人工智能在金融领域的应用可以提高金融机构的运营效率、降低风险、提供个性化的金融服务，并帮助投资者做出更明智的投资决策。然而，随着人工智能技术的发展，也需要注意数据隐私和安全等，确保其在合规和道德的框架下进行。

1.3.8　教育领域

在教育领域，人工智能技术正发挥着越来越重要的作用。人工智能技术的应用使得教育更加个性化、高效化和智能化。通过智能教育平台和在线学习系统，学生可以根据自身的学习兴趣、水平和学习节奏进行个性化学习，提高了学习效率和成绩。人工智能还可以辅助教师进行教学，例如，智能教学助手能够根据学生的学习情况提供教学建议和辅导。此外，虚拟现实技术和增强现实技术的应用也为教育带来了全新的教学模式和体验，如虚拟实验室、虚拟实景教学等，极大地丰富了教学内容和方法。人工智能技术的不断发展和应用将进一步推动教育的变革，为教育提供更加智能化、个性化和高效化的解决方案，助力学生和教师实现更好的学习成果。

人工智能在教育领域的应用旨在通过个性化、智能化和自适应的方式，提供更有效、高效、灵活和个性化的教学和学习体验。以下是人工智能在教育领域的一些主要应用：

（1）智能化教学辅助工具　人工智能可以开发智能教学辅助工具，如智能教学软件、虚拟教师和在线学习平台等，用于帮助教师教学和学生学习。这些工具可以根据学生的学习风格、兴趣和水平，提供个性化的学习材料、练习和反馈，从而提高学习效果和学生参与度。

（2）自适应学习系统　人工智能可以构建自适应学习系统，根据学生的学习表现和需求，调整学习内容和学习路径。这些系统可以基于学生的学习历史和评估结果，为每个学生定制适合其个体需求的学习计划，并提供针对性的学习资源和支持。

（3）个性化学习和推荐系统　人工智能可以通过分析学生的学习数据和行为模式，为学生提供个性化的学习推荐和学习资源。基于机器学习和数据挖掘技术，这些系统可以预测学生的学习兴趣和偏好，为其推荐适合个体需求和学习目标的学习材料、课程和活动。

（4）智能化学习评估和反馈　人工智能可以使学习评估过程自动化，通过分析学生的学习数据和表现，提供实时的学习反馈和评估结果。这有助于教师了解学生的学习进展，及时发现和解决学习障碍，并为学生提供个性化的改进建议和辅导。

（5）虚拟现实和增强现实技术　人工智能可以与虚拟现实（VR）和增强现实（AR）技术相结合，为教育带来丰富的体验和交互方式。虚拟现实和增强现实技术可以创建沉浸式的学习环境，使学生能够参与到虚拟场景中，进行实践和模拟体验。人工智能可以在这些技术中提供智能化的交互和反馈，帮助学生更好地理解和应用所学知识。

（6）智能教育管理系统　人工智能可以应用在教育管理系统中，帮助学校和教育机构管理学生数据、进行课程规划和资源分配等。通过数据分析和预测模型，人工智能可以帮助学校做出更准确的招生预测、学生选课指导和教师资源分配等决策，提高教育资源的利用效率和学校管理的效果。

（7）自动化教务流程　人工智能可以使教务流程自动化，如学生注册、排课、考试和成绩管理等。通过自然语言处理和自动化规则引擎，人工智能可以处理大量的教务事项，减轻教务工作人员的负担，提高教务流程的效率和准确性。

人工智能在教育领域的应用为学生和教师提供了更个性化、智能化和自适应的学习和教学体验。能够根据学生的需求和特点，提供个性化的学习支持和指导；同时，还能够帮助教育机构进行更有效的资源管理和教务流程优化。这些应用有助于提高学生的学习效果、激发学习兴趣，提升教育的效率和质量。

1.3.9　物联网（IoT）

物联网（Internet of Things，IoT）是指通过互联网将各种物理设备、传感器、机器和其他物体连接起来，以实现数据的收集、交互和共享的网络系统。物联网通过将传感器和智能设备与云计算和人工智能技术相结合，使物体能够感知、通信和做出响应，从而实现万物互联。

物联网中的智能设备和传感器可以收集和传输大量的数据，包括温度、湿度、位置、运动等各种环境和行为信息。而人工智能技术可以利用这些数据进行分析、学习和决策，从中获取信息、识别模式和预测趋势。通过物联网和人工智能的结合，可以实现以下应用：

（1）智能家居和智慧城市　物联网和人工智能可以使家居设备和城市基础设施实现智

能化和自动化。通过连接各种智能设备（如智能灯具、智能家电、安全系统等），并借助人工智能的分析和控制能力，人们可以通过智能手机或语音助手实现对家居设备的远程控制和自动化管理。类似地，智慧城市可以利用物联网传感器和人工智能分析，实现对交通流量、城市清洁、能源消耗等方面的智能监控和优化。

（2）工业物联网　物联网和人工智能在工业领域的应用被称为工业物联网（Industrial IoT，IIoT）。通过将传感器和智能设备与生产设备和系统相连，实现设备数据的实时监测和分析，可以提高生产率、降低维护成本和改善工作条件。人工智能可以利用 IIoT 中的数据进行预测性维护、异常检测和优化生产计划等任务，帮助企业实现智能制造和工业自动化。

（3）智能交通和智能物流　物联网和人工智能可以应用于交通和物流领域，实现智能化的交通管理和物流优化。通过交通传感器和车辆互联技术，可以收集和分析交通流量、道路状况和驾驶行为等数据，为交通管理部门提供实时的交通情报和交通优化策略。在物流方面，物联网和人工智能的结合可以实现智能物流管理和优化。通过物联网传感器和智能设备的应用，可以实时监测货物的位置、温度、湿度等信息，同时结合人工智能的数据分析和预测能力，可以优化货物的运输路径和运输计划，提高物流的效率和可靠性。

物联网和人工智能的结合在各个领域都有广泛的应用。通过物联网的连接和数据收集，结合人工智能的分析和决策能力，可以实现智能化、自动化和互联互通，提高生产率、优化资源利用和提供个性化的服务。这为各行各业带来了创新和发展机会，并为未来智能化的世界铺平了道路。

1.3.10　媒体与娱乐

媒体与娱乐是人工智能技术得以广泛应用的重要领域之一。人工智能在媒体和娱乐行业的应用涵盖了内容推荐、智能搜索、个性化服务、内容生成等。通过深度学习算法，媒体平台能够根据用户的历史行为和偏好，为用户提供个性化的内容推荐，提高了用户体验和内容吸引力。在音视频内容生成方面，人工智能技术也取得了重大突破，例如，深度学习技术可以自动生成音乐、视频剪辑等内容，极大地丰富了娱乐产业的内容形式。此外，人工智能还在媒体内容的版权保护、内容监测和内容审核等方面发挥了重要作用，提升了媒体行业的效率和安全性。随着人工智能技术的不断发展和创新，媒体与娱乐行业将进一步迎来更多的变革，为用户提供更加丰富多样的娱乐体验。

在媒体与娱乐领域利用人工智能技术可以改善媒体内容的生产、分发和消费模式，以提供更个性化、互动性更强、更智能化的娱乐和媒体体验。人工智能在媒体与娱乐领域的应用包括以下方面：

（1）内容生成与创作　人工智能可以用于自动生成媒体内容，如自动生成新闻文章、音乐作品、视频剪辑等。通过深度学习和自然语言处理技术，人工智能可以学习和模仿人类的创作风格，生成具有一定创造性和质量的内容。这有助于媒体产业实现效率提升和内容创作的多样化。

（2）内容推荐与个性化推送　人工智能可以通过分析用户的兴趣、行为和偏好，为用户提供个性化的内容推荐和推送。通过机器学习和推荐算法，人工智能可以识别用户的兴趣点，推荐适合用户偏好的媒体内容，如电影、音乐、新闻、社交媒体等。这提高了用户的媒体消费体验，并帮助媒体公司更好地了解用户的需求和行为。

（3）智能化的娱乐体验　人工智能可以为娱乐行业提供智能化的体验。例如，虚拟现实和增强现实技术结合人工智能，可以创造出沉浸式的游戏和娱乐体验。智能语音助手和聊天机器人则为用户提供与娱乐内容的交互，使用户能够与虚拟角色或智能系统进行对话和互动。

（4）内容版权保护与内容审核　人工智能可以应用于内容版权保护和内容审核领域。通过图像识别和音频识别技术，人工智能可以识别和监测媒体内容的版权问题，帮助媒体公司保护自己的作品免受侵权。同时，人工智能还可以对用户生成的内容进行审核，筛选和过滤不符合规定的内容，维护媒体平台的内容质量和合法性。

（5）媒体数据分析与营销　人工智能可以应用于媒体数据分析和营销领域。通过对大量的媒体数据进行分析，如用户行为和观众反馈数据，人工智能可以提供深入的信息分析，帮助媒体公司了解受众的喜好和消费习惯，从而优化内容制作和营销策略。人工智能可以通过情感分析和社交媒体监测等技术，了解观众对媒体内容的情感和反应，从而为内容制作和营销提供有针对性的指导。

（6）智能化的广告投放　人工智能可以改善广告投放的效果和个性化程度。通过分析用户数据和媒体内容，人工智能可以为广告主提供更准确的受众定位和广告投放策略。利用机器学习和数据挖掘技术，人工智能可以根据用户的兴趣、行为和偏好，智能地选择和投放相关的广告内容，提高广告的点击率和转化率。

（7）虚拟主播与智能表演　人工智能在娱乐领域还可以创造虚拟主播和智能表演。通过将人工智能技术应用于图像生成和语音合成，可以创造出具有人类外貌和声音的虚拟主播，实现自动化的直播和节目主持。智能表演则利用人工智能技术模拟人类表演，如虚拟角色的动作和情感表达，为观众呈现更多样化和创新的娱乐形式。

人工智能在媒体与娱乐领域的应用使得内容创作、推荐和体验变得更加智能化和个性化。通过人工智能技术的支持，媒体公司可以更好地满足用户的需求，提供丰富多样的娱乐内容，并实现更有效的营销和运营策略。同时，人工智能也为创造全新的娱乐形式和体验提供了广阔的可能性。

人工智能技术在各个领域的广泛应用正在推动着人类社会向着智能化、高效化的方向迈进。从医疗健康到金融服务，从教育培训到媒体娱乐，人工智能的应用已经渗透到人们生活的方方面面。然而，人工智能技术的发展也面临着一些挑战，如数据隐私保护、智能系统的安全性、人机关系的平衡等问题。因此，需要继续关注并积极解决这些问题，以实现人工智能技术在各个领域的可持续发展，为人类社会带来更多的福祉和进步。随着技术的不断创新和应用，人工智能技术将继续成为推动社会发展和改变人类生活的重要力量。

1.4　人工智能的挑战和机遇

尽管人工智能在各个领域展现了巨大的潜力和应用前景，但也面临着一些挑战和困难：

（1）数据隐私和安全　人工智能需要大量的数据来进行训练和学习，但在数据的收集、存储和处理过程中，存在着隐私和安全的风险。个人隐私的保护成为一个重要课题，如何在数据使用和共享中平衡创新和隐私保护成为一个挑战。

（2）偏见和不公平性　人工智能系统的训练数据可能存在偏见，导致系统在决策和推荐过程中出现不公平的现象。这些偏见可能来源于数据采样的不均衡或人为因素。解决这个问题需要更加公正和全面的数据集，并对算法进行调整和审查。

（3）透明度和解释性　人工智能算法通常是复杂的黑盒子，难以解释其内部决策过程。这使得用户很难理解和信任系统的决策依据。在一些关键领域，如医疗和法律，透明度和解释性尤为重要，需要开发可解释的人工智能算法。

（4）欺骗和安全漏洞　人工智能系统容易受到恶意攻击和欺骗，例如，通过输入虚假数据或篡改输入数据来误导系统的决策。保障人工智能系统的安全性和防止欺骗行为是一个重要挑战，需要不断改进系统的鲁棒性和安全性。

（5）就业和社会影响　人工智能的广泛应用可能导致一些传统行业和工作岗位的减少，给就业市场带来压力和不确定性。同时，人工智能的发展也会对社会产生深远的影响，需要制定相应的政策和规范，以确保其对社会的积极影响。

（6）道德和伦理问题　人工智能的发展引发了许多道德和伦理问题，例如，机器对人类决策的替代程度、隐私保护、自主决策能力等。在应用人工智能时需要考虑这些问题，并制定合适的伦理准则和法规。

这些挑战为人工智能的持续发展带来了一定的阻力，因此需要持续的研究和努力来解决，以确保人工智能的发展符合人类的利益，并最大化其潜力。相关的努力包括：

（1）数据隐私和安全的保护　制定更加严格的数据隐私法规，确保个人数据的合法使用和保护。同时，研究和开发安全的数据处理和存储技术，加强对数据泄露和攻击的防护能力。

（2）偏见和不公平性的解决　通过数据采样和处理的均衡，减少算法对特定群体的偏见。同时，引入公平性指标和机制，确保人工智能系统的决策公正和无歧视。

（3）透明度和解释性的提升　研究可解释的人工智能算法和模型，使其决策过程更加透明和可理解。开发解释性工具和方法，帮助用户和监管机构了解人工智能系统的工作原理和决策依据。

（4）安全漏洞和欺骗的防范　加强人工智能系统的安全性，包括数据输入的验证和过滤，算法的鲁棒性测试和防御措施的建立。同时，加强对系统的监测和审查，及时发现和应对潜在的安全漏洞和欺骗行为。

（5）就业和社会影响的应对　推动技术转型和职业培训，帮助受影响的行业和人群适应人工智能的发展。同时，鼓励创新和创业，开辟新的就业机会和经济增长点。

（6）道德和伦理的引导　建立人工智能的道德准则和伦理框架，指导人工智能技术的研究、开发和应用。鼓励跨学科的合作，开展对人工智能伦理问题的研究，推动相关政策的制定和实施。通过持续的研究、技术创新和政策引导，来应对人工智能面临的挑战，推动人工智能的可持续发展，并确保其对社会、经济和人类的积极影响。

人工智能技术的快速发展为人类社会带来了巨大的机遇和便利，但同时也带来了一系列的挑战。因此，需要以更加开放、负责任的态度去应对这些挑战，加强技术的监督和管理，推动人工智能技术的可持续发展，实现技术和人类社会的和谐共存。

人工智能带来挑战的同时，也带来了大量的发展机遇。通过解决现实生活中的复杂问题，提高生产率和服务质量，人工智能将推动各行各业的创新与进步。同时，人工智能技术的不断发展也将促进新兴产业的兴起，创造更多的就业机会，推动经济的增长和社会的繁荣。因此，应该积极应对挑战，抓住机遇，以更加开放和包容的心态迎接人工智能时代的到来。

当前人工智能（AI）带来了广泛的机遇，将对各个领域带来深远的影响：

（1）提高工作效率　人工智能可以使重复性、烦琐的任务自动化，从而提高工作效率和生产力。自动化的过程可以减少人为错误，释放人力资源，使人们能够更聚焦于处理复杂的问题和策略性的工作。

（2）优化决策和预测　人工智能可以分析大量的数据，并从中提取模式和趋势，帮助企业和组织做出更准确的决策和预测。通过机器学习和数据挖掘技术，人工智能可以发现隐藏的关联关系，提供基于数据的信息和指导。

（3）提供个性化的体验　人工智能可以通过分析用户的兴趣、偏好和行为，提供个性化的产品和服务。通过推荐系统和智能化的用户界面，人工智能可以根据用户的需求和喜好，提供定制化的体验，提高用户满意度和忠诚度。

（4）促进科学研究和创新　人工智能在科学研究中扮演着重要角色。它可以加速数据分析和模式识别，帮助科学家发现新的规律和知识。同时，人工智能也可以通过模拟和仿真，帮助科学家理解和解释复杂的现象和系统。

（5）促进医疗进步　人工智能在医疗领域有着巨大的潜力。人工智能可以辅助医生进行疾病诊断和治疗决策，提供个性化的医疗方案。人工智能还可以分析大量的医疗数据，帮助研究人员发现新的疾病风险因素和治疗方法，推动医疗科技的进步。

（6）创造新的商业模式和机会　人工智能为创业者和企业家提供了新的商业机会。通过将人工智能技术应用于现有业务或开发全新的产品和服务，可以创造出独特的商业模式和竞争优势。

（7）促进可持续发展　人工智能可以在可持续发展方面发挥积极作用。人工智能可以优化能源管理、减少资源浪费，提高生产率，推动可再生能源和环境保护的技术创新。人工智能可以应用于智能交通管理、智能电网、智能城市等领域，实现能源的高效利用和环境的可持续发展。

（8）促进社会公益和社会福利　人工智能可以应用于社会公益领域，帮助解决社会问题和改善人们的生活。例如，在教育领域，人工智能可以提供个性化的教育方案和学习辅助工具。在医疗领域，人工智能可以改善医疗服务的普及性和质量，帮助偏远地区和医疗资源不足的地区获得更好的医疗保障。

（9）推动人类创造力和创新能力　人工智能可以与人类合作，提供创造性的思维和创新的灵感。通过机器学习和生成模型，人工智能可以生成艺术作品、音乐、文学作品等，为人类的创造力提供新的源泉和启发。

（10）促进全球合作和发展　人工智能是全球性的技术领域，各国可以通过合作和共享经验，推动人工智能的发展和应用。人工智能可以帮助解决全球性的问题，如气候变化、贫困和疾病控制，促进全球可持续发展和共同繁荣。

总之，人工智能为人类带来了许多机遇和潜力。通过合理应用和发展人工智能技术，人们可以实现更高效的工作、更智能的决策、更个性化的体验，并为社会、经济和环境的可持续发展做出贡献。然而，在追求人工智能机遇的同时，也需要认识到并应对相应的挑战和风险，确保人工智能的发展与人类的利益相一致。

1.5 本章小结

本章对人工智能的基本概念、发展历程、应用领域以及未来发展机遇和挑战进行了介绍。重点强调了人工智能作为一门交叉学科的重要性，探讨了人工智能的定义、研究方法和主要技术手段。通过对人工智能的发展历程进行回顾，使学生对人工智能的演变和技术进步有了更清晰的认识。此外，本章还对人工智能在各个领域的应用进行了简要介绍，展示了人工智能技术的广泛应用和潜力。通过对人工智能的概述，学生可以初步了解人工智能的基本概念和发展趋势，为后续章节的学习奠定基础。

1.6 习　　题

一、判断题

1. 达特茅斯会议是人工智能领域的重要里程碑事件。（　　）
2. 人工智能的发展历程中，1997年IBM的Deep Blue战胜国际象棋世界冠军是一个重要的事件。（　　）
3. 深度学习技术的突破对人工智能在图像识别、语音识别等领域的发展没有影响。（　　）
4. 人工智能技术在医疗健康领域的应用仅限于辅助医生进行诊断。（　　）
5. 人工智能的发展不会对就业市场产生影响。（　　）

二、问答题

1. 人工智能是如何定义的？它与普通计算机程序有何不同之处？
2. 人工智能的发展历程中有哪些里程碑事件？这些事件对人工智能的发展有何影响？
3. 人工智能技术在当今社会中的角色是什么？它对人类社会有何影响？
4. 人工智能技术的发展是否会对就业市场产生影响？人工智能对未来的就业趋势会有何影响？
5. 人工智能的发展是否会带来伦理和社会问题？应该如何解决这些问题并确保人工智能技术的合理应用？

第 2 章 机器学习

机器学习作为人工智能的核心技术之一,正在深刻改变着人们的生活。从智能语音助手到自动驾驶,从智能推荐系统到疾病诊断,机器学习的应用无处不在。与传统的基于规则的编程不同,机器学习算法能够从数据中提取有价值的信息和模式,并利用这些知识做出预测或决策。这种数据驱动的学习方式,使得计算机系统能够不依赖于明确编程,而是通过经验自主学习和改进性能。本章将介绍机器学习的基本概念以及常见算法。通过学习这些基础知识,读者将能够更好地理解和应用机器学习技术,开拓更广阔的应用前景。

2.1 监督学习

监督学习是机器学习中最为重要的一类方法,占据了当前机器学习算法的绝大部分。监督学习的本质是在已知输入和输出的情况下训练出一个模型,将输入映射到输出。换言之,在开始训练前,已经掌握了输入和输出的对应关系,目标是建立一个能够准确将输入映射到输出的模型,从而在给定新的输入时能够预测出相应的输出。如图 2-1 所示为例,可将其建模为一个二分类问题:其中 $y=0$ 代表实心的蓝色样本,$y=1$ 代表空心的白色样本。所谓监督学习,即是指已知样本的属性 $x=[\text{shape}, \text{color}, \text{size}]$,并同时告知机器学习模型该样本的类别(即其对应的 y 值)。机器学习的过程就是利用算法建立输入变量 x 和输出变量 y 之间的函数关系,在此过程中机器通过训练输入来指导算法不断改进。如果输出结果有误,则该误差将作为纠正信号反馈至模型,以修正模型的参数。作为当前最广泛使用的机器学习算法,监督学习已发展出数以百计的不同方法。本节将以易于理解且被广泛使用的 K-近邻算法、决策树和支持向量机为代表,对其基本原理进行介绍。

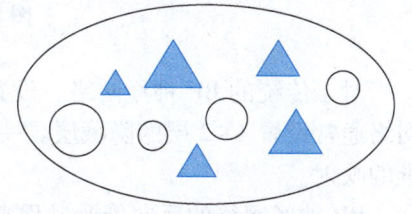

图 2-1 数据集示例图

2.1.1 BP 神经网络

在实际应用中,超过 80% 的人工神经网络采用 BP 神经网络及其各种变化形式。作为有监督学习的代表算法,BP 神经网络体现了传统人工神经网络中最精华的部分。BP 神经网络具有形成非线性映射、自学习、自适应、鲁棒性等优点,同时在大型数据集上仍然具有较好的收敛能力。

BP 神经网络由两部分组成:信息的正向传递与误差的反向传播。在信息正向传递过程中输入信息从输入层经隐含层逐层计算传向输出层,每一层神经元的输出作用于下一层神经元的输入。如果输出层没有得到期望的输出,则计算输出层的误差变化值,然后反向传播,通过网络将误差信号沿原来的连接通路反馈修改各层的权值直至达到期望目标。

如图 2-2 所示为一个三层的神经网络,该网络共包含一个输入层,一个隐藏层和一个输出层。假设该网络包含 n 个输入,m 个输出,隐藏层包含 s 个神经元。输入层和隐藏层之间

的权值为 w_1，偏置为 b_1，激活函数为 f_1，隐藏层的输出为 h；隐藏层和输出层之间的权值为 w_2，偏置为 b_2，激活函数为 f_2，则 BP 神经网络的前向传递过程如图 2-2 所示。

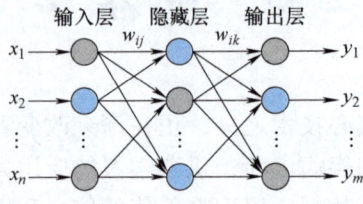

图 2-2　BP 神经网络结构示意图

其数学表达为

$$h_j = f^1\left(\sum_{i=1}^{n} x_i w_{ij} + b_j\right) (i = 1, 2, \cdots, n; j = 1, 2, \cdots, s) \tag{2-1}$$

$$y_j = f^2\left(\sum_{j=1}^{s} x_j w_{jk} + b_k\right) (j = 1, 2, \cdots, s; k = 1, 2, \cdots, m) \tag{2-2}$$

常用的激活函数主要包括 sigmoid 函数、tanh 函数、ReLU 函数，如图 2-3 所示。

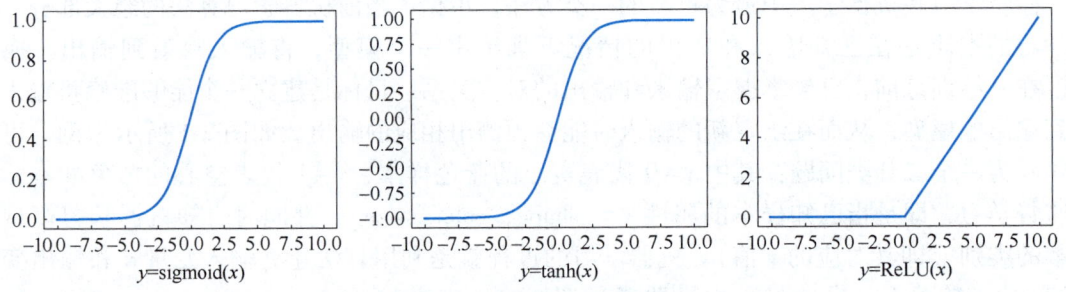

图 2-3　BP 神经网络的激活函数

对于传统的 BP 神经网络，设置过多的隐藏层容易造成过拟合的问题。因此，BP 神经网络通常设置 1~2 层的隐藏层。一般来说，一个三层的 BP 神经网络能够完成任意 n 维到 m 维的映射。

BP 神经网络的反向传播过程则是定义损失函数，根据损失代价调整各个网络参数。在损失函数的计算过程中，对于样本数的选择有三种优化方式：

（1）批量梯度下降法　每次迭代都需要使用所有样本。这种优化方式计算出来的损失代价能很好地反映整体样本，衍生的梯度也能更准确地指向最优化方向。但是，在样本数量很大的时候，由于每次更新都需要统计所有样本，因此更新速度过慢。

（2）随机梯度下降法　每次迭代随机抽取一个样本计算代价函数和梯度。由于每次迭代不需要使用所有样本，只需优化某一个样本上的损失代价，因此更新速度大大加快。然而，由于没有考虑到整体样本，这种优化方式容易使得网络参数陷入局部最优值。对于传统的神经网络，在样本数量较多的情况下，使用随机梯度下降法能够有效加速网络收敛，因此这种优化方法得到广泛应用。

（3）小批量梯度下降法　这种优化方式是对批量梯度下降法和随机梯度下降法的综合，每次迭代使用若干（通常会设置一个批量大小，即 batch size）个样本进行参数更新。小批量梯度下降法更加接近批量梯度下降法的收敛结果，即更加接近全局最优值。在使用矩阵运算的情况下，批量计算的速度接近单个样本的处理速度。同时，迭代次数会成倍减少。但是，batch size 的大小设置不当会对参数优化造成负面影响。由于小批量梯度下降法兼顾收敛的准确度和速度，目前已广泛应用于深度网络的优化研究。

2.1.2 支持向量机

支持向量机（SVM）是机器学习广泛使用的算法之一，目前已经证明该方法在若干分类和回归分析研究中的效果要优于其他方法。特别是在小样本数据集上，SVM 表现出了良好的泛化能力。

在二分类研究中，SVM 在样本空间中寻求一个分类超平面，将不同类别的样本分开。为了改善分类器的泛化性能，SVM 应用结构风险最小化原则，要求分类超平面能够保证不同类别的间隔最大化，如图 2-4 所示。

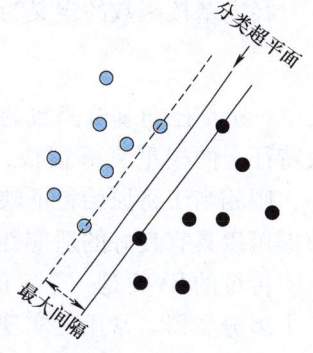

图 2-4 支持向量机的最优分类超平面

SVM 采用线性判别函数表示分类超平面，即

$$f(x) = w^T x + b \tag{2-3}$$

假设存在某个超平面 $f(x)$，满足：①对于所有的正样本 x，存在 $f(x) > 1$；②对于所有的负样本，存在 $f(x) < -1$，那么称训练样本是线性可分的，否则是线性不可分的。

对于线性可分的样本，若要求分类间隔最大化，则有

$$\min_{w,b} \frac{1}{2}\|w\|^2$$
$$s.t.\ y_i(w^T x_i + b) \geq 1, i=1,2,\cdots,n \tag{2-4}$$

但是，在实际应用中，由于所采集的数据包含有大量干扰和噪声，因此大多数样本集是线性不可分的。因此，引入松弛变量 ε_i，来降低偏离点对训练过程造成的影响，则式（2-4）变换为式（2-5）的形式

$$\min_{w,b} \frac{1}{2}\|w\|^2 + C\sum_{i=1}^{n}\varepsilon_i$$
$$s.t.\ y_i(w^T x_i + b) \geq 1-\varepsilon_i, i=1,2,\cdots,n$$
$$s.t.\ \varepsilon_i \geq 0, i=1,2,\cdots,n \tag{2-5}$$

式中，C 是惩罚因子，代表了分类器对误差的容忍度。从风险角度看，C 权衡了分类器的经验风险和结构风险：当 C 越大，对训练样本的拟合度越高，经验风险越小，但是可能出现过拟合，结构风险越高；当 C 越小，模型的复杂度越低，结构风险越小。

SVM 在决策过程中，需要将样本映射到高维空间，然后再进行矩阵乘法，这个过程加大了算法的计算量，降低了算法运行的速度。假设有一个函数 k，对所有的 $x_i, x \in X$，都满足：$k(x_i, x) = \Phi(x_i)^T \Phi(x)$，即在原始特征空间中进行计算即可，无需映射到高维空间，则函数 k 称为核函数。使用核函数之后，SVM 的决策过程为

$$f(x) = w^T x + b = \sum_{i=1}^{n} \alpha_i y_i k(x_i, x) + b \tag{2-6}$$

核函数的使用，使得算法不仅能够具备高维特征空间中样本线性可分的特性，还能保证算法运行的速度，因此在 SVM 的研究中得到广泛应用。常用的核函数包括线性核函数、多项式核函数、径向基核函数。线性核函数的定义为

$$k(x,y) = x^{\mathrm{T}}y + c \tag{2-7}$$

多项式核函数的定义为

$$k(x,y) = (ax^{\mathrm{T}}y + c)^d \tag{2-8}$$

径向基核函数的定义为

$$k(x,y) = e^{-\frac{\|x-y\|^2}{2\sigma^2}} \tag{2-9}$$

式中，σ 是径向基核函数的宽度参数，控制了函数的径向作用范围。当 σ 选得很大，则高次特征上的权重衰减很快，相当于将原始特征映射到一个低维空间；反之，当 σ 选得很小，则相当于将原始特征映射到一个高维空间。对 σ 大小进行调控，径向基核函数对不同数据可以具有良好的适应性，因此是目前使用最广泛的核函数。

传统的 SVM 是一个二值分类器。为实现多分类的目标，需要组合多个二分类器来构建一个多分类器。常用的实现方法有一对多法和一对一法：

1）一对多法将某个类别的样本作为一类，其他样本作为另一类。因此，k 个类别的样本会得到 k 个分类器。对于每个输入样本，k 个分类器会得到 k 个结果，取其中数值最大的作为分类结果。

2）一对一法是在任意两个类别之间构建一个二分类器。因此，k 个类别的样本会得到 $k(k-1)$ 个分类器。对于每个输入样本，$k(k-1)$ 个分类器会得到 $k(k-1)$ 个结果。对结果进行累加，得票最大的作为分类结果。在实际应用中，当类别数量增加，一对多法的训练速度会急剧降低，同时还面临训练数据不平衡的问题。因此，采用一对一法构建多分类器会得到更好的性能。

2.1.3 随机森林

作为一种新兴的机器学习方法，近年来随机森林受到广泛关注。相比人工神经网络和支持向量机等机器学习算法，随机森林对特征选择不敏感，且调参过程更加简单。由于准确度高、泛化性能良好、使用简便，目前随机森林被广泛应用于分类与回归研究。

随机森林通过集成学习的思想将多棵树集成到一个分类器，它的基本单元是一个决策树。假设随机森林中包含有 N 棵决策树，那么对于每个输入样本则有 N 个分类结果。随机森林集成了所有的分类投票结果，将票数最多的类别作为输出类别。对于每个决策树，算法随机选取一部分训练样本和特征进行决策树的构建。这种随机抽取的方式，使得随机森林不容易陷入过拟合，并且具有良好的抗噪声能力。虽然随机森林可以进行分类和回归研究，但本文仅使用随机森林进行分类识别，因此后面的内容仅讨论应用于分类的随机森林。

决策树包含三种节点：父节点、中间节点和叶子节点，如图 2-5 所示。其中，父节点表示输入的特征向量，中间节点代表对一个特征属性的判定，叶子节点代表一个类别。在实际使用中，根据不同算法可构建多个中间节点层。决策树的决策过程，就是根据特征属性选择输出分支，依次从父节点到达叶子节点。

在中间节点的属性选择上，决策树采用贪婪思想，即选择分裂效果最优的属性进行分裂。为了对分裂效果进行量化，采用信息增益对分裂效

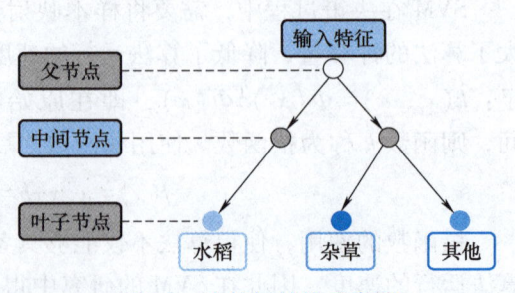

图 2-5 决策树结构示意图

果进行度量。信息增益表示分裂前后节点数据复杂度的变化值，即

$$Info\_Gain = Gain - \sum_{i=1}^{n} Gain_i \tag{2-10}$$

式中，$Gain$ 代表分裂前的节点复杂度，$Gain_i$ 代表分裂后第 i 个节点的复杂度。为了对单个节点复杂度进行度量，可以使用熵或基尼值进行计算。熵代表了数据的混乱程度。熵越高，节点复杂度越高；反之，则节点复杂度越低，熵的计算公式为

$$Entropy = -\sum_{i=1}^{n} p_i \log(p_i) \tag{2-11}$$

式中，n 代表类别数，p_i 代表第 i 个类别的样本数占总样本数的比例。与熵类似，基尼值也代表了数据的混乱程度。基尼值越高，节点复杂度越高；反之，则节点复杂度越低，基尼值的计算公式为

$$Gini = 1 - \sum_{i=1}^{n} (p_i)^2 \tag{2-12}$$

决策树的节点往下分裂，形成了多层的树形结构。直到满足以下某个条件，则决策树停止分裂：①节点数据量小于指定值；②节点的熵或基尼值小于指定数值；③决策树深度达到设定的最大值；④所有的特征属性使用完毕。

随机森林利用 bootstrap 方法从原始数据集中有放回地抽取 K 个新的数据集，用于构建 K 个决策树；假设样本共有 n 个特征，选取其中的 $m(m<n)$ 个特征，在新数据集上进行决策树的构建；最后将这 K 个决策树对新样本进行决策，根据多数投票机制得到输出类别。

在随机森林的构建过程中包含两个随机机制：随机采样和随机选择特征。

1）假设训练集大小为 N，则随机且有放回地（bootstrap 方法）从原始数据集中抽取 N 个样本作为决策树的训练集。每棵树的训练样本不完全相同，可是又包含有若干相同的训练样本。同时，训练集之外的样本作为决策树的袋外（oob）样本。由于 oob 样本未参与决策树的训练，因此在训练过程中通过 oob 样本即可获得对随机森林泛化误差的无偏估计。

2）假设样本共有 n 个特征，从所有特征中随机选取 $m(m<n)$ 个特征子集，在树的构建过程中选取最优特征进行节点分裂，直至达到分裂结束条件。随机性的引入，使得随机森林不易陷入过拟合，并且具有良好的抗噪声能力。

2.2 无监督学习

和监督学习建立在标注数据的基础上不同，无监督学习不需要进行数据标注，而是通过模型不断地自我认知、自我巩固，最后进行自我归纳来实现其学习过程。虽然目前无监督学习的使用不如监督学习广泛，但这种独特的理论为机器学习的未来提供了很多启发和可能性，正在引起越来越多的关注。和监督学习相比，无监督学习具有很多明显优势，其中最重要的一点是不再需要大量的标注数据。如今，以深度学习为代表的机器学习模型往往需要在大型监督型数据集上进行训练，即每个样本都有一个对应的标签。大型数据集的标注花费了大量的人力、物力和财力，同时也耗费了大量的时间。正因为如此，无监督学习的研究更具有重要意义。

2.2.1 聚类算法

聚类算法是无监督学习中最重要的一类算法。在聚类算法中，训练样本的标记信息是未知的，给定一个由样本点组成的数据集，数据聚类的目标是通过对无标记训练样本的学习来

揭示数据的内在性质及规律。同时将样本点划分成若干类,使得属于同一类的样本点较为相似,而属于不同类的样本点不相似。聚类过程仅能自动形成簇结构,而簇所对应的语义信息需由使用者来把握和命名。聚类既能作为一个单独过程用于寻找数据内在的分布结构,也可作为分类等其他学习任务的前驱过程,为进一步的数据分析提供基础。数据聚类在各科学领域的数据分析中扮演着重要角色,如计算机科学、医学、社会科学和经济学等。

简单来说,聚类是将样本集分为若干互不相交的子集,即样本簇。聚类算法的目标是使同一簇的样本尽可能彼此相似,即具有较高的类内相似度;同时不同簇的样本尽可能不同,即具有较低的簇间相似度。自机器学习诞生以来,研究者针对不同的问题提出了多种聚类算法,其中最为广泛使用的是 K-均值算法。

K-均值算法无论是思想还是实现都比较简单。对于给定样本集合,K-均值算法的目标是使得聚类簇内的平方误差最小化,即

$$E = \sum_{i=1}^{K} \sum_{X \in C_i} \| X - \mu_i \|_2^2 \tag{2-13}$$

式中,K 是人为制定的簇的数量,μ_i 是簇 C_i 的均值向量,X 是对应的样本特征向量。直观来看,这个误差刻画了簇内样本围绕簇均值向量的紧密程度,E 值越小则簇内样本相似度越高。K-均值算法的求解通常采用贪心策略,通过迭代方法实现。算法首先随机选择 K 个向量作为初始均值向量,然后进行迭代,根据均值向量将样本划分到距离最近的均值向量所在的簇中,划分完成后更新均值向量直到迭代完成。

K-均值算法的时间复杂度近于线性,适合挖掘大规模数据集。但是,由于损失函数是非凸函数,意味着不能保证取得的最小值是全局最小值。在实际应用中,K-Means 达到的局部最优通常已经满足需求。如果局部最优无法满足性能需求,简单的方法是通过不同的初始值来实现。如图 2-6 所示为在样本簇数量为 3 的情况下,二维空间点的聚类结果。

彩图

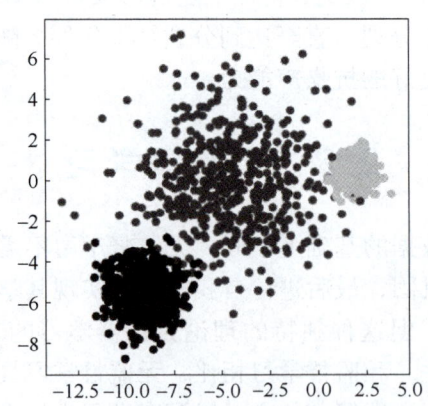

图 2-6 基于 K-均值算法的二维空间点的聚类结果

2.2.2 自编码器

自编码器是利用神经网络实现无监督学习的一种典型方式,包括编码器和解码器两个典型部分。输入数据经过隐层的编码和解码到达输出层时,使输出的结果尽量与输入数据保持一致,如图 2-7 所示。

目前，自编码器的应用主要有两个方面。一是数据去噪，即通过自编码器将原图像当中的噪声去除。该方法通过引入合适的损失函数，使得模型可以在受损的输入情况下依然获得良好的特征表达能力，进而恢复对应的无噪声输入。二是数据降维，即通过对隐藏特征加上适当的维度和稀疏性约束，使得自编码器可以学习到低维的数据投影。例如，假设输入层有100个神经元，隐层只有50个神经元，输出层有100个神经元，通过自编码器算法，只用隐层的50个神经元就找到了100个输入层数据的特点，能够保证输出数据和输入数据大体一致，从而实现降维的目标。目前，自编码器已被成功应用于降维和信息检索等任务当中。

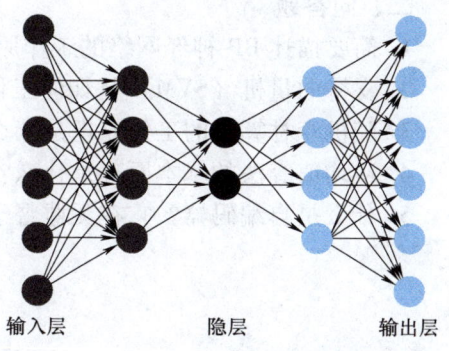

图 2-7 自编码器的原理图

自编码器算法的设计思路如下：

1）对于给定的无标签数据，使用无监督学习方法学习特征。对于无类标签的数据，通过编码器将输入数据编码，然后使用解码器得到一个输出信息，如果输出近似等于输入数据，则可以通过调整编码和解码阶段的参数，使得重构误差越来越小。

2）将编码器产生的特征作为输入，逐层训练下一层的网络。

2.3 本章小结

本章首先阐述了机器学习的基本定义和特点。机器学习是一种通过数据驱动的方式，让计算机系统能够不依赖于明确编程，而是通过经验自主学习和改进性能的技术。然后，梳理了机器学习的主要任务类型，包括监督学习和无监督学习。其中，监督学习是目前使用最为广泛的一类，它要求训练数据包含输入和期望输出，算法的目标是学习一个能够准确将输入映射到输出的模型。无监督学习则无需事先知道输出，算法的目标是发现数据中的内在结构和模式。针对监督学习，本章介绍了三种典型的算法：BP神经网络、支持向量机和随机森林；对于无监督学习，本章介绍了两种典型的算法：聚类算法和自编码器。总的来说，机器学习作为人工智能的核心技术之一，正在深刻影响着人们的生活和工作。掌握机器学习的基础知识，有助于读者更好地理解和运用这一前沿技术，同时为后续的深度学习技术打下良好基础。

2.4 习题

一、判断题

1. 有监督学习是一种无需标签数据即可训练模型的机器学习方法。（   ）
2. BP神经网络是一种基于误差反向传播算法的有监督学习模型。（   ）
3. 支持向量机可以用于回归问题，但不适用于分类问题。（   ）
4. 随机森林是一种集成学习算法，它通过构建多个决策树来进行预测。（   ）
5. 自编码器是一种无监督学习算法，它可用于特征提取和数据降维。（   ）

二、问答题

1. 简要描述 BP 神经网络的工作原理。
2. 支持向量机（SVM）是如何工作的？它有哪些优点？
3. 随机森林算法的工作原理是什么？它有哪些优点？
4. K-均值算法的基本原理是什么？它的工作流程是怎样的？
5. 什么是自编码器？它在无监督学习中有什么作用？

第3章 深度学习

深度学习模型受到了神经系统层次化结构特性的启发,以"层层递进、逐层抽象"机制来完成特定任务。在 BP 神经网络的输入层和输出层之间加入多个隐层就构成了深度神经网络(Deep Neural Network,DNN),也被称为多层感知机(Multilayer Perceptron,MLP)或前馈神经网络(Feedforward Neural Network,FNN)。在早期的深度神经网络中,相邻隐层之间的神经元相互全连接(但是同一隐层内的神经元之间没有任何连接)。为实现输入端和输出端之间的映射,深度神经网络在每个神经元中引入了具有非线性映射能力的激活函数。非线性映射函数的引入,使得深度神经网络比传统感知机具有更好的表达能力。为了能够正确地将输入数据映射到其给定的语义空间,在标注大数据驱动下,可通过链式求导(Chain Rule Dervatives)和误差反向传播(Error Backpropagation)对神经网络参数进行优化学习。因此,深度学习是一种基于深度神经网络,通过端到端的机制,来学习更好地表达数据中所蕴含语义的良好特征方法。

3.1 卷积神经网络

相比传统的分类器(如 BP 网络、SVM、随机森林),卷积神经网络(Convolutional Neural Network,CNN)不仅包含分类模块,还包含特征提取模块。CNN 通常包含卷积层、池化层和全连接层。其中,卷积层和池化层用于特征提取,全连接层用于分类识别。通过层级连接,CNN 构成了一个端对端的网络结构。在训练过程中,每个层的参数都是可以调整的。通过计算训练误差,利用反向传播的方式调整所有层的参数大小。因此,CNN 能够在训练过程中自动寻找对分类有益的特征,无需人工干预。这种提取特征的方式不仅应用简便,而且准确度高。图 3-1 所示为一个卷积神经网络的结构图。该网络结构是经典的 LeNet 网络的修改版本。在图 3-1 中,卷积层、池化层和全连接层分别用 C、P 和 F 表示。其中,C1:6@96×96 表示这是一个卷积层,它是第 1 层且有 6 个特征图,每个特征图的大小是 96×96;F5:120 表示这是一个全连接层,它是第 5 层且有 120 个神经元。

如图 3-1 所示可以看出,特征提取模块由多个卷积层和池化层的组合构成。每层的输入和输出都包含若干个特征图,输出的特征图通过提取输入特征图的信息获得。卷积层是整个 CNN 结构的核心模块,用于提取图像特征。通过局部感受野和权值共享机制,有效地减少了网络权值的数量。卷积层包含若干个可训练的卷积核,通过卷积核在输入特征图上的卷积操作,输出特征图能够提取出输入特征图的特定信息,如颜色信息、纹理信息。假设卷积层的输入为 x,包含 l_x 个特征图;输出为 y,包含 l_y 个特征图;权值为 W,偏置为 b。以 * 表示二维离散卷积操作,则卷积层的输出可以表示为

$$y_j = \sum_{i=1}^{l_x} W_{ij} * x_i + b_j (j=1,2,\cdots,l_y) \tag{3-1}$$

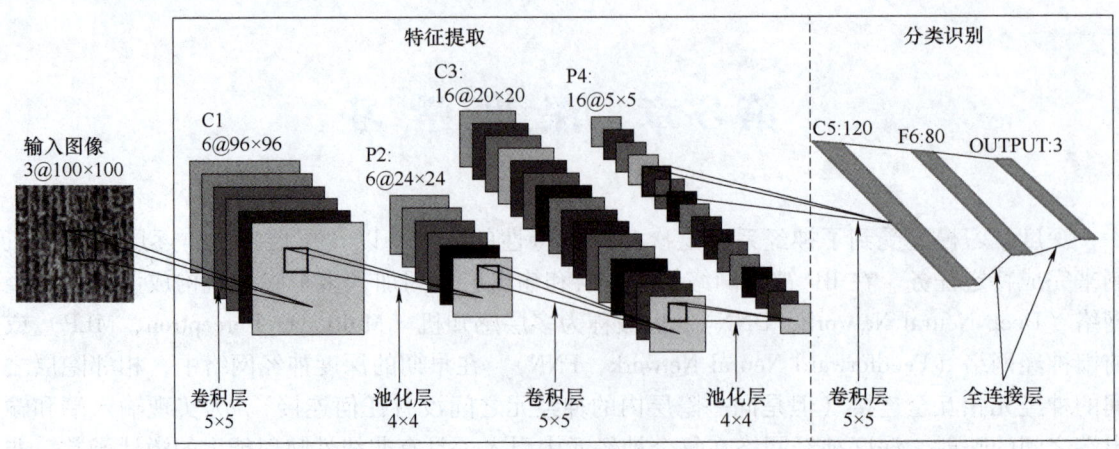

图 3-1　卷积神经网络结构

经过卷积之后，对输出特征图的每个元素使用激活函数进行非线性映射。常用的非线性激活函数包括 sigmoid 函数、tanh 函数和 ReLU 函数。相比 sigmoid 函数和 tanh 函数，ReLU 函数更加容易实现，并且能够加速网络收敛，因此使用更为广泛。

池化层将输入特征图划分成大小相等且互不交叉的区域，统计每个区域的平均值或最大值，称为平均池化和最大池化。池化层操作能够有效地减小参数数量，降低输入噪声的影响。通常最大池化的效果优于平均池化，因此应用更为广泛。

CNN 结构中的分类识别通过全连接层实现。全连接层每个神经元与上一层所有神经元连接，因此该神经元以上一层的所有神经元输出作为输入。假设全连接层的权值为 W_2，偏置为 b_2，输出为 h_2，上一层的输出为 h_1，则该层的输出为

$$h_2 = \phi(W_2 h_1 + b_2) \tag{3-2}$$

式中，$\phi(x)$ 为激活函数。最后一个全连接层输出所有类别的概率信息，最大概率的类别则作为输出类别。为了对输出概率进行归一化，通常在最后一个全连接层后面加上一个 softmax 层。softmax 层针对每个元素单独操作，因此输出信息的大小和输入信息相等。假设最后一个全连接层的输出 h_2 包含 n 个神经元，则 softmax 层的输出 s 的计算过程为

$$s_j = \frac{\exp[(h_2)_j]}{\sum_{i=1}^{n} \exp[(h_2)_i]} \quad j = 1, 2, \cdots, n \tag{3-3}$$

添加 softmax 层之后，CNN 输出的概率信息更具可解释性：对于单个样本，属于每个类别的概率都在 0~1 之间，且所有类别的概率之和为 1。

在图像分类任务中，CNN 可以通过自动学习图像的低层次特征（如边缘、纹理）和高层次特征（如形状、语义信息），达到高精度的分类效果。这使得 CNN 在很多工业和商业应用中受到青睐，如图像识别、产品分类、癌症筛查等。在目标检测和实例分割任务中，CNN 可以准确地定位图像中的物体位置并给出边界框，同时还能识别对象的类别，这在自动驾驶、智能监控、工厂自动化等场景中都有重要应用。此外，CNN 还可用于图像生成、图像风格迁移、图像修复等创意性应用。通过学习图像的内在结构，CNN 可以从噪声或模糊的图像中重构出清晰的图像，或者将一种风格转移到另一种图像上。其中，谷歌旗下

DeepMind 团队所研究的 AlphaGo 使用了卷积神经网络来学习人类下棋的方法，最终取得了突破。AlphaGo 使用图像来传递棋盘位置，其训练了两种不同的深度神经网络：策略网络和值网络。它们的任务在于合作挑选出那些比较有前途的棋步，抛弃明显的差棋，从而将计算量控制在计算机可以完成的范围内。

3.2 循环神经网络

循环神经网络（RNN）是一种深度学习结构，它使用过去的信息来提高网络处理当前和将来输入的性能。RNN 的独特之处在于该网络包含隐藏状态和循环。循环结构支持网络以隐藏状态存储过去的信息，并对序列进行运算。

与前馈神经网络结构相比，循环神经网络最大的不同在于其循环神经网络输出不仅能够往下一层传播，也能够传递给同层下一时刻，也就是说，对于循环网络中某一神经元节点，其内部运算数据不仅包含上一层的输出，同时也包含同层上一时刻的输出。循环神经网络结构如图 3-2 所示。

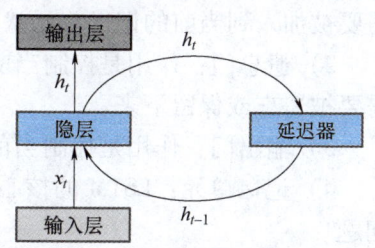

图 3-2 循环神经网络结构

图 3-2 所示为一个简化的循环网络结构，只包含了一个隐层。其中，x 可以理解为一个完整的时间序列（如一句语义完整的文本），x_t 是第 t 个时刻的测度（文本中第 t 个词的向量表示），h_t 是第 t 个时刻的输出，也就是 x_t 和上一时刻的输出 h_{t-1} 在隐层中合并运算后的输出。可以看到，输出的 h_t 流向输出层的同时，还流向了延迟器。将循环神经网络的处理流程按时间维度展开，如图 3-3 所示。

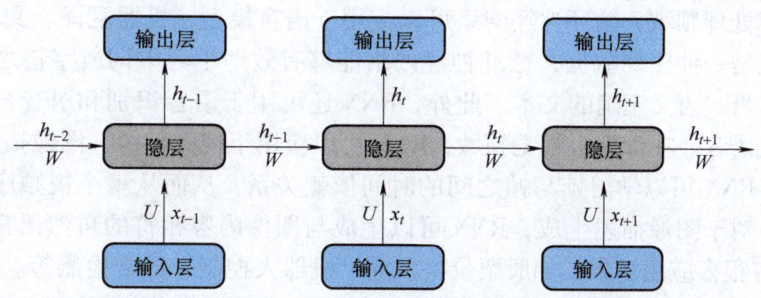

图 3-3 按时间维度展开的循环神经网络结构

循环神经网络处理时间序列数据具有先天优势，通过反向传播和梯度下降算法达到了纠正错误的目的，但是在进行反向传播时也面临梯度消失或者梯度爆炸的问题，这种问题在长序列数据上表现得尤为严重。长短时记忆神经网络（Long Short-term Memory Networks，LSTM）是一种特殊的循环神经网络，它能够有效地解决标准 RNN 在处理长序列数据时存在的梯度消失或爆炸的问题。LSTM 通过引入特殊的"门"机制来控制信息的流动，从而能够更好地捕捉长期依赖关系。

LSTM 的基本结构包括四个主要部分：输入门（Input Gate）、遗忘门（Forget Gate）、输出门（Output Gate）和记忆单元（Cell State）。这四个部分协同工作，使 LSTM 能够有选择地记住和遗忘信息，从而更好地处理长序列数据。LSTM 网络结构图如图 3-4 所示。

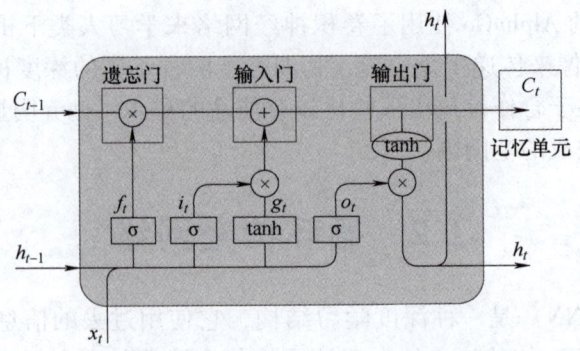

图 3-4　LSTM 网络结构图

1）输入门：作用是控制当前时刻的输入信息对记忆单元的影响程度，决定了哪些信息需要被加入到当前的记忆单元状态中。

2）遗忘门：作用是控制当前时刻的记忆单元状态应该保留多少信息，决定了哪些信息需要被遗忘或保留下来。

3）输出门：作用是控制当前时刻的输出，即隐藏状态，决定了哪些信息需要输出。

4）记忆单元：LSTM 的核心部分，负责存储长期依赖信息，以此解决 RNN 的长期依赖问题。

LSTM 在各种序列建模任务中都有广泛应用，如语言模型、机器翻译、语音识别、时间序列预测等。它的优秀性能也吸引了许多研究者进一步改进和扩展 LSTM 的结构，形成了各种变体，如 Gated Recurrent Unit（GRU）、Bidirectional LSTM 等。这些变体在不同场景下有不同的优势，进一步丰富和完善了循环神经网络的方法论。

在自然语言处理领域，循环神经网络可以应用于语言模型、机器翻译、文本生成等任务。因为语言本身就是一种序列数据，循环神经网络能够有效地学习单词或字符之间的上下文关系，从而生成连贯、语义正确的文本。此外，RNN 还可用于语音识别和语音合成，将音频信号转换为文本或语音。在计算机视觉领域，RNN 可以应用于视频理解、图像描述生成等任务。对于视频数据，RNN 可以学习帧与帧之间的时间依赖关系，从而从整个视频序列中提取有意义的语义信息。对于图像描述生成，RNN 可以生成与图像内容相符的自然语言描述。在其他领域，RNN 也有很多应用场景，如股票价格预测、机器人控制、异常检测等。由于 RNN 擅长建模序列数据，可以捕捉时间序列数据中的复杂模式，从而可有效地解决这些问题。

3.3　生成对抗网络

生成对抗网络（Generative Adversarial Networks，GAN）是一种深度学习模型，由生成器和鉴别器组成，通过对抗训练实现图像、文本等数据的生成。生成器致力于生成逼真的假数据，使得鉴别器难以区分真实数据和生成数据，而鉴别器则通过判断数据的真伪来提供反馈，促使生成器不断优化生成过程。这种对抗性训练的机制使得生成器不断学习提高生成数据的逼真程度，从而达到生成真实数据的目的。GAN 的原理（图 3-5）在于通过两个对立的网络之间的博弈过程，实现数据的生成和判别，从而不断提升生成器的能力。GAN 是一种创新的生成模型。

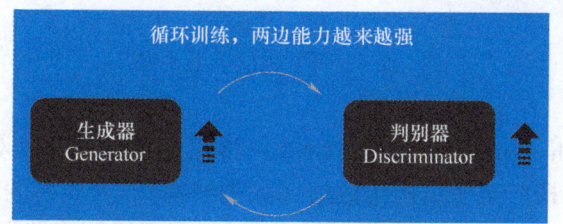

图 3-5　生成对抗网络的博弈原理

训练过程（图 3-6）中，首先将训练集数据（Training Set）打上真标签，将生成器（Generator）生成的假图片（Fake Image）打上假标签，并一同送入判别器（Discriminator），对判别器进行训练。计算误差使判别器对真数据输入的判别趋近于真，对生成器生成的假图片的判别趋近于假。此过程中只更新判别器的参数，不更新生成器的参数。接着，再训练生成器：将高斯分布的噪声送入生成器，然后将生成器生成的假图片打上真标签送入判别器。计算误差使判别器对生成器生成的假图片的判别趋近于真。此过程中只更新生成器的参数，不更新判别器的参数。

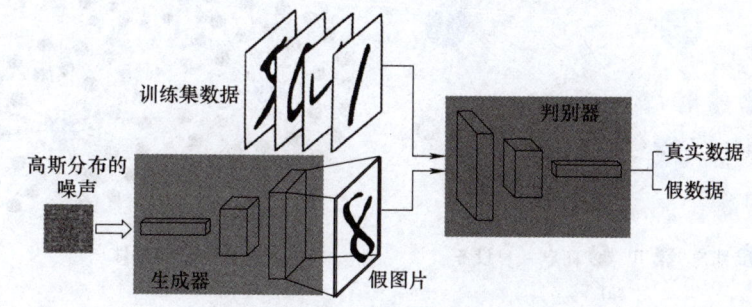

图 3-6　生成对抗网络的训练过程

生成对抗网络在各个领域都有广泛的应用（图 3-7），其中包括计算机视觉、自然语言处理、医疗影像处理等。在计算机视觉领域，GAN 可以用于图像生成、风格转换等任务，例如，通过 GAN 生成高质量图片，将图片转换艺术风格等；在自然语言处理领域，GAN 可以用于文本生成、对话系统等任务，例如，生成逼真的文章，模拟人类对话等；在医疗影像处理领域，GAN 可以用于医学图像的生成与增强，帮助医生更准确地诊断疾病。总的来说，生成对抗网络在各个领域的应用展示了其在数据生成和增强方面的强大潜力，为人工智能技术的发展提供了新的可能性。

图 3-7　生成对抗网络的应用场景

3.4 图神经网络

图神经网络（Graph Neural Network，GNN）将深度神经网络从处理结构化数据（如图像、语音和文本序列）推广至非结构化数据（如图结构）。大规模的图数据可以表达丰富和蕴含逻辑关系的人类常识和专家规则，图节点定义了可理解的符号化知识，不规则图拓扑结构表达了图节点之间的依赖、从属、逻辑规则等推理关系。例如，在异常交易账户识别的场景中，GNN 在将某个账户判断为异常账户之后，可以将该账户的局部子图可视化出来，如图 3-8 所示。可以直观地从子图结构中发现一些异常模式，例如，同一设备上有多个账户登录，或者同一账户在多个设备上有行为。还可以从特征的维度，例如，该账户与其他有关联的账户行为模式非常相似（包括活跃时间集中或者呈现周期性等），从而对模型的判断进行解释。

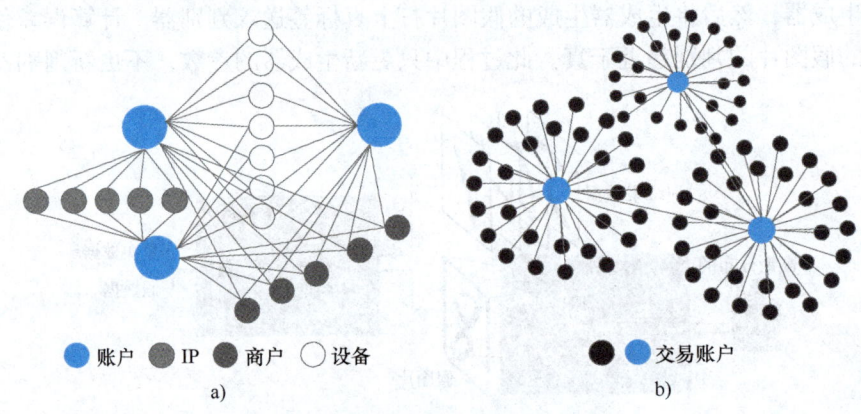

图 3-8　异常交易账户识别
a）关系型风险　b）结构型风险

图神经网络的关键是步骤包含聚合和更新：根据节点的邻域来更新节点的特征向量表示，例如，图 3-9 中的 A 是目标节点，它的领域有 B、C、D 三个节点，那么通过聚合操作融合 B、C、D 的信息来更新 A 的表示，实现信息在图结构数据上的传播。由此可以得到图神经网络模型的定义：针对图结构这一非欧几里得结构数据，利用神经网络来聚合邻域信息，从而更新节点或者边的表达的模型。它可以应用到各种问题中，如节点分类、连边预测，或者在整张图的尺度上进行图的分类回归等任务。图神经网络是直接在图上进行计算的，整个计算的过程沿着图的结构进行，这样处理的好处是能够很好的保留图的结构信息。而能够对结构信息进行学习，正是图神经网络的优势所在。

聚合操作包括两个步骤：第一个步骤是平均所有邻接点的信息，把它们的嵌入向量进行平均操作得到一个新的特征向量；第二个步骤是把聚合后的向量输入给神经网络进行特征的提取。更新操作将邻域节点向量和中心节点本身的表征进行结合，更新中心节点的表示，融入从图中传递过来的邻域信息。

图神经网络的一个极具影响力的应用来自 DeepMind 的一组研究人员，他们展示了如何将 GNN 应用于交通地图，以提高预计到达时间（ETA）的准确性。其核心是使用 GNN 来学习交通网络的表示，这些表示可以捕获网络的底层结构及其动态。该系统已经被谷歌地图在

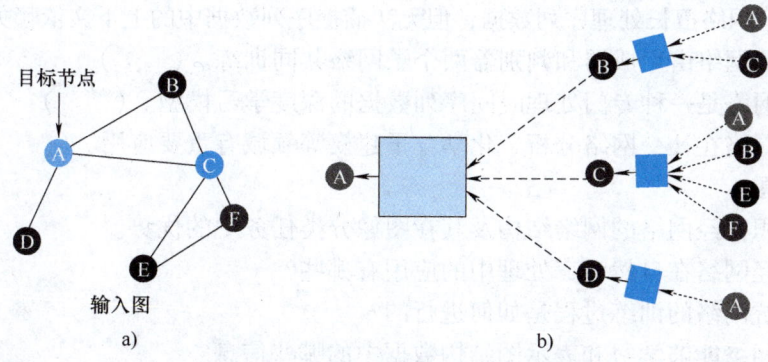

图 3-9 图神经网络的原理示意图

全球几个主要城市大规模部署，新方法大大降低了查询预计到达时间时负面用户结果的比例。其他应用又如贝克实验室将图神经网络和扩散技术相结合，创建了一个名为 RosettaFoldDiffusion（RFDiffusion）的人工智能系统，该系统已被证明能够设计满足自定义约束的蛋白质结构。RFDiffusion 于 2022 年 11 月发布，是一个高度复杂的系统，能够处理蛋白质设计中的大量特定任务，已针对各种指标和基准进行了测试。结果显示，与最先进的竞争对手相比，RFDiffusion 解决了 92% 的基准问题（25 个中的 23 个）。

3.5 本章小结

深度学习作为人工智能的核心技术之一，近年来取得了令人瞩目的进展。本章重点介绍了几种典型的深度学习模型及其广泛的应用场景。首先介绍了卷积神经网络（Convolutional Neural Network，CNN）。CNN 擅长处理二维图像数据，通过独特的网络结构，能够有效地学习和利用图像数据的空间相关性。CNN 在图像分类、目标检测等任务中表现出了卓越的性能，广泛应用于各种工业和商业领域，如图像识别、产品分类、医疗影像分析等。然后介绍了循环神经网络（Recurrent Neural Network，RNN）。RNN 擅长处理序列数据，如自然语言、语音、时间序列等，通过内部状态的传递，能够捕捉序列数据中的上下文依赖关系。RNN 在自然语言处理、语音识别、视频理解等领域发挥着关键作用，在这些应用中展现出了强大的性能。另一个重要的深度学习模型是生成对抗网络（Generative Adversarial Network，GAN）。GAN 由生成器和判别器两个子网络共同训练，能够生成逼真的人工图像、文本、语音等，在图像生成、风格迁移等创意性应用中展现出了突出的能力。最后介绍了图神经网络（Graph Neural Network，GNN），它是一种专门处理图结构数据的深度学习模型。GNN 能够高效地学习和推理图中节点及其关系的表示，在社交网络分析、化学分子建模、推荐系统等领域发挥着重要作用。

3.6 习　　题

一、判断题

1. 卷积神经网络在处理二维图像数据方面具有优势。（　　）

2. 循环神经网络擅长处理序列数据，但无法捕捉序列数据中的上下文依赖关系。（　　）
3. 生成对抗网络由生成器和判别器两个子网络共同训练。（　　）
4. 图神经网络是一种专门处理时间序列数据的深度学习模型。（　　）
5. 图神经网络在社交网络分析、化学分子建模等领域有重要应用。（　　）

二、问答题

1. 简述卷积神经网络的网络结构及其在图像分类任务中的优势。
2. 循环神经网络在自然语言处理中的应用有哪些？
3. 生成对抗网络的训练过程是如何进行的？
4. 图神经网络能够学习和表示图结构数据中的哪些信息？

第 4 章 强化学习

4.1 引　言

强化学习（Reinforcement Learning，RL）是机器学习中的一个分支，其灵感来源于心理学中的行为主义理论，即有机体如何在环境给予的奖励或惩罚的刺激下，逐步形成对刺激的预期，产生能获得最大利益的习惯性行为。强化学习的学习范式与人类学习知识的过程非常类似，即在交互学习过程中，智能体会根据自己行为的结果获得奖励或惩罚，以此来学习最佳决策策略从而适应新的环境。因此强化学习也被视为实现"通用人工智能"愿景的主要途径之一。

强化学习同机器学习领域中的有监督学习和无监督学习不同，有监督学习是从外部监督者提供的带标注训练集中进行学习（任务驱动型），无监督学习是一个典型的寻找未标注数据中隐含结构的过程（数据驱动型）。强化学习是与两者并列的第三种机器学习范式，强化学习带来了一个独有的挑战——"试探"与"开发"之间的折中权衡，智能体必须开发已有的经验来获取收益，同时也要进行试探，使得未来可以获得更好的动作选择空间。

近年来，随着深度学习和强化学习结合的深度强化学习技术的兴起，强化学习已经取得了一系列举世瞩目的成就，许多重要研究成果相继被提出，例如，在雅达利视频游戏上超越人类职业玩家水平的深度 Q 网络（Deep Q-Network，DQN）算法、围棋 AI-AlphaGo 算法、国际象棋与日本将棋 AI-AlphaZero 算法、星际争霸Ⅱ AI-AlphaStar、Dota2 AI-OpenAI Five 以及麻将 AI-Suphx 等。此外，强化学习的应用范畴也逐渐从游戏领域拓展至现实生活的各个领域，包括工业制造、机器人控制、物流管理、军事国防、智慧交通、智慧医疗等，极大地推动了人工智能技术的发展。

4.2　强化学习基本模型和原理

4.2.1　强化学习模型

强化学习由智能体和环境两部分组成。如图 4-1 所示，智能体通过状态、动作、奖励与环境进行交互，在环境中获取某个状态后，它会利用该状态输出一个动作，这个动作也称为决策。然后这个动作会在环境中被执行，环境会根据智能体采取的动作，输出下一个状态以及当前这个动作带来的奖励或者惩罚。智能体的目的就是尽可能多地从环境中获取奖励。

强化学习框架中各模块的基本概念如下：

1）环境（Environment）：智能体所处的系统，其状态和行为会影响环境，并可能获得奖励

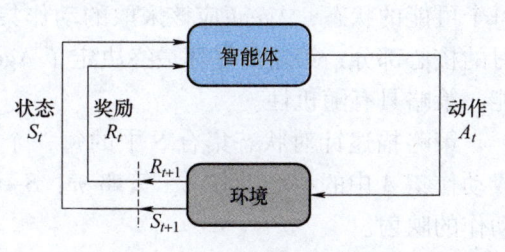

图 4-1　强化学习基本框架

或惩罚。

2）智能体（Agent）：在环境中采取行动的实体，其目标是最大化累积奖励。

3）状态（State）：描述智能体在特定时刻所处的环境情况。

4）动作（Action）：智能体可以选择的操作，执行动作后，智能体会进入新的状态并可能获得奖励。

5）奖励（Reward）：智能体采取某个动作后环境给予的反馈，用于衡量智能体的表现。

在强化学习中，如果智能体的某个行为策略导致环境对智能体正的奖赏，则智能体以后采取这个行为策略的趋势会加强。反之，若某个行为策略导致了负的奖赏，那么智能体此后采取这个动作的趋势会减弱。

如图 4-1 所示，智能体不断地与外界环境进行交互，整个强化学习的过程为：

1）智能体感知当前的环境状态。

2）针对当前的状态和强化值，Agent 选择一个动作 a 作用于环境。

3）当 Agent 所选择的动作作用于环境时，环境发生变化，即环境状态转移至新状态并给出奖赏（强化信号）。

4）环境产生一个强化信号（奖励 r）反馈给 Agent。

5）Agent 根据强化信号和环境的当前状态 s 再选择下一个动作，选择的原则是使受到正的奖赏值的概率增大。

Agent 选择的动作不仅影响立即奖赏值，而且还影响下一时刻的状态及最终强化值。因此，强化学习的目的就是寻找一个最优策略，使得 Agent 在运行中所获得的累计奖赏值最大。

强化学习作为一种以环境反馈作为输入的、特殊的、适应环境的机器学习方法，其主要特点如下：

1）强化学习是一种弱的学习方式，体现为：Agent 通过与环境不断的试错交互来进行学习；强化信息可能是稀疏且合理延迟的；不要求（或要求较少）先验知识；Agent 在学习中所使用的反馈是一种数值奖赏形式，不要求有提供正确答案的教师。

2）强化学习是一种增量式学习，并可以在线使用。

3）强化学习可以应用于不确定性环境。

4）强化学习的体系结构具有可扩展性。

4.2.2 主要组成要素

强化学习系统中除了 Agent 和环境，通常还有四个主要的组成要素：策略、奖励函数、值函数以及可选的环境模型，如图 4-2 所示。

（1）策略（Policy） 策略也称决策函数，其定义了在每个可能的状态，Agent 应该采取的动作集合。策略是强化学习的核心部分，策略的好坏最终决定了 Agent 的行动和整体性能，策略具有随机性。

策略描述针对状态集合 S 中的每一个状态 s，Agent 应完成动作集 A 中的一个动作 a，策略 $\pi: S \rightarrow A$ 是一个从状态到动作的映射。

关于任意状态所能选择的策略组成的集合 F，称为允许

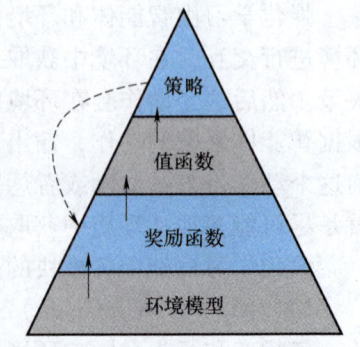

图 4-2 强化学习主要要素

策略集合，$\pi \in F$。在允许策略集合中找出使问题具有最优效果的策略 π，称为最优策略。

（2）奖励函数（Reward Function） 奖励函数是 Agent 在与环境交互的过程中获取的奖励信号。奖励函数反应了 Agent 所面临的任务的性质，同时，它也可以作为 Agent 修改策略的基础。奖励信号 R 是对所产生动作的好坏进行评价，奖励信号通常是一个标量信号，例如，用一个正数表示奖，用负数表示罚，一般来说正数越大表示奖的越多，负数越小表示罚的越多。强化学习的目的就是使 Agent 最终得到的总奖赏值达到最大。奖赏函数往往是确定的、客观的，为策略的选择提供依据。

（3）值函数（Value Function） 奖励函数是对一个状态（动作）的即时评价，值函数则是从长远的角度来考虑一个状态（或状态-动作对）的好坏。值函数又称为评价函数。

状态 s 的值是指 Agent 在状态 s 根据策略 π 执行动作 a 及采取后续策略所得到的积累奖励的期望，记为 $V(s_t)$。

例如，将 $V(s_t)$ 定义为所有将来奖励值通过衰减率 $\gamma(\gamma \in [0, 1])$ 作用后的总和。

$$V(s_t) = \mathbb{E}\left(\sum_{i=0}^{\infty} \gamma^i r_{t+i}\right) \tag{4-1}$$

式中，$r_t = R(s_t, a_t)$ 为 t 时刻的奖励。

对于任一策略 π，定义值函数为无限时域累积折扣奖励的期望值，即

$$V_\pi(s_t) = \mathbb{E}_\pi\left(\sum_{t=0}^{\infty} \gamma^t r_t \mid s_0 = s\right) \tag{4-2}$$

式中，r_t 和 s_t 分别为时刻 t 的奖励和状态，衰减系数 $\gamma(\gamma \in [0, 1])$ 使得邻近的奖励比未来的奖励更重要。

Q 函数是另一种评价函数。在某些时候，记录状态-动作对的值比只记录状态的值更有用，Watkins 把状态-动作对的值称为 Q 值。

Q 函数的定义：表示在状态 s 执行动作 a，及采取后续策略的折扣奖赏和的期望。

可以看出，状态值（Q 值）是对奖赏的一种预测，对于一个状态 s，如果它的奖赏值低，并不意味着它的状态值就低，因为如果 s 的后续状态产生较高的奖赏，仍然可以得到较高的状态值。估计值函数的目的是得到更多的奖赏，然而动作的选择是基于状态值判断的。也就是说，Agent 选择这样一个动作，以使产生的新状态具有最高状态值，而不是转移到新状态时有最高的即时奖赏，因为从长远看，这些动作将产生更多的奖赏。然而确定值函数要比确定奖赏难很多，因为奖赏往往是环境直接给定，而状态值则是 Agent 在其整个生命周期内通过一系列观察，不断地估计得出的。事实上，绝大部分强化学习算法的研究就是针对如何有效快速地估计值函数。因此，值函数是强化学习算法的关键。

（4）环境模型 环境模型是对外界环境状态的模拟，Agent 在给定状态下执行某个动作，模型将会预测出下一状态和奖励信号。利用环境的模型，Agent 在做决策的同时将考虑未来可能的状态进行规划。

早期的强化学习主要是一种试错学习，与规划大相径庭。将模型与规划引入强化学习系统是强化学习的一个较新发展，使得强化学习方法与动态规划方法紧密的联系起来。强化学习将试错学习和规划都看成获得经验的一个过程。

4.3 马尔可夫决策过程

强化学习问题的一个关键假设就是 Agent 与环境间的交互可以被看成一个马尔可夫决策过程（Markov Decision Process，MDP），因此强化学习的研究主要集中于对马尔可夫问题的处理。作为求解序列优化决策问题的有效方法，强化学习与动态规划有着密切的联系，两者都以马尔可夫决策过程为基础。动态规划主要解决 MDP 环境的状态概率和回报函数模型已知的决策问题，强化学习则是要处理状态转移概率和回报函数模型未知的情形。

马尔可夫决策过程起源于随机优化控制，其核心是当前状态向下一状态转移的概率和奖赏值，只取决于当前状态和选择的动作，而与历史状态和历史动作无关。根据环境是否可感知的情况，可分为完全可观测 MDP 和部分可观测 MDP。在本小节中，主要介绍完全可观测的马尔可夫决策过程的相关原理。

4.3.1 马尔可夫决策模型概述

在强化学习过程中，智能体通过观察其与环境的交互来改善自己的行为。为了方便起见，假定在时刻点 $t=1,2,3,\cdots$ 处观察某个系统，一个有限的马尔可夫决策过程是一个离散时间过程，由四元组 $<S, A, P, R>$ 组成：

1）状态集合 S：表示所有可能的状态空间集合。

2）动作集合 A：表示所有可能的动作空间集合。

3）状态转移概率 P：表示在当前状态 s 采取某个动作 a 后，转移到下一个状态 s' 的概率，记作 $P(s'|s, a) \in [0, 1]$。

4）奖励函数 R：表示系统从状态 s 执行动作 a 之后，转移到状态 s' 时获得的立即奖励函数，记作 $R(s, a, s')$。

在马尔可夫决策过程中，决策者（Agent）在每个时刻根据当前状态选择一个行动，并根据状态转移概率转移到下一个状态，同时获得一个即时奖励。因此，马尔可夫决策的特点是当前状态 s 向下一个状态 s' 转移的概率和回报只取决于当前状态 s 和选择的动作 a，而与历史状态和动作无关。其状态转移概率 P 和立即回报 R 也只取决于当前状态和选择的动作，与历史状态和历史动作无关。若转移概率函数 $P(s'|s, a)$ 和奖励函数 $R(s, a, s')$ 与决策时间 t 无关，即不随时间 t 的变化而变化，则 MDP 称为平稳 MDP。

4.3.2 状态

状态是处于某一时间点对系统的描述，通常以 $s_1, s_2, s_3, \cdots$ 的方式表示。一般而言，在 MDP 中定义的状态必须包括所有当前系统中智能体能够掌握利用，会对智能决策产生影响的信息。大多数情况下，智能体对自己所处的当前世界的状态不可能有一个完整的认识。因此，需要引入概率的方法来处理信息的不确定性。引入随机变量 S_t，随机变量从状态集合 S 中取值。变量 S_t 并非由未来时刻的状态所决定，而是受过去状态的影响，如图 4-3 所示。

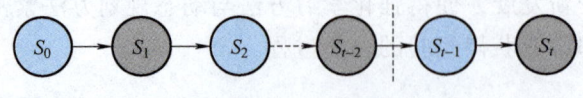

图 4-3 马尔可夫链

图 4-3 所示的是一个离散的、随机的动态系统，图中的每个节点表示在某一时刻的某一状态。对于随机变量 S_t，存在条件概率 $P(S_t|S_0, S_1, \cdots, S_{t-1}) = P(S_t|S_{t-1})$。此过程体现了马尔可夫性质，即 S_t 只是概率依赖于 S_{t-1}。任何两个状态间的关系可以只用两个状态来表示。

同时，如果对于某一状态 s，执行任何动作 a，过程都以概率 1 转移到 s 本身，则该状态 s 称为吸收状态。

4.3.3 动作

智能体的动作会参与改变当前系统的状态。MDP 的一个关键部分是提供给智能体的用于做决策的动作集合。当某一动作被执行，系统状态将会发生改变，根据一个已知的概率分布转换为另一状态，这个概率分布也和所执行的动作有关。在这里，假设所有动作的执行时间相等，状态转移的时间间隔一致。这种动作称为系统的原子动作。在系统内，动作已对应最小的时间划分，原子动作不可再分割。例如，在一个棋盘类游戏中，每一步所有的走子方式构成了原子动作的集合。在一个实时的机器人运动控制中，离散的最小时间片内，机器人可以选择以一定的离散的角度转向，或者以一定的离散的加速度进行速度控制，这些也构成了在该系统下的原子动作集合。

4.3.4 状态转移概率

状态转移概率描述了系统的动态特性，图 4-4 所示为对某给定行动，状态间概率转移的情况。在简单的问题中，状态转移概率也可以用表格的形式记录。

1）确定环境下的动作：在某个状态 s 执行动作 a 可以得到一个确定的状态。

2）随机环境下的动作：在某个状态 s_i 下执行某一动作 a，得到的是状态的概率分布 $P(s_j|s_i, a)$。

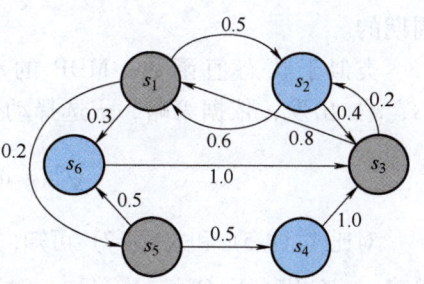

图 4-4 状态转移概率图

4.3.5 策略与值函数

在马尔可夫决策过程中，智能体根据一个决策函数即策略来选择动作。策略定义了智能体在给定时刻的行为方式，直接决定了智能体的动作。一个平稳随机性策略定义为 $\pi: S \times A \to [0, 1]$，$\pi(s, a)$ 表示在状态 s 下执行动作 a 的概率，且 π 不随时间的变换而变换。一个平稳确定性策略定义为从状态空间到动作空间的一个映射，即 $\pi: S \to A$，表示在状态 s 下选择动作 $\pi(s)$ 的概率为 1，其他动作的选择概率为 0，是随机性策略的一种特例。

在 MDP 中，假定智能体通过观察可以完全确定当前所处的状态，依据策略解决问题的流程如下：

1）系统当前所处状态为 s。
2）智能体执行策略对应的动作 $\pi(s)$。
3）智能体进入下一状态，获取奖励。
4）重复此过程直到问题结束。

对于任何一个策略，都可用执行该策略所能获得的长期期望回报来评价其优劣。

定义状态值函数（Value Function）$V^\pi(s)$ 为系统从状态 s 开始依据策略 π 选择动作所获取的期望回报，$s \in S$。几种常用的值函数定义如下：

1) 有限时段期望总回报为

$$V_N^\pi(s) = \mathbb{E}\left\{\sum_{t=1}^N R[s_t, \pi(s_t)]\right\} \tag{4-3}$$

式中，N 为时段数。

在强化学习中，常遇到的情形是无限时段或时段数是随机时的情形。无限时段期望总回报为

$$V^\pi(s) = \lim_{N\to\infty} \mathbb{E}\left\{\sum_{t=1}^N R[s_t, \pi(s_t)]\right\} \tag{4-4}$$

当 N 趋向无穷大时就演变为无限时段，可能会发散，所以很少考虑。

2) 无限时段期望总回报为

$$V^\pi(s) = \lim_{N\to\infty} \mathbb{E}\left\{\sum_{t=1}^N \gamma^{t-1} R[s_t, \pi(s_t)]\right\} \tag{4-5}$$

3) 期望平均总回报为

$$\rho^\pi(s) = \lim_{N\to\infty} \frac{1}{N} \mathbb{E}\left\{\sum_{t=1}^N R[s_t, \pi(s_t)]\right\} \tag{4-6}$$

该极限存在的条件为：S 是有限的，π 为马尔可夫性质的和平稳的，在 π 下 MDP 是非周期的。

类似于状态值函数，MDP 的动作值函数 $Q^\pi(s,a)$ 表示学习系统从状态-动作对 (s,a) 出发，依据策略，π 选择动作所获得的期望回报，数字表达为

$$Q^\pi(s,a) = \mathbb{E}\left\{\sum_{t=1}^\infty \gamma^{t-1} R[s_t, \pi(s_t)]\right\} \tag{4-7}$$

对比式 (4-5) 和式 (4-7) 可知，$V^\pi(s)$ 和 $Q^\pi(s,a)$ 之间存在一定的关联性。对于一个确定策略 π，有 $V^\pi(s) = Q^\pi[s, \pi(s)]$；对于一个随机性策略 π，有 $V^\pi(s) = \sum_{a\in A} \pi(s,a) Q^\pi(s,a)$。因此，给定一个策略，无论是确定性策略还是随机性策略，动作值函数 $Q^\pi(s,a)$ 均可用状态值函数 $V^\pi(s)$ 来表示，即

$$Q^\pi(s,a) = R(s,a) + \gamma \sum_{s'\in S} P(s,a,s') V^\pi(s') \tag{4-8}$$

式中，$R(s,a) = \sum_{s'\in S} P(s,a,s') R(s,a,s')$，为在状态 s 下选择动作 a 的期望回报。

强化学习的最终目标就是寻找最优策略 π^*，一个从状态集到行动集的映射，以达到最大折扣总回报。最优策略可以通过鉴别最优值函数获得。最优值定义为

$$V^*(s) = \max_\pi V^\pi(s) \tag{4-9}$$

式 (4-9) 可以递归定义为

$$V^*(s) = \max_{a\in A} \sum_{s'\in S} P(s,a,s')[R(s,a,s') + \gamma V^*(s')] \tag{4-10}$$

类似地，对于任意的 $s\in S, a\in A$，最优动作值函数 Q^* 可以定义为

$$Q^*(s,a) = \sum_{s'\in S} P(s,a,s')[R(s,a,s') + \gamma \max_{a'\in A} Q^*(s',a')] \tag{4-11}$$

由此，可以得出最优策略为

$$\pi^*(s) = \operatorname{argmax}_{a\in A} \sum_{s'\in S} P(s,a,s')[R(s,a,s') + \gamma V^*(s')] \tag{4-12}$$

$$\pi^*(s) = \operatorname{argmax}_{a\in A} Q^*(s,a) \tag{4-13}$$

式（4-11）和式（4-13）也称为 Bellman 最优方程，解此方程有各种各样的动态规划方法，如值迭代、策略迭代等。从式（4-12）和式（4-13）可知，如果给定动作值函数 Q^*，则很容易确定最优策略；如果给定状态值函数 V^*，则需已知 MDP 的状态转移概率和回报函数模型才能确定最优策略。

4.4 强化学习主要算法

4.4.1 动态规划

动态规划（Dynamic Programming）是一个多阶段的决策问题。在最优决策问题中，常规动态规划算法主要分为以下四类：

第一类是线性规划法，根据 Bellman 方程将值函数的求取转化为一个线性规划问题。线性规划方程包含 $|S|$ 个变量，$|S| \times |A|$ 个不等式约束，其计算复杂度为多项式时间，数学表达为

$$\begin{cases} \max \sum_{s \in S} V(s) \\ s.t.\ V(s) \geqslant R(s, a) + \gamma \sum_{s \in S} P(s, a, s') V(s'), \forall s \in S, \forall a \in A \end{cases} \quad (4\text{-}14)$$

第二类是策略迭代法，仍然是基于 Bellman 最优方程的算法，通过策略评估与策略迭代的交替进行来求取最优策略。

策略迭代法分为策略评估和策略改进两部分：在评估部分，对于一个给定的策略 π_k，根据 Bellman 公式求解 $V^\pi(s)$ 和 $Q^\pi(s, a)$。对于评估部分，用贪婪策略得到改进的策略 π_{k+1}。

第三类是值函数迭代法，其本质为有限时段的动态规划算法在无限时段上的推广，是一种逐次逼近算法。在已知状态转移概率 P 和回报函数 R 的环境模型中，从任意设定的策略 π 出发，可以策略迭代的方法计算状态值函数 $V^\pi(s)$ 和逼近最优值函数 $V^*(s)$，从而求取最优策略 π^*，数学表达为

$$V^\pi(s) = \sum_a \pi(s, a) \sum_{s'} P(s, a, s') [R(s, a, s') + \gamma V^\pi(s')] \quad (4\text{-}15)$$

第四类是广义策略迭代法，综合了策略迭代和值迭代方法的特点。广义策略迭代法是策略评估与策略改进相结合的学习过程。策略评估试图让策略和相应的值函数一致，而策略改进总是破坏策略评估得到的一致性。最终策略和值函数都不再变化时，则迭代结束。广义策略迭代法学习的最终目的是获得最优策略，具体的学习过程可以在值函数维度和策略维度上灵活地变化。值函数迭代法只在值函数维度上工作，而策略迭代法在值函数维度和策略维度上交叉进行。许多动态规划与强化学习算法的思想都来源于广义策略迭代法。

4.4.2 蒙特卡罗算法

蒙特卡罗（Monte Carlo，MC）算法是一种无模型的学习方法，不需要系统模型、状态转移函数和报酬函数，只需要通过与环境交互获得实际或模拟样本数据（状态、动作、回报）序列，从而发现最优策略。其策略评估主要是利用大数定律，以各个状态的回报值的样本平均来估计值函数，最终发现最优策略。

蒙特卡罗算法通常采用逼近的方法进行值函数的估计，即

$$V(s_t) = V(s_t) + \alpha [R_t - V(s_t)] \quad (4\text{-}16)$$

式中，R_t 是指采用某种策略 π，从状态 s_t 出发获得的真实的累积折扣回报值，即

$$R_t = r_{t+1} + \gamma r_{t+2} + \gamma^2 r_{t+3} + \cdots = r_{t+1} + \gamma R_{t+1} \tag{4-17}$$

本质上讲，蒙特卡罗算法是基于平均化样本回报值来求解值函数的，从而解决强化学习问题。为了确保良好的定义回报值，蒙特卡罗算法定义为完全抽样，即所有的抽样点必须最终终止，只有当一个抽样点结束，估计值和策略才会改变。因此该方法只适合于场景式任务，即任务存在终止状态，任何策略都在有限步内以概率1到达终止任务。

蒙特卡罗算法分为蒙特卡罗策略评估和蒙特卡罗策略控制两部分，蒙特卡罗算法主要用于策略评估中。

（1）蒙特卡罗策略评估 在场景式任务中，给定策略 π 来估计 $V^\pi(s)$。为了估计值函数，智能体需要多次执行策略，并把每一次从任意初始状态 s_0 出发到目标状态 s_T 的过程称为一幕，其状态序列为 $\{s_0, s_1, s_2, \cdots, s_{T-1}, s_T\}$。当环境状态为终止状态 s_T 时，得到的累积回报才能赋予状态 s 的值函数 $V(s)$，s 为场景状态序列中出现的任意状态。从 s 出发到终止状态 s_T 的过程中，s 可能出现不止一次，对 s 的值函数的更新主要有两种方法：FVMC（First Visit MC）和 EVMC（Everything Visit MC）。前者将回报赋予第一次访问的 s，后者是将每次访问到终止状态 s_T 的回报平均后赋予 s 的值函数。两种方法在理论上有区别，但都收敛于 $V^\pi(s)$。从数学上讲，以上两种方法都需要无限次的策略评估才能保证绝对收敛，但在很多实际例子中经常在有限次迭代后就收敛。FVMC 可表示为

$$V(s) \leftarrow \text{average}[\text{Return}(s)] \tag{4-18}$$

（2）蒙特卡罗策略改进 蒙特卡罗策略评估解决了值函数估计问题，可以用策略迭代的方法来求取最优解。理论上，蒙特卡罗策略评估只有在无穷次迭代的情况下才能计算 Q^π，因此采用传统的评估收敛后再进行策略改进的方法效率较低。所以常用的蒙特卡罗策略改进在一幕完成后，可直接根据当前 Q_k^π，采用贪心法得到改进的策略 π_{k+1}，即

$$\pi(s) = \text{argmax}_{a \in A} Q(s, a) \tag{4-19}$$

从理论上讲，若需保证最终策略收敛，不仅必须保证每个状态-动作对被访问的概率大于0，而且迭代次数可能为无限次。上诉贪心法策略改进方法并不能保证每个状态对在迭代中被访问，也就是探索与利用平衡问题。因此，可通过采用探索起点条件的方式以实现蒙特卡罗算法收敛，即要求迭代中每一幕的初始状态随机分配，以保证迭代过程中每一个状态-动作对都能被访问。故通过合理设计探索策略来实现在固定幕初始状态下，让蒙特卡罗算法收敛，只需探索策略保证每一个状态被访问即可。探索策略一般包括在线策略和离线策略两类。

在线策略需保证对于任意 (s, a)，有 $\pi(s, a) > 0$，即可避免探索起点条件。常用的在线策略为 ε-贪心策略，其算法数学表达为

$$\pi'(s, a) \leftarrow \begin{cases} 1 - \varepsilon + \varepsilon / |A|, & a = \text{argmax}_{a \in A} Q(s, a) \\ \varepsilon / |A|, & a \neq \text{argmax}_{a \in A} Q(s, a) \end{cases} \tag{4-20}$$

ε-贪心策略的主要思想为：系统多数情况下选择具有最大估计 Q 值的动作，但以概率 ε 选择其他动作。也就是每一个非贪心动作被选的概率为 $\varepsilon / |A|$，剩余的概率 $1 - \varepsilon + \varepsilon / |A|$ 分配给贪心动作。因此，有 $\pi(s, a) > \varepsilon / |A|$。

在线策略中，产生样本的行为策略 π' 和进行 Q 值估计的评估策略 π 是同一个策略。而在离线策略中，两者是独立的。离线策略的优点是评估策略 π 可以直接用贪心策略改进，而行为

策略 π' 可以根据具体情况灵活设计，只要保持每个状态-动作对都能被访问即可。

与动态规划相比，蒙特卡罗算法能够直接同环境交互，从而获得经验来优化动作行为，并不需要环境的动态模型。其还具有如下两个优点：一是在计算一个状态的值函数时不依赖于其他状态的值函数；二是其对马尔可夫性质要求不是很严格。

4.4.3 时间差分 TD 法

时间差分指的是对同一个变量在连续两个时刻观测到的值的差异。TD 法结合了蒙特卡罗算法和动态规划的思想，不需要系统的模型，能够直接从学习者的原始经验学起。假设在时刻 t，系统状态 s_t 的值函数为 $V(s_t)$，r_t 为在当前状态下根据选择策略采取动作 a_t 后，使得系统状态发生变化转移至新状态 s_{t+1} 时得到的即时奖励。

设在状态 s_t 下新的值函数估计值为

$$V'(s_t) = r_t + \gamma V(s_{t+1}) \tag{4-21}$$

因此，在时刻 t 的时间差分为

$$\delta_t = r_t + \gamma V(s_{t+1}) - V(s_t) \tag{4-22}$$

与动态规划方法一样，TD 法通过预测每一个动作的长期结果来给先前的动作赋予奖励或惩罚，即依赖于后续状态的值函数来更新先前状态值函数，主要应用于预测问题。

根据不同的更新规则，可以得到不同的 TD 法。最简单的是只向后回溯一步的 $TD(0)$ 预测算法，其迭代公式为

$$V(s_t) = V(s_t) + \alpha \delta_t = V(s_t) + \alpha [r_t + \gamma V(s_{t+1}) - V(s_t)] \tag{4-23}$$

式中，$\alpha \in [0, 1]$ 表示学习率因子。这种根据已存在的估计值来更新估计值的方法称为自举方法。

根据式（4-23）可知，TD 法中智能体获得立即回报时仅向后回溯一步，仅迭代修改了相邻状态的估计值，这导致 TD 法的收敛速度较慢。一种改进方法是智能体获得立即回报后回溯任意步，称为 $TD(\lambda)$ 算法。其迭代公式为

$$V(s_t) = V(s_t) + \alpha \delta_t = V(s_t) + \alpha [r_t + \gamma V(s_{t+1}) - V(s_t)] e(s_t) \tag{4-24}$$

式中，$e(s)$ 为状态的资格迹。对于某一特定状态，其资格迹随状态被访问次数的增加而增加，表明该状态对迭代值的贡献越大。通过引入资格迹，$TD(\lambda)$ 算法可以有效地实现在线、增量式学习。资格迹定义方式主要分为增量型和替代型两类。

4.4.4 Q 学习

Q 学习是由 Watkins 提出的一种模型无关的强化学习算法，又称为离线策略 TD 学习。不同于 TD 法，Q 学习迭代时采用状态-动作对的奖励和 $Q(s, a)$ 作为估计函数，而非值函数 $V(s)$。因此，智能体在每一次学习迭代时都需要考察每一个行为，这样可确保学习过程收敛。

单步 Q 学习是从动态规划理论发展而来的，是一种延迟学习方法。在 Q 学习中，策略和值函数用一张由状态-动作对索引的二维查询表来表示。对于每个状态 s 和动作 a，有

$$Q^*(s, a) = \gamma \sum_{s' \in S'} P(s, a, s')[R(s, a, s') + \max_{a'} Q^*(s', a')] \tag{4-25}$$

式中，$Q^*(s, a)$ 表示智能体在状态 s 下采用动作 a 所获得的最优奖励折扣和。由此可知，最优策略为在 s 状态下选用 Q 值最大的动作。类似于 TD 法，Q 学习首先初始化 Q 值，然后智能体在 s_t 状态，根据 ε-贪心策略确定动作 a_t，并得到经验知识和训练样本

(s_t, a_t, s_{t+1}, r_{t+1})，最后依据式（4-26）修改 Q 值：

$$Q(s_t,a_t) \leftarrow Q(s_t,a_t) + \alpha[r_{t+1} + \gamma \max_a Q(s_{t+1},a) - Q(s_t,a_t)] \tag{4-26}$$

当智能体访问到目标状态时，算法终止一次迭代循环。算法继续从初始状态开始新的迭代循环，直至学习结束。在这个循环过程中，Q 学习相比于 TD 法而言，有两点不同：第一，Q 学习迭代的是状态-动作对的值函数；第二，Q 学习中只需采用 ε-贪心策略选择动作，无需依赖模型的最优化。

4.4.5 SARSA 学习算法

SARSA 学习算法是 Rummery 和 Niranjan 于 1994 年提出的一种基于模型的算法，最初被称为改进的 Q 学习算法，后称为 SARSA 学习算法。它是一种在线策略 Q 学习算法。Q 学习算法采用的是值函数的最大值进行迭代，Q 值的更新依赖于各种假设动作，而 SARSA 学习算法则采用的是实际的 Q 值进行迭代，它严格的依据执行某个策略所获得的经验来更新值函数。在 Q 学习算法中，学习系统的行为选择策略和值函数的迭代是相互独立的，而 SARSA 学习算法以严格的 TD 法形式实现行为值函数的迭代，即行为决策与值函数的迭代是一致的。SARSA 学习算法在一些学习控制问题的应用中被验证具有优于 Q 学习算法的性能。其迭代公式为

$$Q(s_t,a_t) \leftarrow Q(s_t,a_t) + \alpha[r_{t+1} + \gamma Q(s_{t+1},a_{t+1}) - Q(s_t,a_t)] \tag{4-27}$$

在 SARSA 学习算法中，行为探索策略的选择对算法的收敛性具有关键作用。现有的部分研究在探索策略上进行了改进，采用渐进贪心无限探索策略和基于等级的受限随机策略，实现对马尔可夫决策过程最优值函数的逼近。

4.4.6 Q 学习的优化方法

传统的强化学习方法适用于处理小规模的离散状态或离散动作学习任务，而不能求解连续状态空间和连续动作空间的问题。当强化学习问题空间 $S \times A$ 变得庞大的时候，有两个问题会影响强化学习的实用性。第一是速率问题，$S \times A$ 的数据量庞大，因此导致强化学习算法收敛较慢。第二是复用问题，无论是值函数 $V(s)$ 还是动作值函数 $Q(s,a)$ 或者是策略 π，强化学习的结果总是依赖于 $S \times A$ 的具体表示，这意味着只要对应的问题发生改变，以前的学习结果就会无法适用。对于一些实际应用场景，由于训练代价较高，强化学习结果的可复用性是非常重要的。

针对这两个问题，研究者们提出了采用迁移学习来实现强化学习结果的复用。迁移学习就是复用过去的学习经验和结果以加速对于新任务的学习。

（1）Dyna-Q 学习　对于环境复杂、信息量大、必须快速学习的场景，如矿井下的线路规划，Q 学习的学习效率会很低，它需要采集环境中"足够多"的状态动作对和相应值函数才能收敛，所花费时间过长，不能及时指定路线。

针对这种情形，提出了一种改进的 Q 学习策略，将 Dyna 学习框架融入到 Q 学习中，可以只利用少量真实数据建立环境估计模型，然后用规划法产生虚拟样本并更新值函数，通过增加计算复杂度来降低时间复杂度。

如图 4-5 所示，在 Dyna 学习框架中，智能体与环境交互得到真实的经验样本 T，该样本有两个作用：用于学习值函数（或策略函数）和更新模拟真实环境的估计模型。同时，环境估计模型产生的虚拟样本 H 也用于学习值函数或策略函数。用真实样本更新值函数和环境估计模型的过程称为学习过程，用环境估计模型产生虚拟样本更新值函数的过程称为规

划。Dyna学习框架采用自适应控制中模型辨识的思想，将学习和规划过程有机结合，利用计算复杂度代替采样复杂度，对于动态环境下的学习问题有显著加速效果。

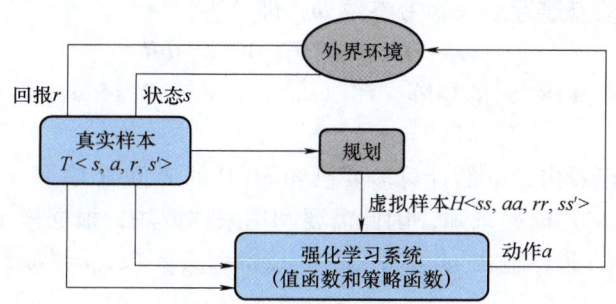

图4-5 Dyna学习框架原理

Dyna学习框架的主要流程如下：

1）观察当前状态s，根据策略选择机制选择动作a，使智能体转换到新状态s'，并得到立即回报r，得到真实样本(s,a,r,s')。

2）利用真实样本更新值函数V、Q或策略函数π。

3）利用真实样本更新环境估计模型$T(s,a,r,s')$。

4）重复下列步骤k次：

① 根据特定的机制选择假设的状态ss和动作aa。

② 根据环境估计模型T得到虚拟样本$H(ss,aa,rr,ss')$。

③ 利用虚拟样本H更新值函数或策略函数。

Dyna学习框架与传统强化学习算法的主要区别在于步骤3）和步骤4），环境估计模型和规划所用样本的选择直接决定算法的效率。环境估计模型既可以是滚动存储或全存储的经验样本，也可以以估计的状态转移矩阵的形式给出。规划样本的选择主要根据基于某种准则的优先级机制。引入规划后，在相应的Dyna学习框架中衍生出学习与规划的平衡问题，只有合理处理两者关系算法的性能才能有大的提升。

Dyna-Q学习与Q学习算法过程的区别是真实样本T不仅要更新值函数、策略函数，还要更新环境的概率模型P，模型训练好便可产生虚拟样本自行更新，转在线策略为离线策略，集试错于认知，将得鱼变成了得渔，提高了学习效率。

（2）最小二乘时间差分Q（LSTDQ）学习 Q学习的查找表形式只适用于求解小规模、离散空间问题，对于实际大规模或连续空间问题，智能体不能遍历所有状态，而用最小二乘迭代策略即可解决此类问题。最小二乘迭代策略是一类无模型、离线策略的近似策略迭代方法。其结构框图如图4-6所示。

在策略评估中，最小二乘迭代策略主要通过估计值来逼近动作值函数$Q^\pi(s,a)$。其矩阵描述形式为

$$\hat{Q}^\pi = \boldsymbol{\Phi}\boldsymbol{\omega} \qquad (4-28)$$

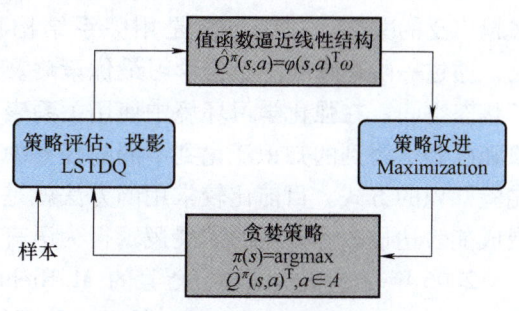

图4-6 最小二次策略迭代框架

式中，$\boldsymbol{\Phi}=[\boldsymbol{\varphi}^{\mathrm{T}}(s_1, a_1), \cdots, \boldsymbol{\varphi}^{\mathrm{T}}(s, a), \cdots, \boldsymbol{\varphi}^{\mathrm{T}}(s_{|S|}, a_{|A|})]^{\mathrm{T}}$ 表示大小为 $|S||A| \times k$ 的基函数矩阵。

通过最小二乘不动点逼近法来学习参数 $\boldsymbol{\omega}$，即
$$\boldsymbol{\omega}=[\boldsymbol{\Phi}(1-\gamma P' \prod_\pi \boldsymbol{\Phi})]^{-1} \boldsymbol{\Phi} R \tag{4-29}$$
式中，P' 是大小为 $|S||A| \times |S|$ 的矩阵，$P'[(s,a), s']=P(s, a, s')$；$\prod_\pi$ 是大小为 $|S| \times |A||S|$ 的矩阵，$\prod_\pi[s', (s', a')]=\pi(s')$。

由式（4-28）可以看出，$\boldsymbol{\omega}$ 的计算需要已知 MDP 的 P 和 R 模型。但是，强化学习中的 $R(s, a)$ 和 $P(s, a, s')$ 模型未知，因此需要利用采样方法，根据样本数据来学习参数 $\boldsymbol{\omega}$。

在 LSTDQ 学习中，最终输出 $\boldsymbol{\omega}$ 或 $\pi(s)=\mathrm{argmax}_{a \in A} \boldsymbol{\varphi}(s, a)^{\mathrm{T}} \boldsymbol{\omega}$。

4.5 强化学习发展趋势

强化学习以其独特的优点成为并列于监督学习和非监督学习的一种特有的机器学习方法，现在仍是各国学者研究的热点。强化学习的未来发展方向可归结为以下几类：部分感知强化学习、关系强化学习、分层强化学习、多智能体强化学习、深度强化学习等。下面给出几个热点方向的研究现状及未来发展情况。

4.5.1 部分感知强化学习

在实际的问题中，智能体往往无法完全感知环境信息。即使环境属于马尔可夫型，但由于感知的不全面，对于状态间的差异也无法区别。因此，部分感知问题属于非马尔可夫型环境。在部分感知问题中，如果不对强化学习算法进行任何处理就加以应用，学习算法将无法收敛。目前，关于部分感知强化学习的最主要研究方法是预测模型法。这种方法是建立在部分可感知马尔可夫决策过程（Partially Observable Markov Decision Process，POMDP）模型之上的，它将状态转移的历史知识应用于预测模型或用于构建系统内部状态，同时引入对内部状态的置信度，将 POMDP 问题转化为统计上的 MDP 求解。

对 POMDP 问题的学习，目前是强化学习中一个非常重要的研究方向。但由于信度状态 MDP 模型是一个连续状态的模型，当环境复杂度增加时容易出现维度爆炸问题，算法实际上不可行。因此，如何结合神经网络等函数估计方法来解决部分感知强化学习中的维度爆炸问题也是目前研究的热点。

4.5.2 关系强化学习

近年来，关系强化学习（Relational Reinforcement Leaning，RRL）方法的发展受到了越来越广泛的关注。这个方法是用关系结构将强化学习系统泛化到关系表达的状态和动作上，通过一阶逻辑和决策树学习最优策略。通过将强化学习与关系表示相结合，有效地减少了状态空间。在强化学习环境中使用关系表示有很多优点。首先，可以将在相似环境中的对象和已经学习到的知识泛化到不同的任务中；其次，使用关系表示也是一种比较自然的利用先验知识的方式。目前比较常用的方法就是将 MDP 用一阶 AI 形式扩展成关系背景，或者扩展成能表达概率和效用的扩展逻辑行为语言。

2006 年，华盛顿州立大学的 M. Richardson 和 P. Domingos 提出用马尔可夫逻辑网（Markov Logic Network，MLN）结合一阶逻辑和概率图模型，统一现实世界学习中的复杂性和不确定性问题。关系强化学习常见的算法有：①模型无关的 TILDE-RT 算法、TG 算法、

RIB 算法、TRENDI 算法、KBR 方法等；②基于模型的逻辑马尔可夫决策编码 LOMDP、CARCASS、关系 Q 学习 RQ、POMDP 随机策略、概率关系模型 PRM 等。

关系强化学习是近几年来的热点问题，经过专家的不懈努力，已经取得了一些成果，如基本理论的形成，各种算法的成功以及性能的分析和比较，当然也包括用各种算法实现的各种系统。但是，对于强化学习这么一个庞大的领域而言，还有很多有待解决的问题。

4.5.3　分层强化学习

分层强化学习（Hierarchical Reinforcement Learning，HRL）是为了解决强化学习固有的维度爆炸问题而提出的，近十年来取得了显著的成果。Parr、Sutton、Dietterich 等人分别从不同的角度研究了分层强化学习理论，提出了 HAM、Option、MAXQ 这三种典型的算法。这三种算法也是目前研究和应用最广泛的算法。

分层强化学习的本质：在强化学习的基础上增加了"抽象"机制，把整个任务分解为不同层次上的子任务，使每个子任务在规模较小的状态空间里求解，或局限于与底层细节无关的维数较低的高层空间。这样，在分层强化学习中，如果智能体只关注当前局部空间内的环境变化和分层任务子目标状态的变化，将策略更新过程限制在局部空间或高层空间上，就可以加快学习速度，降低学习算法的收敛性对环境变化的依赖。分层强化学习使用较多的抽象方法包括状态空间分解、时态抽象和状态抽象。这几种方法从不同的途径产生层次结构，实现降低状态空间和动作空间的维数或规模，从而加快学习速度。一般在一种分层强化学习方法中可以只采用一种或同时采用多种抽象方法。其中时态抽象应用的最多，几乎所有的分层强化学习方法中都用到了该方法。

4.5.4　深度强化学习

深度强化学习是一种结合深度学习技术和强化学习算法的机器学习方法，它是目前人工智能领域最为热门、发展最为迅速的方向之一。深度强化学习主要应用于复杂的决策制定和控制问题中，如控制机器人、自动化驾驶和游戏智能等领域，在这些领域中，深度强化学习已经取得了很多突破性的成果。

深度强化学习的原理是将深度学习模型和强化学习算法相结合，其中深度学习模型主要用于提取输入数据的高级特征，强化学习算法则负责制定最优的决策策略。具体来说，深度强化学习中一般使用神经网络作为深度学习模型，通过不断地调整神经网络的参数，使其能够自主学习并提取出输入数据的高级特征。然后，基于这些特征，强化学习算法将决策制定问题转化为一个马尔可夫决策过程，通过不断地试错和学习得到最优的决策策略。最终，深度强化学习算法可以在经过充分的学习和训练后，实现自主决策和控制。

深度强化学习在现实生活中有许多应用场景。其中，自动驾驶是一个非常典型的例子。在自动驾驶的场景中，通过深度学习模型提取图像或视频中的特征，然后通过强化学习算法来实现自主决策和控制，使得汽车能够自主行驶，并避免碰撞。另外，在机器人控制、游戏智能等领域，深度强化学习也有广泛的应用。在机器人控制中，深度强化学习可以帮助机器人学习执行复杂的任务，例如，从绕过障碍到抓取物品。在游戏智能中，深度强化学习可以实现自主学习和掌握游戏规则，并根据情况调整决策策略，以达到最优的游戏效果。

总之，深度强化学习是一种非常有前景的机器学习方法，它可以帮助解决许多复杂的决策制定和控制问题，从而实现智能化和自主化的机器控制和行为。

4.6 本章小结

本章主要介绍了强化学习的基本原理、结构和特点,强化学习系统的主要组成元素:智能体、环境模型、策略、奖赏函数、值函数,以及经典强化学习算法所依赖的马尔可夫决策过程模型。随后详细介绍了主要的强化学习算法,包括动态规划、蒙特卡罗算法、时间差分TD法、Q学习、SARSA学习算法和Q学习的两种优化方法。本章的最后介绍了强化学习的发展趋势,包括部分感知强化学习、关系强化学习、分层强化学习和深度强化学习。

4.7 习 题

一、判断题

1. 强化学习中的Agent在与环境互动过程中,通过试错来学习最优策略。(   )
2. Q学习是一种需要知道环境转移概率的强化学习算法。(   )
3. 在强化学习中,奖励值越高,Agent学习到的策略就越接近最优策略。(   )
4. 强化学习只能应用于离散动作空间的任务中。(   )
5. LSTDQ使用深度神经网络来近似Q函数,这使得它能够处理高维输入空间的问题。(   )

二、问答题

1. 什么是强化学习?它与监督学习有何不同?
2. 在强化学习中为什么要权衡"探索与利用"?
3. 什么是马尔可夫决策过程(MDP),它在强化学习中起什么作用?
4. 请解释什么是Q学习,并简述其工作原理。
5. 在强化学习中,什么是策略(Policy),它是如何帮助Agent做出决策的?

第 5 章 智 能 计 算

随着技术的进步，工程实践问题变得越来越复杂。传统的计算方法面临着诸如计算复杂度高、计算时间长等问题。设计用于求解这些问题的精确算法往往由于其指数级的计算复杂性而令人无法接受。传统的精确算法无法在可以容忍的时间内求出解。因此，为了在求解时间和求解精度上取得平衡，计算机科学家们提出了各种具有启发式特征的计算方法。这些算法可能模仿生物界的进化过程，生物的生理构造和身体机能，动物的群体行为，人类的思维、语言和记忆过程，或自然界的物理现象。希望通过模拟大自然和人类的智慧实现对问题的优化求解，在可接受的时间内获得可接受的解。这些算法统称为智能优化计算方法，也称为智能计算（Intelligence Computational，IC）。本章将从最优化问题、计算复杂性及 NP 理论、智能计算基础理论以及主要智能计算方法等方面进行介绍，使读者对智能计算领域有一个初步的认识和了解。

5.1 最优化问题

最优化问题是人们在科学研究和生产实践中经常遇到的问题。人类所从事的一切生产或社会活动均是有目的的，其行为总是在特定的价值观念或审美取向的支配下进行的，因此经常面临求解一个可行的甚至是最优的方案的决策问题，这就是所谓的最优化问题（Optimization Problem）。

最优化问题的求解模型为

$$\min f(X), X \in D \tag{5-1}$$

式中，D 是问题的解空间，X 是 D 中的一个合法解。一般可将 X 表示为 $X=(x_1, x_2, \cdots, x_n)$，表示一组决策变量。最优化问题就是在解空间中寻找一个合法的解 X（一组最佳的决策变量），使得 X 对应的函数映射值 $f(X)$ 最小（最大）。

根据决策变量 x 的取值类型，可以将最优化问题分为函数优化问题和组合优化问题两大类。通常称决策变量均为连续变量的最优化问题为函数优化问题；若一个最优化问题的全部决策变量均为离散取值，则称为组合优化问题。当然，也有许多应用问题的数学模型表现为混合类型，即模型的部分决策变量为连续型，部分决策变量为离散型。此外，根据最优化问题中的变量、约束、目标、问题性质、时间因素和函数关系等不同情况，还可以进一步细分最优化问题的类型。常见的分类包括线性规划、整数规划、非线性规划、凸优化、非凸优化等。这些分类方法有助于更好地理解和描述问题，选择合适的求解方法和算法，并提高问题求解的效率和准确性。最为常见的最优化问题类型划分表 5-1。

表 5-1 最优化问题的分类

分类标志	变量个数	变量性质	约束条件	极值个数	目标个数	函数关系	问题性质	时间变化
类型	单变量、多变量	连续、离散、混合	无约束、有约束	单峰、多峰	单目标、多目标	线性、非线性	确定性、随机性、模糊性	静态、动态

5.1.1 函数优化问题

函数优化问题对应的决策变量均为连续变量,这意味着问题的解空间是由一组实数构成的连续区间。在这类问题中,优化的目标函数的值取决于这些连续变量的取值。这种类型的最优化问题在科学实验参数配置和工农业生产实践中都非常常见。举例来说,在设计神经网络的过程中,需要确定神经元节点间的网络连接权重,以使得网络的性能达到最优。这涉及优化问题的一个典型场景,其中需要优化的变量是某个连续区间上的实数值。在神经网络设计中,通常会有多个参数需要调整,如权重、偏置等,而这些参数通常是连续的,因此形成了一个函数优化问题。在函数优化问题中,各个决策变量之间可能是独立的,也可能是相互关联、相互制约的。它们的取值组合构成了问题的解。由于决策变量是连续值,因此对每个变量进行枚举是不可能的,这意味着无法通过穷举的方式来寻找最优解。因此,必须借助于最优化方法对问题进行求解。针对函数优化问题,有许多经典的最优化算法被应用,其中包括梯度下降法、共轭梯度法、牛顿法等。这些算法利用目标函数的梯度信息来寻找局部最优解,并在迭代过程中逐步接近全局最优解。通过不断地调整决策变量的取值,这些算法能够有效地优化目标函数,并找到满足优化要求的最优解。

总之,函数优化问题在科学实验、工程设计、生产实践等领域都具有重要的应用价值。通过使用最优化方法,能够有效地解决这类问题,优化参数配置,提高系统性能,实现更好的实验结果和生产效益。

5.1.2 组合优化问题

与函数优化问题不同,组合优化问题的决策变量是离散取值的。这意味着问题的解空间由一组离散的取值组合构成,通常表示为整数规划问题或 0-1 规划问题等形式。在这类问题中,需要在一组离散的决策变量中选择最优的组合,以使得目标函数达到最大或最小值。组合优化问题的起源可以追溯到运筹学(Operations Research,OR)领域。运筹学是研究如何进行有效决策和优化资源利用的学科,其涉及的问题包括信息技术、经济管理、工业工程、交通运输、通信网络等众多领域。组合优化问题在这些领域中发挥着重要的作用,对于解决实际生产和管理中的各种问题具有重要意义。

举一个具体的例子来说明组合优化问题的应用。考虑一个物流配送问题,假设有一家物流公司需要将货物从不同的仓库送往不同的目的地,以满足客户的需求。每个仓库有不同数量的货物可供配送,每个目的地有不同数量的需求。现在,需要决定哪些仓库的货物应该被分配到哪些目的地,以最小化配送成本。这就是一个典型的组合优化问题,其中决策变量表示每个仓库到每个目的地的配送方案,而目标函数则是最小化总配送成本。在解决这类问题时,通常会应用诸如整数规划、0-1 规划、图论算法等方法。这些算法能够帮助在离散的决策空间中搜索最优解,找到满足约束条件的最佳决策方案。通过合理地安排资源和优化配送方案,物流公司可以提高运输效率,降低成本,从而提升竞争力,为客户提供更好的服务。组合优化问题在各个领域都有广泛的应用,其重要性不言而喻。通过合理地应用组合优化算法,能够有效地解决各种实际问题,提高资源利用效率,推动生产和管理的进步。

5.2 计算复杂性及 NP 理论

5.2.1 计算复杂性

一般而言，最优化问题都属于"难解"的问题。以旅行商问题和 0-1 背包问题为例，虽然它们的定义简单易懂，但要寻找到一个全局最优解并不容易。直观来看，旅行商问题涉及将 n 个城市进行排序，如果采用蛮力进行枚举，需要进行 $(n-1)!$ 次的枚举；而 0-1 背包问题涉及 n 位二进制的 0、1 取值问题，因此有 2^n 种可能。可见，仅当问题规模较小时，枚举的方法才是可行的。由于问题的解空间随着规模增大呈指数级增长，因此需要寻找其他有效且高效的算法来解决大规模实际问题。

在计算机科学中，常用计算复杂性这个概念来描述问题的难易程度或算法的执行效率。对于一个问题的计算复杂性，一般可以通过算法所需的运算次数或步骤数来进行判断。如果算法的复杂性是问题规模 n 的指数函数，则称该问题具有指数时间复杂性；如果复杂性是 n 的多项式函数，则称该问题具有多项式时间复杂性。问题的复杂性上界是已知求解该问题的最快算法的复杂性，而下界则需要通过理论证明来建立。枚举法作为求解旅行商问题和 0-1 背包问题的一种算法，具有指数复杂性，因此这两个问题的复杂性上界都是指数级的。虽然至今尚未找到多项式复杂性的算法来解决这些问题，但也不能证明其不存在。大多数学者认为，这些问题属于 NP 难问题或 NP 完全问题。

随着计算机科学的发展，特别是新一代计算机系统和人工智能的研究，计算复杂性理论将继续深入到计算机科学的各个分支中。这将为计算复杂性理论提出许多新的课题，可能促使计算复杂性理论、描述复杂性理论、信息论、数理逻辑等学科之间更紧密的结合，为信息加工或信息活动提供更深刻的理论支撑。

5.2.2 NP 理论

为了更好地研究问题的计算复杂性，计算机科学家提出了与 NP 相关的理论。在这里，将对 P 类问题、NP 类问题、NP 难问题和 NP 完全问题进行定义和解释。首先，需要理解判定性问题的概念。判定性问题是指提出一个问题，只需回答"是"或者"否"的问题。通常，任何一般的最优化问题都可以转化为一系列判定性问题。举例来说，如果要求解某个图中从点 A 到点 B 的最短路径，可以将这个问题转化为一系列判定性问题：从点 A 到点 B 是否存在长度为 1 的路径？从点 A 到点 B 是否存在长度为 2 的路径？以此类推，直到找到从点 A 到点 B 的最短路径。

计算机科学家通过对 P 类问题、NP 类问题、NP 难问题和 NP 完全问题的定义和解释，为研究问题的计算复杂性提供了重要的理论基础。这些理论有助于更好地理解问题的难度，并指导设计更高效的算法来解决各种实际问题。

（1）P 类问题（Polynomial Problem） P 类问题指的是可以在多项式时间内求解的问题。多项式时间意味着问题的解决时间与问题规模的多项式成正比。如果存在一个算法，解决某个问题的时间复杂度为多项式级别，那么这个问题就属于 P 类问题。P 类问题的研究对于优化算法、数据处理等领域具有重要意义，因为它们的解决方法在理论上是可行的，且可以在合理的时间内得到结果。

（2）不确定性算法（Non-deterministic Algorithm） 不确定性算法是指在执行过程中具有

某种随机性或概率性质的算法。与确定性算法不同，不确定性算法的执行结果不是唯一确定的，而是可能会受到随机性因素的影响。这种算法通常涉及随机选择、随机模拟、概率分布等概念。一个不确定性算法通常包含两个阶段：随机性生成阶段和确定性评估阶段。

在随机性生成阶段，算法通过引入随机性来生成一组可能的解决方案或候选解。这个阶段通常涉及随机选择、随机模拟、概率分布等操作。通过随机性生成，算法可以在解空间中进行广泛的搜索，并且有可能找到全局最优解或接近最优解的解决方案。

在确定性评估阶段，算法对生成的候选解进行评估和分析，以确定其质量和适用性。这个阶段通常涉及确定性的评价指标或评价函数，用来衡量候选解的优劣程度。通过评估，算法可以筛选出高质量的解决方案，并最终选择其中的最优解作为最终结果。

这两个阶段相互配合，构成了一个完整的不确定性算法。随机性生成阶段提供了广泛的搜索空间，使算法能够探索更多的可能解决方案；而确定性评估阶段则对候选解进行深入的分析和评价，以选出最优的解决方案。

（3）NP 类问题（Non-deterministic Polynomial Problem） NP 类问题是指可以在多项式时间内验证一个解的正确性的问题。换句话说，如果给定一个解，可以在多项式时间内验证它是否是问题的解，那么这个问题就属于 NP 类问题。NP 类问题的解决过程可能需要非确定性的算法。

举例来说，旅行商问题（Traveling Salesman Problem，TSP）就是一个经典的 NP 类问题。在 TSP 中，旅行商要从一个起点出发，经过若干个城市，最终返回起点，需要保证总路程最短。给定一个可能的路径，可以在多项式时间内验证这条路径的总长度是否小于等于某个给定的值，从而验证这条路径是否是问题的解。但是，要找到最优的路径则可能需要遍历所有可能的路径，这是一个指数级别的搜索过程，因此 TSP 属于 NP 难问题。总之，NP 类问题是一类重要的计算复杂性问题，它们的解决过程可以在多项式时间内验证一个解的正确性。然而，要找到最优解可能需要非常高的计算复杂度，因此这些问题在实际应用中常常需要寻找近似解或启发式算法来求解。

（4）NP 完全问题（NP-Complete Problem） NP 完全问题是指属于 NP 类问题且具有特定性质的一类问题。一个问题被称为 NP 完全问题，应满足两个条件：首先，它是一个 NP 类问题，即可以在多项式时间内验证一个解的正确性；其次，所有的 NP 类问题都可以在多项式时间内归约为它，也就是说，如果能在多项式时间内解决一个 NP 完全问题，那么就可以在多项式时间内解决任何 NP 类问题。

NP 完全问题的解决方案通常是非常困难的，因为它们涉及大规模的空间搜索，并且没有已知的有效算法可以在多项式时间内解决。著名的 NP 完全问题包括旅行商问题、子集和问题（Subset Sum Problem）、图的着色问题（Graph Coloring Problem）等。由于 NP 完全问题的困难程度，其在计算机科学和理论计算机科学领域中具有重要意义。虽然目前尚无多项式时间解决 NP 完全问题的有效算法，但研究 NP 完全问题的性质和特征有助于更好地理解计算复杂性理论，并设计出更高效的算法来解决实际问题。

P 类问题、NP 类问题、NP 完全问题和 NP 难问题之间存在着一种层次关系，具体如图 5-1 所示。

图 5-1 问题分类的关系

NP 完全问题是 NP 类问题中的一种特殊情况，它具有特定的性质，而 NP 难问题则是一类更广泛的困难问题。P 类问题是 NP 类问题的一个子集，因为 P 类问题也属于 NP 类问题，但与 NP 完全问题和 NP 难问题不同，P 类问题可以在多项式时间内求解。

5.3　智能计算基础理论

5.3.1　智能计算概念

智能计算是利用自然界（生物界）规律的启示，设计出求解问题的算法。物理学、化学、数学、生物学、心理学、生理学、神经科学和计算机科学等学科的现象与规律都可能成为智能计算算法的基础和思想来源。从关系上说，智能计算属于人工智能（Artificial Intelligence，AI）的一个分支。不同的学者根据对人工智能理解的不同，形成了逻辑主义、行为主义和联结主义三大学派。逻辑主义，又称为符号主义、心理学派或计算机学派，其原理主要为物理符号系统假设和有限合理性原理。这一学派认为人工智能源于数理逻辑，主张应分析人类认知系统所具备的功能和机能，然后用计算机模拟这些功能，实现人工智能。行为主义，又称为控制论学派，其原理为控制论及感知-动作型控制系统。这一学派认为智能取决于感知和行动，提出智能行为的"感知-动作"模式。联结主义，又称为仿生学派或生理学派，其原理主要为神经网络及神经网络间的连接机制与学习算法。这一学派认为人工智能源于仿生学，特别是人脑模型的研究，包括神经网络和模糊逻辑等研究。此外，仿生学方面出现了进化计算、群体智能等多种智能计算优化算法。

5.3.2　智能计算的分类

智能计算是一种涵盖多种算法和技术的领域，旨在模拟人类智能的思维和行为，以解决复杂的问题。根据不同的方法和技术，智能计算可以被分为几个主要的分类，包括基于规则的方法、基于统计的方法、基于进化的方法和基于神经网络的方法。

基于规则的方法是智能计算的早期方法之一，它基于事先定义好的规则集来推断和决策。这些规则通常由专家知识或领域专家提供，并且以 if-then 的形式表示。经典的基于规则的方法包括专家系统和规则引擎。专家系统使用一系列规则来模拟专家的知识和推理过程，以解决特定的问题。规则引擎则是一种软件系统，用于管理和执行规则集，通常用于业务流程管理和决策支持系统。

基于统计的方法利用大量的数据和统计模型来进行预测和决策。这些方法包括机器学习、数据挖掘和统计建模等技术。机器学习算法通过分析和学习数据的模式和关系来自动提取知识，并使用这些知识来做出预测或决策。常见的机器学习算法包括决策树、支持向量机、朴素贝叶斯等。数据挖掘是从大规模数据中发现隐藏模式和关系的过程，通常涉及聚类、分类、关联规则挖掘等任务。统计建模则是利用统计学理论和方法来对数据进行建模和分析，以了解数据的性质和结构。

基于进化的方法是受到生物进化过程的启发，通过模拟自然选择和遗传机制来解决问题。这些方法包括遗传算法、粒子群优化、模拟退火等。遗传算法是一种基于群体搜索和进化的优化算法，通过模拟生物的遗传和进化过程来搜索最优解。粒子群优化算法则是模拟鸟群或鱼群的行为，通过调整个体的位置和速度来搜索最优解。模拟退火算法则模拟金属冶炼过程中的退火过程，通过逐渐降低温度来搜索最优解。

基于神经网络的方法是受到人类大脑神经元结构和功能的启发，通过构建人工神经网络来模拟和学习复杂的非线性关系。这些方法包括人工神经网络、深度学习和神经进化算法等。人工神经网络是由大量的神经元和连接组成的网络结构，通过学习和调整连接权重来进行预测和决策。深度学习是一种特殊的神经网络结构，具有多层的隐藏层，能够学习更复杂的特征和关系。神经进化算法结合了神经网络和进化算法的思想，通过进化过程来优化神经网络的结构和参数。

综上所述，智能计算的分类涵盖了多种方法和技术，包括基于规则的方法、基于统计的方法、基于进化的方法和基于神经网络的方法。每种方法都有其独特的特点和适用场景，可以根据具体的问题和需求选择合适的方法进行应用。

5.3.3 智能计算的特征与应用

智能计算方法采用启发式的随机搜索策略，在问题的全局空间中进行搜索寻优，能在可接受的时间内找到全局最优解或者可接受解。与传统的优化算法相比，智能计算算法在处理优化问题时，不需要严格的数学推导，而是通过模仿自然界和受人类活动的启发，利用随机搜索和启发式规则进行优化。因此，智能计算算法具有以下主要特征：

（1）智能性　智能计算算法模拟了自然界和人类活动的一些特点和行为，具有一定的智能性。通过模仿自然界的进化、生物群体的行为或人类的思维方式，这些算法能够灵活地应对各种优化问题，并在搜索过程中逐步优化解空间，最终找到全局最优解或者近似最优解。

（2）并行性　智能计算算法通常具有良好的并行性，能够利用多个处理单元或者多线程进行并行计算。这使得算法能够在大规模问题上高效地搜索解空间，加速求解过程，提高求解效率。

（3）健壮性　智能计算算法对于问题的输入数据和初始条件的变化具有一定的鲁棒性。即使在面对复杂、噪声干扰较大或者数据不完整的情况时，这些算法仍然能够找到较为稳健的解，具有一定的鲁棒性。

智能计算算法是一类灵活、智能且具有全局搜索能力的优化方法，能够有效地解决各种优化问题。其智能性、并行性和鲁棒性使得这些算法在实际工程中得到了广泛的应用。通过模拟自然界和受人类活动的启发，智能计算算法为工程实践提供了一种高效、灵活的优化求解手段，为复杂问题的求解提供了新的思路和方法。

智能计算算法已经在多个领域取得了成功的应用，涉及优化计算、模式识别、图像处理、自动控制、经济管理、机械工程、电气工程、通信网络和分子生物学等多个领域。这些算法的应用范围广泛，国防、科技、经济、工业和农业等各个方面都有涉及。在优化计算方面，智能计算算法被广泛应用于解决各种复杂的优化问题，如组合优化、参数优化、路径优化等。其在工程设计、生产调度、资源分配等方面发挥了重要作用。在模式识别和图像处理领域，智能计算算法能够识别和分析复杂的模式和图像数据，用于人脸识别、指纹识别、目标检测等应用。这些算法在安防、医疗影像分析、智能交通系统等领域发挥了关键作用。在自动控制领域，智能计算算法被用于设计和优化控制系统，实现自动化生产和智能化控制。它们在工业过程控制、机器人控制、智能家居系统等方面具有重要的应用价值。在经济管理领域，计算智能算法被用于金融预测、风险评估、投资组合优化等方面。它们在股票交易、风险管理、财务分析等领域发挥了重要作用。在机械工程、电气工程、通信网络等领域，智能计算算法被用于设计和优化复杂的系统和网络，提高系统的性能和效率。在分子生物学领域,智能计算算法被用于基因序列分析、蛋白质结构预测、药物设计等方面。它们在生物信息学、药物研发等领域发挥了重要作用。总的来说,智能计算算法在各个领域的成功应用,促进了技术的发展和进步,推动了各行各业的创新和变革。随着技术的不断发展,智能计算算法将继续在各个领域发挥重要作用,为人类社会的发展和进步做出更大的贡献。

5.4 遗传算法

5.4.1 基本原理

遗传算法(Genetic Algorithm,GA)是由美国密歇根大学心理学、电子工程学和计算机科学教授约翰·霍兰德(John Holland)首先提出的一种随机自适应的全局搜索算法。早在1962年,霍兰德就提出了关于遗传算法的基本思想。之后,相继有学者在相关的研究成果中提到了遗传算法的概念,例如,霍兰德的学生巴格利(Bagley)于1967年在他的博士论文中第一次采用了"遗传算法"这个术语。但遗传算法的数学框架和理论基础直到20世纪70年代初期才形成。霍兰德于1975年在其专著《自然系统和人工系统的自适应性》中对这种理论方法进行了系统且详细的论述。

遗传算法吸收了生命科学与工程学科中的重要理论成果,用于解决复杂优化问题。其中,达尔文的进化理论和以孟德尔的遗传学说为基础的现代遗传学对算法的提出具有最为重要的影响。地球生命自诞生以来,就处于漫长而深远的进化历程,经历了从低级到高级、从单一到多样、从简单到复杂、从缺陷到完善的发展过程。达尔文的进化论提出了自然界"自然选择"和"优胜劣汰"的进化规律。生物的进化过程是一个不断往复的循环过程。在每个循环中,由于自然环境的恶劣、资源的短缺和天敌的侵害等因素,个体必须接受自然的选择。在选择过程中,一部分对自然环境具有较高适应能力的个体得以保存下来形成新的种群,而另一部分个体则由于不适应自然环境而面临被淘汰的危险。经过选择保存下来的群体构成种群,种群中的生物个体进行交配繁衍,保证了种群的发展。交配产生的子代继承了父代的部分特性,而且一般来说,子代要比父代具有更强的环境适应能力。进化过程伴随着种群的变异,种群中部分个体发生基因变异,成为新的个体。这样,经过选择、交配和变异后的种群取代原来的群体,进入下一个进化循环。

以孟德尔的遗传学说为基础的现代遗传学提出了遗传信息的重组模式。在生物体的遗传过程中,染色体是遗传信息基因的载体,基因在染色体上按照一定的次序组合。父代交配产生子代时,子代从父代继承的遗传基因以染色体的形式重新组合,子代的性状由遗传基因决定。在遗传算法中,问题的每个有效解被称为一个"染色体(Chromosome)",在有些书籍中也称为"串",相对于群体中的每个生物个体(Individual)。染色体的具体形式是一个使用特定编码方式生成的编码串。编码串中的每一个编码单元称为"基因(Gene)"。

遗传算法通过比较适应值(Fitness Value)来区分染色体的优劣,适应值越大的染色体越优秀。评估函数(Evaluation Function)用来计算并确定染色体对应的适应值。选择算子(Selection)按照一定的规则对群体的染色体进行选择,得到父代种群。一般地,越优秀的染色体被选中的次数越多。

交配算子(Crossover)作用于每两个成功交配的染色体,染色体交换各自的部分基因,产生两个子代染色体。子代染色体取代父代染色体进入新种群,而没有交配的染色体则直接进入新种群。

变异算子（Mutation）使新种群进行小概率的变异。染色体发生变异的基因改变数值，得到新的染色体。经过变异的新种群替代原有群体进入下一次进化。表 5-2 给出了生物进化到遗传算法各基本概念的对照。

表 5-2　生物进化到遗传算法各基本概念的对照

生物遗传进化	遗传算法
群体	问题搜索空间的一组有效解（表现为群体规模 N）
种群	经过选择产生的新群体（规模同样为 N）
染色体	问题有效解的编码串
基因	染色体的一个编码单元
适应能力	染色体的适应值
交配	两个染色体交换部分基因得到两个新的子代染色体
变异	染色体某些基因的数值发生改变
进化结束	算法满足终止条件时结束，输出全局最优解

5.4.2　算法流程

遗传算法是一种启发式搜索和优化技术，受到了生物进化理论的启发，模拟了生物种群进化的过程。通过使用生物进化的概念，如选择、交叉和变异，来寻找问题的最优解。遗传算法已被广泛应用于解决各种优化问题，包括工程设计、机器学习、数据挖掘等。下面将详细介绍遗传算法的主要流程，具体如图 5-2 所示。

（1）初始化种群　遗传算法的第一步是初始化种群。初始种群由一组随机生成的染色体组成，每个染色体代表问题的一个解。染色体可以采用不同的编码方式表示，如二进制编码、实数编码或排列编码等。

（2）评估种群的适应度　对种群中的每个染色体都计算其适应度值，即根据问题的评估函数确定每个解的质量。适应度值可以是目标函数的值，也可以是与目标函数相关的指标。适应度值越高表示解越优秀。例如，应用遗传算法求解某个函数的最小值，可对问题定义的目标函数 $f(X)$ 进行以下变换，得到算法的评估函数 Eval（C），即

$$Eval(C) = -f(X) \tag{5-2}$$

式中，X 表示一个有效解，C 表示 X 对应的染色体。

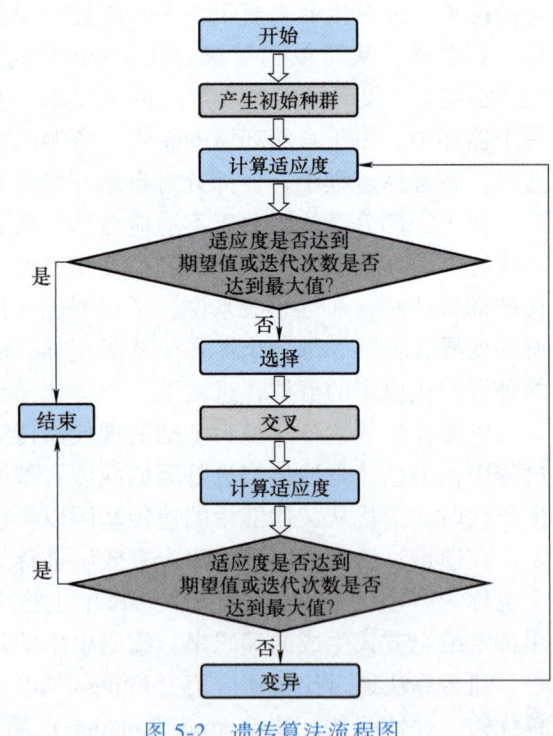

图 5-2　遗传算法流程图

（3）选择操作　选择操作根据染色体的适应度值从当前种群中选择染色体用于繁殖下一代。选择操作的目的是保留适应度高的染色体，并丢弃适应度低的染色体。常用的选择算法包括轮盘赌选择算法、锦标赛选择算法等。轮盘赌选择算法首先根据群体中每个染色体的适应度值得到群体所有染色体的适应度值的总和，并分别计算每个染色体适应度值与群体适应度值的总和的比 P；其次假设一个具有 N 个扇区的轮盘，每个扇区对应群体中的一个染色体，扇区的大小与对应染色体的 P 值成正比关系。

（4）交叉操作　选择操作完成后，从被选中的染色体中两两配对，进行交叉操作。交叉操作通过交换染色体的部分基因来生成新的染色体。交叉操作的目的是产生新的解，增加种群的多样性。具体如图 5-3 所示。

（5）变异操作　在交叉操作之后，对新生成的染色体进行变异操作。变异操作是为了引入种群的多样性，防止陷入局部最优解。变异操作可以是随机改变染色体中的一个或多个基因值。具体如图 5-4 所示。

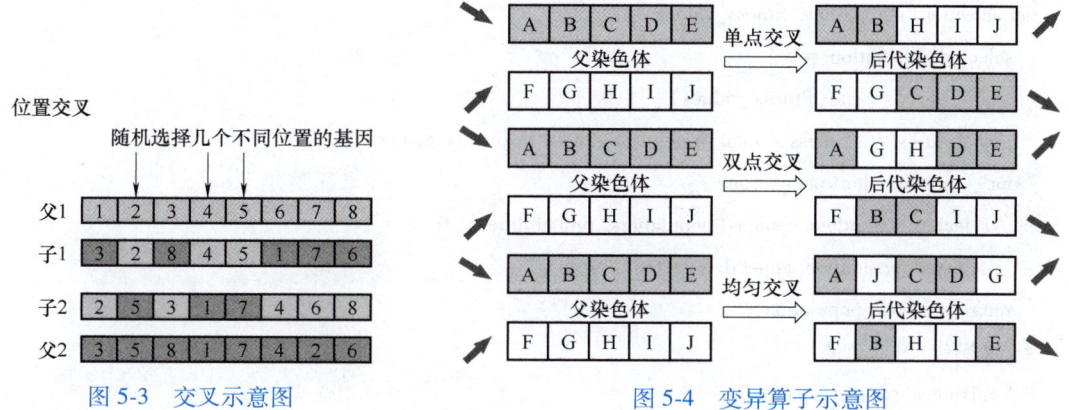

图 5-3　交叉示意图　　　　　　　　图 5-4　变异算子示意图

（6）更新种群　经过选择、交叉和变异操作，生成了新的染色体，将它们与原始种群中的染色体组合成一个新的种群。新种群的大小与原始种群相同。

（7）判断终止条件　在经过一定数量的迭代或满足某个终止条件时，遗传算法停止搜索。终止条件可以是达到最大迭代次数、找到满意的解或算法收敛等。

（8）返回最优解　当终止条件满足时，遗传算法返回种群中适应度值最高的染色体，即最优解，作为问题的解决方案。遗传算法通过模拟生物进化的过程，在解空间中搜索并找到最优解。它具有并行性、全局搜索能力强的优点，适用于求解复杂的优化问题。然而，遗传算法的性能受到参数设置、编码方式、选择操作和变异操作等因素的影响，需要进行合理的调优和参数选择。通过不断地迭代优化，遗传算法能够有效地找到问题的最优解。算法 1 给出了遗传算法的 python 程序代码。

算法 1　遗传算法

```
#导入所需的库
import random
#初始化种群
```

```python
def initialize_population(population_size, chromosome_length):
    population = []
    for _ in range(population_size):
        #假设是二进制编码
        chromosome = [random.randint(0, 1) for _ in range(chromosome_length)]
        population.append(chromosome)
    return population
#评估个体适应度
def fitness_function(chromosome):
    #根据具体问题定义适应度函数
    pass
#选择操作:轮盘赌选择算法
def selection(population, fitness_values):
    selected_population = []
    total_fitness = sum(fitness_values)
    probabilities = [fitness / total_fitness for fitness in fitness_values]
    for _ in range(len(population)):
        selected = random.choices(population, probabilities)[0]
        selected_population.append(selected)
    return selected_population
#交叉操作:单点交叉
def crossover(parent1, parent2):
    crossover_point = random.randint(1, len(parent1) - 1)
    child1 = parent1[:crossover_point] + parent2[crossover_point:]
    child2 = parent2[:crossover_point] + parent1[crossover_point:]
    return child1, child2
#变异操作:随机变异
def mutation(chromosome, mutation_rate):
    for i in range(len(chromosome)):
        if random.random() < mutation_rate:
            # 0 变为 1,1 变为 0
            chromosome[i] = 1-chromosome[i]
    return chromosome
#遗传算法主函数
def genetic_algorithm(population_size, chromosome_length, generations, mutation_rate):
    population = initialize_population(population_size, chromosome_length)
    for _ in range(generations):
        #评估适应度
```

```
        fitness_values = [fitness_function(chromosome) for chromosome in population]
        #选择
        selected_population = selection(population, fitness_values)
        #交叉
        next_generation = []
        for i in range(0, population_size, 2):
            child1, child2 = crossover(selected_population[i], selected_population[i + 1])
            next_generation.extend([child1, child2])

        #变异
        mutated_population = [mutation(chromosome, mutation_rate) for chromosome in next_generation]
        population = mutated_population
    #返回最终种群
    return population
#测试
if __name__ == "__main__":
    population_size = 100
    chromosome_length = 20
    generations = 100
    mutation_rate = 0.1
    final_population = genetic_algorithm(population_size, chromosome_length, generations, mutation_rate)
    #对最终种群进行后续处理或解码操作
```

5.4.3 遗传算法的改进

遗传算法简单且具有高度的可操作性,同时拥有较强的鲁棒性、普适性以及潜在的并行性。它在全局搜索能力方面表现出色,能够以较大的概率找到全局最优解,因此被广泛应用于解决多个领域的复杂问题,进而推动了遗传算法理论的不断发展。虽然遗传算法从提出到现在仅有几十年的时间,但成功的应用案例充分展示了其作为一种随机全局搜索算法的强大优势。然而,随着应用的深入,也暴露出了现有遗传算法的局限和不足。因此,大量的研究活动致力于对算法进行改进,以提高和拓展其应用能力。下面将重点阐述遗传算法的改进,包括算子选择、参数设置、混合遗传算法和并行遗传算法。这些改进对于优化算法的性能和适用性都至关重要。

(1) 交叉算子 遗传算法中常见的交叉算子包括以下几种:

单点交叉(Single Point Crossover):在两个父代个体的染色体上选择一个交叉点,将两个染色体分为两部分,并交换它们的片段,产生两个新的后代个体。

多点交叉(Multi-Point Crossover):类似于单点交叉,但是可以选择多个交叉点进行交叉,从而在更多的位置交换染色体片段。

均匀交叉(Uniform Crossover):对于每一个基因位,根据一个随机数确定是从第一个父代个体继承还是从第二个父代个体继承,从而产生两个新的后代个体。

模拟二进制交叉（Simulated Binary Crossover）：主要用于连续型变量的遗传算法，通过模拟二进制数的交叉方式，产生新的个体，保留父代个体的特性。

算术交叉（Arithmetic Crossover）：适用于连续型变量的遗传算法，将两个父代个体的基因按照一定的权重相加，产生两个新的后代个体。

分布式交叉（Discrete Crossover）：主要用于离散型变量的遗传算法，通过对离散空间的交叉操作，生成新的后代个体。

这些是常见的遗传算法中的交叉算子，它们各自适用于不同类型的问题和变量表示方式。根据具体的问题和需求，选择合适的交叉算子可以提高算法的性能和效率。

（2）变异算子　遗传算法中常见的变异算子包括以下几种：

位翻转变异（Bit Flip Mutation）：对个体染色体中的一个或多个基因位进行随机翻转（从0变为1，或从1变为0）。

均匀变异（Uniform Mutation）：对个体染色体中的每一个基因位，以一定的概率随机选择新的值进行替换。

非均匀变异（Non-Uniform Mutation）：与均匀变异类似，但是变异概率随着优化过程的进行而逐渐降低，以保持多样性。

插入变异（Insertion Mutation）：在个体染色体中插入一个新的基因，通常是在随机位置插入一个新的基因。

删除变异（Deletion Mutation）：从个体染色体中删除一个基因，通常是随机选择染色体中的一个基因进行删除。

倒位变异（Inversion Mutation）：在个体染色体中选择一个基因子串，并将其顺序颠倒，产生新的个体。

位移变异（Shift Mutation）：将个体染色体中的一段基因子串进行位移操作，产生新的个体。

这些变异算子各自适用于不同类型的问题和变量表示方式。通过选择合适的变异算子，可以增加种群的多样性，提升算法的全局探索能力。

（3）参数自适应　遗传算法中的可变参数通常包括：种群大小（Population Size），即种群中个体的数量；染色体长度（Chromosome Length），即个体染色体的长度，通常用于表示问题的解；交叉率（Crossover Rate），即控制交叉操作发生的概率；变异率（Mutation Rate），即控制变异操作发生的概率；选择压力参数，即用于调节选择操作对种群多样性的影响程度的参数。

针对这些可变参数，常见的参数自适应策略包括以下几种：

动态调整交叉率和变异率：随着优化过程的进行，可以动态地调整交叉率和变异率，例如，通过指数衰减或线性衰减的方式逐渐降低交叉率和变异率，以确保算法在后期更专注于细化搜索空间，避免过早陷入局部最优解。

自适应选择压力参数：根据种群中个体的适应度分布情况，自适应地调整选择压力参数，以平衡个体之间的竞争关系，避免早熟和过度收敛。

自适应种群大小：根据问题的复杂程度和搜索空间的大小，动态调整种群大小，以确保种群足够大以覆盖搜索空间，同时避免过度消耗计算资源。

自适应调整染色体长度：对于连续型问题，可以根据问题的特性和搜索空间的范围，自适应地调整染色体长度，以确保搜索空间的有效覆盖。

自适应调整算子概率：根据优化过程中种群的收敛状态和个体适应度的变化情况，自适应地调整交叉率和变异率，以平衡算法的探索和利用，提高全局搜索能力。

这些参数自适应策略可以帮助遗传算法更有效地适应不同类型的问题和优化任务，提高算法的性能和收敛速度。

5.5 蚁群优化算法

蚁群优化算法（Ant Colony Optimization，ACO）是一种模拟自然界蚂蚁觅食过程的随机搜索算法，由 Dorigo 等人于 1991 年在第一届欧洲人工智能会议（European Conference on Artificial Intelligence，ECAL）上提出。它是仿生优化算法的一种，类似于遗传算法、粒子群优化算法（Particle Swarm Optimization，PSO）和免疫算法（Immune Algorithm，IA），但 ACO 具有鲁棒性强、全局搜索能力、并行分布式计算以及易于与其他方法结合等优点。ACO 已成功应用于多个典型组合优化问题，包括旅行商问题、车辆路径问题（Vehicle Routing Problem，VRP）、车间作业调度问题（Job-shop Scheduling Problem，JSP）以及通信领域的路由问题等。

5.5.1 算法原理

ACO 算法的核心思想源自于观察真实蚂蚁在寻找食物时的行为。在蚂蚁觅食过程中，它们释放一种称为信息素的化学物质，并依据信息素浓度选择路径。蚁群优化算法模拟了这一过程，在解决问题时，通过模拟蚂蚁的行为来搜索最优解。其具体觅食过程如图 5-5 所示。

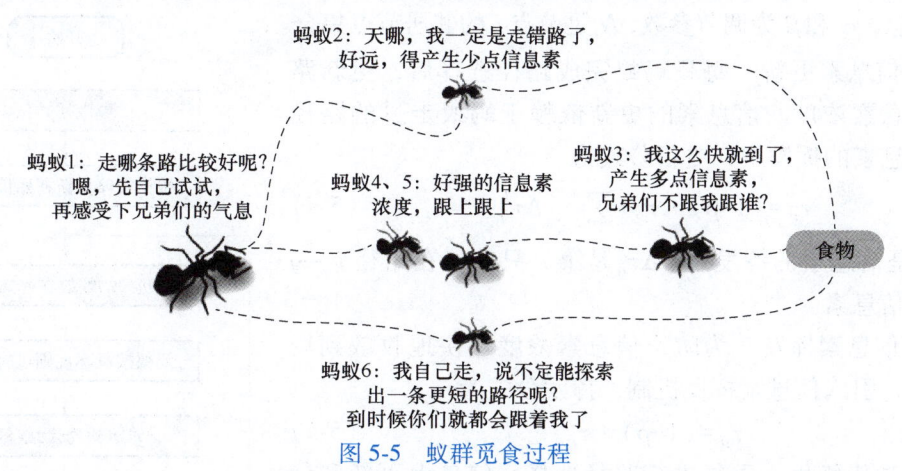

图 5-5 蚁群觅食过程

具体可解释为蚂蚁 1 正处于一个路口，它将根据"自己试试"（启发式信息）和"兄弟们的气息"（信息素浓度）来选择前进的路线。选择是一个概率随机的过程，启发式信息多、信息素浓度大的路线有更大的概率被选中。当小概率事件发生时，例如，蚂蚁 2 选择了一条非常长的路径，它只会产生很少的信息素（并且信息素仍在不断蒸发），使得后面的蚂蚁选择这条路的概率降低甚至不再选择这条路径。而当某只蚂蚁（蚂蚁 3）发现了一条当前最短的路径时，它将产生最多的信息素，并且由于之后的蚂蚁选择这条路径的概率较大，这条路径上爬过的蚂蚁较多（蚂蚁 4、蚂蚁 5、…），信息素浓度将不断增加，以至于最后所有的蚂蚁都在这条路上行进。但考虑到当前最短的路径有可能是一条局部最优路径，蚂蚁 6

的探索行为也是必需的。通过对自然界蚁群觅食过程进行抽象建模，可以对蚁群觅食现象和蚁群优化算法中的各个要素建立一一对应关系，具体见表 5-3。

表 5-3　蚁群觅食现象和蚁群优化算法中的各基本概念的对照

蚁群觅食现象	蚁群优化算法
觅食空间	搜索空间的一组有效解（表现为种群规模 m）
信息素	问题的搜索空间（表现为问题的规模，解的维数 n）
觅食到食物的一条路径	一个有效解
觅食找到的最短路径	最优解

5.5.2　算法流程

蚁群优化算法的主要流程包括以下几个方面：

（1）初始化　随机放置一定数量的蚂蚁于解空间中。初始化信息素矩阵，记录路径信息。通常，信息素矩阵的初始值设定为一个较小的常数。

（2）路径选择　每只蚂蚁根据一定的概率规则选择下一步的移动路径。选择概率与路径上的信息素浓度和启发式信息有关，计算公式为

$$P_{ij} = \frac{\tau_{ij}^{\alpha} \eta_{ij}^{\beta}}{\sum_{k \in N_i} \tau_{ik}^{\alpha} \eta_{ik}^{\beta}} \tag{5-3}$$

式中，P_{ij} 是从节点 i 到节点 j 的路径被选择的概率，τ_{ij} 是从节点 i 到节点 j 的信息素浓度，η_{ij} 是启发式信息，α 和 β 为调节参数，N_i 是节点 i 的邻居节点集合。

（3）信息素更新　每只蚂蚁完成路径选择后，更新路径上的信息素浓度。信息素的更新依赖于蚂蚁走过的路径长度和信息素的挥发率，更新公式为

$$\tau_{ij} = (1-\rho) \cdot \tau_{ij} + \sum_{k=1}^{n} \Delta \tau_{ij}^{k} \tag{5-4}$$

式中，ρ 是信息素的挥发率，$\Delta \tau_{ij}^{k}$ 是第 k 只蚂蚁在路径 $i \rightarrow j$ 上留下的信息素。

（4）信息素挥发　为防止信息素浓度过快地收敛到局部最优解，引入信息素挥发机制，挥发公式为

$$\tau_{ij} = (1-\rho) \cdot \tau_{ij} \tag{5-5}$$

（5）迭代优化　重复进行路径选择、信息素更新和信息素挥发步骤，直到达到停止条件（如达到最大迭代次数或满足收敛条件）。具体算法流程如图 5-6 所示。

蚁群优化算法作为一种启发式算法，具有广泛的应用领域，主要用于解决各种组合优化问题。以下是蚁群优化算法的一些主要应用。

（1）旅行商问题　蚁群优化算法最经典的应用之一就是解决旅行商问题。在 TSP 中，旅行商需要从一个起始城市出发，经过所有城市一次且仅一次，然后回到起始城

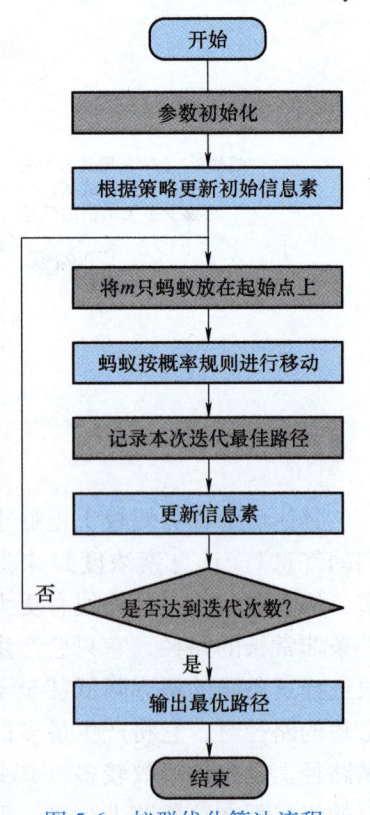

图 5-6　蚁群优化算法流程

市，而蚁群优化算法可以有效地寻找到最短路径，使得旅行商的总行程最短。

（2）车辆路径问题　车辆路径问题是指一组车辆需要从中心仓库出发，分别访问一系列客户地点，并返回仓库的问题。蚁群优化算法可以用于优化车辆的路径，以最小化总行驶距离或者最小化车辆的数量。

（3）资源调度问题　在资源调度问题中，蚁群优化算法可以用于优化资源的分配和调度，以最大化资源利用率或者最小化资源浪费。例如，在生产调度中，蚁群优化算法可以帮助优化生产工序的顺序，以最大程度地提高生产率。

（4）网络路由优化　在网络通信中，路由优化是一个重要的问题，目标是找到一条最佳路径，以最大化网络通信的效率或者最小化数据包的传输延迟。蚁群优化算法可以用于优化网络路由，以寻找到最优的通信路径。

（5）任务分配问题　在任务分配问题中，蚁群优化算法可以用于优化任务的分配和调度，以最大化任务完成的效率或者最小化任务的总完成时间。例如，在人员调度中，蚁群优化算法可以帮助优化人员的分配，以最大程度地满足工作需求。

（6）电力系统优化　在电力系统中，蚁群优化算法可以用于优化电网的配置和调度，以最大程度地提高电网的稳定性和效率。例如，在电网规划中，蚁群优化算法可以帮助优化输电线路的布局，以最小化总成本或者最大化总输电能力。

（7）组合优化问题　除了上述具体应用问题外，蚁群优化算法还可以用于解决各种其他组合优化问题，如装箱问题、调度问题、排课问题等。其灵活性和通用性使得蚁群优化算法成为了许多优化问题的有效求解工具。

总之，蚁群优化算法作为一种启发式算法，在组合优化问题的求解中具有广泛的应用，能够帮助寻找到高质量的解决方案，并在实际应用中取得了显著的成效。

5.5.3　蚁群优化算法的改进

蚁群优化算法作为一种启发式算法，在不断的研究和应用中，经历了多次改进以提高其性能和效率。以下是蚁群算法的主要改进方面。

（1）信息素更新策略的改进　改进信息素更新策略是提高蚁群优化算法性能的关键之一。传统算法中，信息素的更新通常基于蚂蚁走过的路径的长度或者蚂蚁走过的路径的质量。改进后的策略可能包括引入启发信息、动态调整信息素更新率、引入全局最优解信息等，以提高算法的搜索效率和收敛速度。

（2）路径选择策略的改进　改进路径选择策略是另一个重要的方面。传统算法中，蚂蚁通常按概率规则选择下一步移动路径，但是改进后的策略可能引入更多的启发式信息，如距离、期望值等，以帮助蚂蚁更准确地选择路径，提高搜索效率。

（3）引入局部搜索机制　为了更快地收敛到更好的解，一些改进的蚁群优化算法引入了局部搜索机制。这种机制在每一轮迭代中对部分解进行局部调整，以挖掘局部最优解并加速全局搜索的过程。

（4）参数自适应调整　传统蚁群优化算法中，参数如信息素挥发率、启发式信息权重等通常需要手动设置，而自适应参数调整技术可以根据算法运行过程中的实时信息来动态调整参数，以提高算法的适应性和鲁棒性。

（5）并行化和分布式处理　为了加快算法的执行速度，改进的蚁群优化算法可以利用多核处理器或者分布式计算系统，将计算负载分布到多个处理单元上，提高算法的效率。

（6）结合其他优化方法　蚁群优化算法与其他优化算法的结合也是一种常见的改进方式。例如，与遗传算法、模拟退火算法、粒子群优化算法等相结合，可以充分发挥各算法的优势，提高算法的搜索效率和搜索质量。

（7）适应性调整策略　一些改进的蚁群优化算法引入了适应性调整策略，根据问题的特性和求解过程中的实时情况来动态调整算法的行为，以更好地适应不同的问题和环境。

这些改进方面使得蚁群优化算法能够更有效地解决各种组合优化问题，并在实际应用中取得更好的效果。一些改进后的经典蚁群优化算法的名称及其特点如下。

（1）最大最小蚁群系统（Max-Min Ant System，MMAS）　MMAS 是对传统蚁群优化算法的改进，通过限制信息素的最大和最小值，保证信息素的浓度在一定范围内，防止信息素浓度过大或过小导致的搜索效率低下或者过早收敛问题。

（2）蚁群系统（Ant Colony System，ACS）　ACS 在传统蚁群优化算法的基础上引入了局部搜索策略，通过在每一轮迭代中对部分解进行局部调整，加速算法的收敛速度并提高搜索质量。

（3）排序蚁群系统（Rank-Based Ant System，RAS）　RAS 是一种基于排名的蚁群优化算法，通过引入蚂蚁选择路径时的排名信息，以及对信息素的更新和挥发策略进行改进，提高算法的搜索效率和稳定性。

（4）精英蚁群系统（Elitist Ant System，EAS）　EAS 是一种精英蚁群优化算法，通过引入精英蚂蚁和局部搜索机制，使得算法更加聚焦于全局最优解，避免陷入局部最优解。

（5）蚁群和精英蚁群系统（Ant Colony Optimization with Elitist Ants，ACOEA）　ACOEA 是一种结合精英蚁群和全局信息素更新策略的蚁群优化算法，旨在通过全局信息素更新和精英蚁群的引入，提高算法的全局搜索能力和收敛速度。

（6）自适应蚁群优化算法（Ant Colony Optimization with Adaptive Parameters，ACOAP）　ACOAP 是一种具有自适应参数调整功能的蚁群优化算法，通过实时调整算法的参数，使得算法对问题的适应性更强，能够更快地收敛到最优解。

（7）复合蚁群优化算法（Ant Colony Optimization with Hybridization，ACOH）　ACOH 是一种融合多种优化算法的蚁群优化算法，通过将蚁群优化算法与其他优化方法（如遗传算法、模拟退火算法等）相结合，充分发挥各自方法的优势，提高算法的搜索效率和搜索质量。

这些改进后的蚁群算法在不同领域和问题中具有较好的应用效果，能够有效地解决各种组合优化问题，提高问题求解的效率和质量。

5.6　粒子群优化算法

粒子群优化算法（Particle Swarm Optimization，PSO）是 Eberhart 和 Kennedy 于 1995 年提出的一种全局搜索算法，也是模拟自然界生物活动和群体智能的随机搜索算法的一个分支。PSO 算法吸取了人工智能、鸟群觅食、鱼群学习和群理论等领域的思想，并具有进化算法的特点，与遗传算法、进化策略、进化规划等算法具有相似的搜索和优化能力。PSO 算法的发明是基于 Eberhart 和 Kennedy 对前人科学家关于自然界生物群体活动的认识，并结合各自的研究背景知识而产生的。Eberhart 是一位电子电气工程师，Kennedy 是一名社会心理学家。他们合作研究 PSO 的目的是将社会心理学上的个体认知、社会影响和群体智慧等思想融入到具有组织性和规律性的群体行为中,以开发可用于工程实践的优化模型和工具。

科学家们早在动物的群体行为研究中就发现了自然界中鸟群、兽群、鱼群等在迁徙、捕食过程中表现出的高度组织性和规律性。这些现象受到了广泛关注,吸引了生物学家、动物学家、计算机科学家、行为学家和社会心理学家等的深入研究。通过计算机可视化仿真,科学家们模拟了鸟群运动等行为。这些研究成果为 PSO 算法的发明提供了思想来源和理论基础。PSO 算法引入了社会心理学的个体认知和社会影响等理论,借鉴了动物群体行为特性和人类社会认知特性。Wilson 在 20 世纪 70 年代就指出,在群体觅食的过程中,群体中的每个个体都会从其他成员所发现和累积的经验中受益。Kennedy 和 Eberhart 在设计 PSO 算法时,除了模拟生物的群体活动外,更注重融入个体认知和社会影响等社会心理学理论。这些努力在 Boyd 和 Richerson 在 1996 年研究人类决策过程时得到了佐证,他们指出人们在决策过程中会根据自身经验和他人经验进行决策。因此,粒子群优化算法是一种群体智能算法,结合了动物群体行为特性和人类社会认知特性。其思想来源丰富多彩,涵盖了多个学科领域的研究成果,为解决各种优化问题提供了新的思路和方法。

5.6.1 算法原理

在自然界中,鸟群捕食的过程通常通过各自的探索与群体的合作来最终发现食物的位置。想象一群分散的鸟在随机地飞行觅食,它们并不知道食物的具体位置,但是通过某种间接的机制,如食物香味的浓淡,它们能感知自己离食物的距离。在这个过程中,每只小鸟会不断地记录和更新自己曾经到达的离食物最近的位置,并与其他小鸟进行信息交流,比较各自找到的最佳位置。每只小鸟通过结合个体经验和整个群体的经验来调整自己的飞行速度和位置,以寻找更接近食物的位置,最终使得整个群体聚集到食物位置。

在粒子群优化算法中,鸟群中的每只小鸟被称为一个"粒子"。粒子群优化算法随机产生一定规模的粒子作为问题搜索空间的有效解,然后进行迭代搜索,以得到优化结果。每个粒子都具有速度和位置,在搜索的过程中,通过问题定义的适应函数确定粒子的适应度值。在迭代过程中,粒子根据自身的历史最优解和整个群体的全局最优解来调整自己的飞行速度和下一个位置,从而在搜索空间中进行探索和开发,最终找到全局最优解。以下是鸟群觅食的基本生物要素和粒子群优化算法的基本定义,具体见表 5-4。

表 5-4 粒子群优化算法各基本概念的对照

鸟群觅食现象	粒子群优化算法
小鸟	粒子
飞行速度	粒子的速度
位置	粒子的位置
食物位置	最优解
食物香味	适应度函数
个体经验	粒子的历史最优解
群体经验	粒子群的全局最优解

图 5-7 所示为从生物界的鸟群觅食行为与粒子群优化算法的关系示意图，说明了两者之间的相似性和联系。在粒子群优化算法中，通过模拟自然界中的群体行为，使得算法具有更强的全局搜索和优化能力。

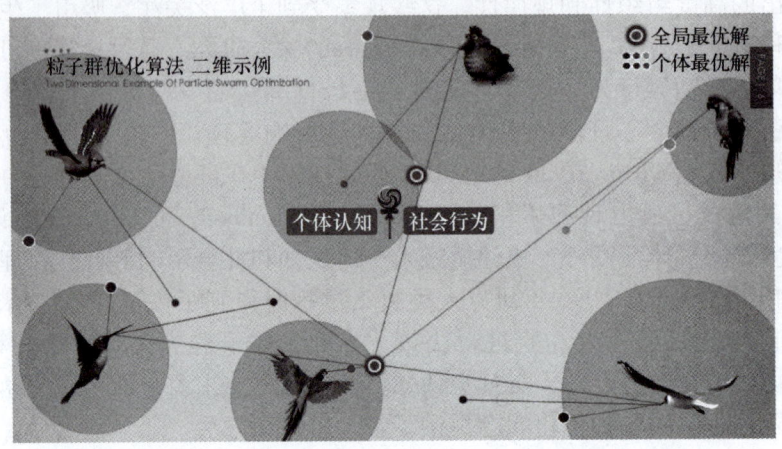

图 5-7　鸟群觅食行为与粒子群优化算法的关系示意图

5.6.2　算法流程

粒子群优化算法是一种基于群体智能的全局优化算法，通过模拟鸟群或鱼群中个体之间的协作与信息共享来寻找最优解。PSO 算法源于对鸟群集体行为的观察，最早由 Kennedy 和 Eberhart 在 1995 年提出。它具有简单、易于实现和高效等优点，在寻找解空间中的最优解方面表现出良好的性能。下面将介绍 PSO 算法的基本流程。

（1）初始化　随机生成一群粒子，每个粒子都有一个位置和速度。位置表示解空间中的一个候选解，速度表示搜索的方向和速率。为每个粒子设定适应度函数，用于评价其解的质量。

（2）设定参数　设定一些算法参数，如学习因子 c_1 和 c_2、惯性权重 ω、最大迭代次数等。

（3）评估适应度　对每个粒子计算其适应度值，适应度值越高表示解越优秀。

（4）更新个体最优位置　对于每个粒子，比较其当前位置与个体历史最优位置的适应度值，更新个体历史最优位置，即

$$p_i^d = \begin{cases} [x_i^d(t)], & \text{当 } f[x_i^d(t)] < f(p_i^d) \\ p_i^d, & \text{其他} \end{cases} \tag{5-6}$$

（5）更新全局最优位置　对于整个粒子群，比较所有粒子的历史最优位置的适应度值，更新全局最优位置，即

$$p_g^d = \arg\min\{f(p_1^d), f(p_2^d), \cdots, f(p_N^d)\} \tag{5-7}$$

（6）更新粒子速度和位置　根据当前的速度和位置，以及个体和全局最优位置的信息，更新每个粒子的速度和位置，即

$$\begin{aligned} v_i^d(t+1) &= \omega \cdot v_i^d(t) + c_1 \cdot r_1 \cdot [p_i^d - x_i^d(t)] + c_2 \cdot r_2 \cdot [p_g^d - x_i^d(t)] \\ x_i^d(t+1) &= x_i^d(t) + v_i^d(t+1) \end{aligned} \tag{5-8}$$

（7）重复迭代　重复步骤（4）~步骤（6），直到满足停止条件，例如，达到最大迭代

次数或目标适应度值达到阈值。

通过以上步骤，粒子在解空间中不断更新自己的位置和速度，从而逐步找到问题的最优解。算法通过粒子之间的合作和信息共享，在全局和局部之间进行搜索，从而获得较好的收敛性能。算法具体流程图如图 5-8 所示。

5.6.3 粒子群优化算法的改进

虽然粒子群优化算法在很多问题上表现出良好的性能，但仍然存在一些改进的空间。以下是粒子群优化算法的一些主要改进点。

（1）参数调整策略　粒子群优化算法有一些关键的参数，如学习因子、惯性权重等，这些参数的选择对算法的性能影响很大。改进点之一是设计更有效的参数调整策略，可以基于问题的特性或者算法的收敛情况动态地调整参数。

（2）多策略融合　将不同的策略融合到粒子群优化算法中，以适应不同类型的问题。例如，结合遗传算法、模拟退火算法等，形成混合优化算法，能够更好地处理复杂的优化问题。

（3）约束处理机制　在实际问题中，往往存在一些约束条件，而传统的粒子群优化算法并没有很好地处理这些约束条件。改进点之一是设计有效的约束处理机制，确保生成的解满足问题的约束条件。

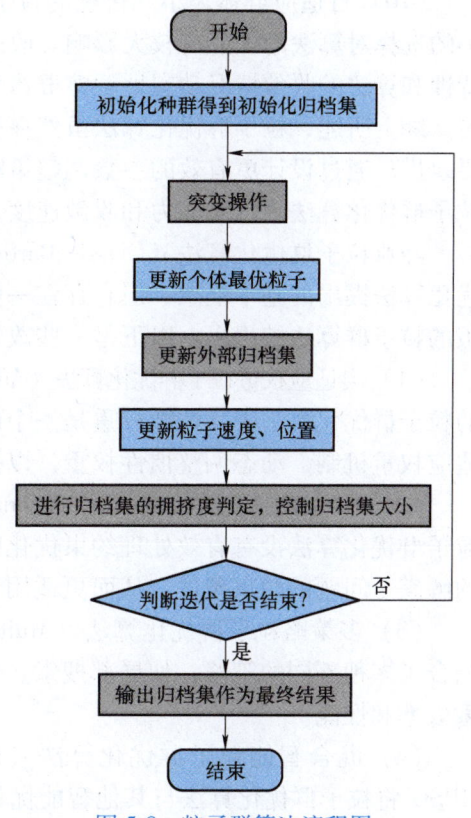

图 5-8　粒子群算法流程图

（4）局部搜索策略　粒子群优化算法通常具有全局搜索能力，但对于一些复杂的问题，需要更强的局部搜索能力。改进点之一是引入局部搜索策略，使算法能够更快地收敛到局部最优解附近。

（5）自适应性　传统的粒子群优化算法通常采用静态的参数设置，而现实问题的特性可能随着时间或问题的变化而变化。改进点之一是设计自适应的粒子群优化算法，能够根据问题的变化动态地调整算法的行为。

（6）多种群策略　引入多种群策略，将粒子群优化算法分成多个子群，每个子群负责搜索特定的区域，然后通过信息交流来实现全局搜索。这样可以提高算法的搜索效率和收敛速度。

（7）多目标优化　传统的粒子群优化算法主要用于单目标优化问题，对于多目标优化问题的处理还不够成熟。改进点之一是设计适用于多目标优化的粒子群优化算法，能够有效地搜索出 Pareto 最优解集合。

（8）并行化与分布式计算　利用并行化和分布式计算技术，加速粒子群优化算法的搜索过程，提高算法的效率和性能。可以将粒子群优化算法应用于大规模问题，并利用计算资源更加高效地搜索解空间。

（9）混合智能算法　将粒子群优化算法与其他智能优化算法相结合，形成混合智能算法，能够克服各自算法的局限性，发挥各自算法的优势，从而提高整体算法的性能。

（10）自适应群体大小　传统的粒子群优化算法通常需要事先指定群体大小，但群体大小的选择对算法的性能有较大影响。改进点之一是设计自适应的群体大小策略，根据问题的特性和算法的收敛情况动态地调整群体大小。

综上所述，粒子群优化算法虽然在很多问题上表现出良好的性能，但仍然有许多方面需要改进。通过设计更有效的参数调整策略、多种群策略、约束处理机制等，可以进一步提高粒子群优化算法的搜索能力和收敛速度，使其更加适用于各种复杂的优化问题。

经典粒子群优化算法（Classic Particle Swarm Optimization，CPSO）是基于最早的粒子群优化算法提出的基本框架，但它存在一些局限和不足。为了改进这些不足，许多变体和改进版的粒子群算法被提出。以下是一些改进的经典粒子群算法。

（1）自适应权重粒子群优化算法（Adaptive Weight Particle Swarm Optimization，AWPSO）　传统的粒子群优化算法中，惯性权重是一个静态参数，对算法性能影响较大。AWPSO 引入了自适应权重机制，动态调整惯性权重，以提高算法的收敛速度和搜索能力。

（2）带约束粒子群优化算法（Constrained Particle Swarm Optimization，CPSO）　传统的粒子群优化算法没有有效处理约束优化问题的能力，CPSO 引入了约束处理机制，确保生成的解满足问题的约束条件，从而更适用于实际问题。

（3）多策略粒子群优化算法（Multi-strategy Particle Swarm Optimization，MPSO）　MPSO 结合了多种不同的策略，如局部搜索、全局搜索等，通过动态地调整策略，提高了算法的搜索效率和性能。

（4）混合智能粒子群优化算法（Hybrid Intelligent Particle Swarm Optimization，HPSO）　HPSO 将粒子群优化算法与其他智能优化算法相结合，形成混合智能算法，充分利用各自算法的优势，提高整体算法的性能。

（5）并行粒子群优化算法（Parallel Particle Swarm Optimization，PPSO）　PPSO 利用并行计算技术，将粒子群优化算法的搜索过程分布到多个处理单元上，并行地进行计算，加速了算法的收敛速度，适用于处理大规模问题。

（6）自适应群体大小粒子群优化算法（Adaptive Population Size Particle Swarm Optimization，APSO）　传统的粒子群优化算法需要事先指定群体大小，而在一些问题中，群体大小的选择对算法性能有很大影响。APSO 引入了自适应的群体大小机制，根据问题的特性和算法的收敛情况动态地调整群体大小。

（7）多目标粒子群算法（Multi-objective Particle Swarm Optimization，MOPSO）　传统的粒子群算法主要用于单目标优化问题，对于多目标优化问题的处理能力有限。MOPSO 专门设计用来解决多目标优化问题，能够有效地搜索出 Pareto 最优解集合。

这些改进的经典粒子群算法在不同的应用场景中具有更强的适用性和性能，能够有效地解决更多类型的优化问题。

5.7　本章小结

本章介绍了最优化问题、计算复杂性与 NP 理论、智能计算基础理论以及遗传、蚁群优化和粒子群优化算法。重点阐述了这些内容在人工智能领域的重要性，并强调了其作为交叉学科的关键地位。章节中详细探讨了最优化问题的本质,以及解决这些问题的各种方法。此外,还解释了 NP 问题的重要性以及与可解性相关的挑战。在计算智能基础理论部分,阐述了人工智能的基本概念、研究方法和主要技术手段,为读者提供了理论基础。最后,对遗传、蚁群优化和粒子群优化算法进行了概述,强调了这些算法在优化问题中的应用和潜力。

5.8 习 题

一、判断题

1. 最优化问题只能用数学方法求解。(　　)
2. NP 问题是指可以在多项式时间内验证解的问题。(　　)
3. 计算复杂性理论主要关注问题的解决方法。(　　)
4. 计算智能只包括人工神经网络和模糊系统。(　　)
5. 遗传算法模拟了鸟群觅食的行为。(　　)

二、问答题

1. 什么是最优化问题?举例说明。
2. 计算复杂性理论关注什么?它的主要研究对象是什么?
3. NP 问题有何特点?NP 问题的解决方法是什么?
4. 什么是计算智能?它是如何实现智能化的?
5. 遗传、蚁群优化和粒子群优化算法分别模拟了哪些自然行为?它们的应用领域有哪些?

第6章 人工智能大模型

人工智能的迅速发展在全球范围内引起了广泛的关注和研究。随着数据的不断积累、计算能力的提升以及算法的创新，人工智能在改变着人们生活和工作的方方面面。然而，在实现人工智能愿景和目标时，如何构建强大和高效的人工智能模型是当前面临的一个重要课题。近年来，人工智能基础模型在无人驾驶、智慧城市等应用领域初步展现出巨大的应用潜能。进一步使用多模态数据、多任务信息实现通用人工智能大模型，在各类边缘设备场景应用部署，已成为下一代人工智能技术的发展趋势。

6.1 大模型概述

6.1.1 基本概念

大型语言模型（Large Language Models，LLM）是指一类专门用于处理和理解大规模人类语言的高级人工智能模型。这些模型通常使用深度学习技术（尤其是基于 Transformer 的架构）构建，通过在大量文本数据上进行预训练，大模型能够学习自然语言中的复杂模式、语义表征和上下文关系，使其能够捕捉人类语言的复杂性和细微差别。它们可以生成类人文本，在不同语言之间进行翻译，回答问题，进行情感分析，完成各种自然语言处理任务。

大模型在海量数据集上进行了预训练，并可针对特定应用进行微调，使其能够适应各种语言相关任务并表现出色。大型语言模型的功能为自然语言处理带来了重大突破，使其在客户支持、内容生成、语言翻译等领域中发挥了重要作用。

6.1.2 大模型发展历程

伴随着人工智能的发展，语言模型已经从简单的词袋模型（Bag-of-Words）和 N 元模型演变为更为复杂和强大的神经网络模型。大型语言模型尤为引人注目，它们不仅在自然语言处理（NLP）任务中表现出色，而且在各种跨领域应用中也展示了惊人的潜力。一般而言，语言模型旨在建模单词序列的生成可能性，以便预测未来（或缺失）标记的概率。语言模型主要经历了四个发展阶段：统计语言模型，神经语言模型，预训练语言模型和大语言模型。

（1）统计语言模型　统计语言模型（Statistical Language Models，SLM）是基于在 1990 年兴起的统计学习方法开发的，其基本思想是基于马尔可夫假设来构建单词预测模型。即通过给定前 $N-1$ 个单词，确定下一个单词（标记）出现的概率，又称为 N 元模型（N-gram）。N 元模型在估算条件概率时，只需要对当前词的前 $N-1$ 个词进行计算。然而，N 元模型缺乏对句子的长期依赖建模能力，并且随着 N 增大，参数空间呈指数增长，限制了模型在大语料库上的建模能力。在这一时期，人们将精力集中在研究特征工程和统计模型领域。这些方法需要依赖专家知识和人工构建的规则提取特征，对大规模文本数据的处理效率较低。

（2）神经语言模型　神经语言模型（Neural Language Models，NLM）通过神经网络来表征单词序列的概率。2003 年，Bendigo 等第一次将神经网络引入语言建模过程，基于前馈神经网络，通过学习单词序列的条件概率分布捕捉语言的统计特性。2013 年，Mikolov 等提出 Word2vec 方法，通过使用神经网络模型以无监督的方式从大规模文本语料中学习单词的分布式表示。这种分布式表示方式可捕捉到单词之间的语义和语法关系，将单词转化为具有语义信息的向量表示。Word2vec 可以使用 Skip-gram 和 CBOW 两种语言模型建模方式，以更好地构建上下文和目标单词之间的关系。相比于以往的方式，Word2vec 能从大规模文本数据中自动学习单词的分布式表示，避免传统方法中手工设计特征的繁琐过程。Word2vec 的提出和成功应用，极大地推动了词嵌入研究的发展。此后，随着深度学习技术的发展和计算资源的提升，基于 CNN、RNN 和 LSTM 的神经语言模型取得了显著进展。有了将单词映射到语义向量空间的诸多方法，神经网络模型能获取更有效的文本语义表征输入，为其在自然语言处理任务中的应用奠定了基础。但 CNN 和 RNN 在处理长序列时均有欠缺，CNN 需要堆叠多个卷积层才能获取较长距离文本之间的关联信息，而 RNN 在处理长序列输入时存在长距离信息遗忘的问题。

（3）预训练语言　预训练语言模型（Pre-trained Language Models，PLM）。作为早期尝试，嵌入语言模型（Embeddings from Language Models，ELM）采用正向和反向的双层 LSTM 编码器结构，学习词的上下文语义表示。ELM 通过先对双向 LSTM（biLSTM）网络进行预训练，然后根据特定下游任务对 biLSTM 网络进行微调来捕捉上下文感知的单词表示。此后，基于 Transformer 架构的 PLM 出现，并能够学习到通用的语言表示。通过在大规模语料库上进行预训练，模型初始化得到了改善，避免了从头开始训练模型，加快了模型在目标任务上的收敛速度，并能更好地泛化到各种下游任务，从而避免了在小数据集上的过拟合问题，从而形成了"预训练和微调"学习范式。随着算力的提升，更深层模型的出现以及训练技巧的增强，PLM 架构的深度和参数量也在不断增加。

（4）大语言模型　跟随 Transformer 架构到来的是最新的预训练语言模型以及大规模语言模型的浪潮，越来越多的研究者尝试探寻对自然语言处理任务的统一模型解决方案。自 2018 年以来，国内外超大规模预训练模型参数指标不断创出新高，谷歌、百度、微软等国内外科技巨头纷纷投入大量人力、财力，相继推出各自的大模型。图 6-1 所示为 2019～2023 年间有影响力且参数超过 100 亿的大模型。在这里，将大模型的发展分为三个阶段：基础模型阶段、能力探索阶段、突破发展阶段。

基础模型阶段主要集中于 2018～2021 年。2018 年 Google 和 Open AI 分别提出了 BERT 和 GPT-1 模型，开启了预训练语言大模型时代。BERT-Base 版本参数量为 1.1 亿，BERT-Large 的参数量为 3.4 亿，GPT-1 的参数量为 1.17 亿。模型参数相比其他深度神经网络的参数量已经是有数量级上的提升。2019 年 Open AI 又发布了 GPT-2，其参数量达到了 15 亿。此后，Google 也发布了参数规模为 110 亿的 T5 模型。2020 年 Open AI 进一步将语言模型参数量扩展到 1750 亿，发布了 GPT-3。此后，国内也相继推出了一系列的大规模语言模型，包括清华大学的 ERNIE（THU）、百度的 ERNIE（Baidu）、华为的盘古-α 等。这个阶段的研究主要集中于语言模型本身，包括仅编码器（Encoder Only）、编码器-解码器（Encoder-Decoder）、仅解码器（Decoder Only）等各种类型的模型结构都有相应的研究。模型大小与 BERT 相类似的算法，通常采用预训练微调范式，针对不同的下游任务进行微调。但是模型参数量在 10 亿以上时，由于微调的计算量很高，这类模型的影响力在当时相较 BERT 类模型有不小的差距。

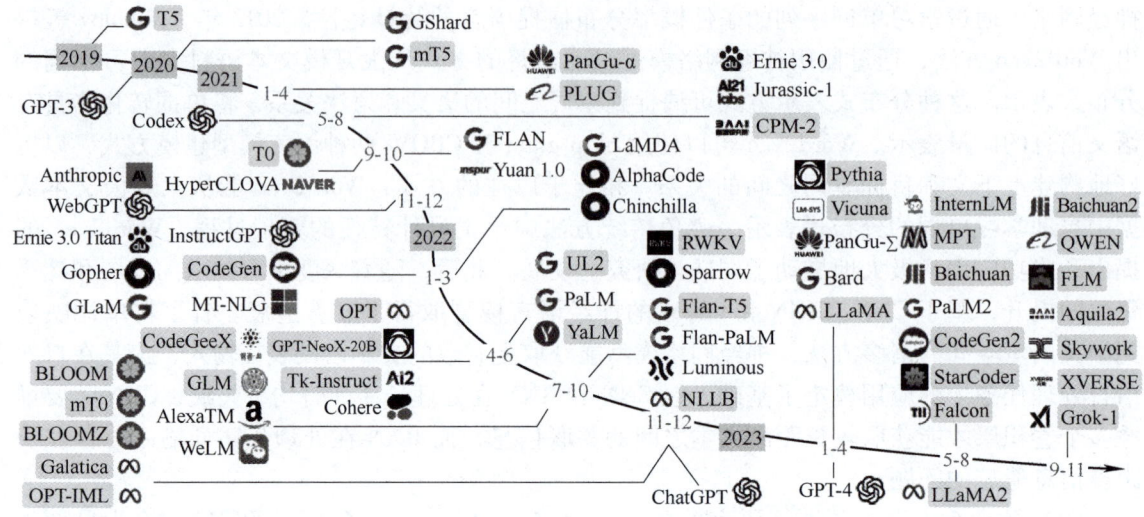

图 6-1 大语言模型时间线

能力探索阶段集中于 2019～2022 年，由于大规模语言模型很难针对特定任务进行微调，研究人员们开始探索在不针对单一任务进行微调的情况下如何能够发挥大规模语言模型的能力。2019 年 Radford 等人使用 GPT-2 模型研究了大规模语言模型在零样本情况下的任务处理能力。在此基础上，Brown 等人在 GPT-3 模型上研究了通过语境学习（In-Context Learning）进行少样本学习的方法。将不同任务的少量有标注的实例拼接到待分析的样本之前输入语言模型，使用语言模型根据实例理解任务并给出正确结果。在包括 TriviaQA、WebQS、CoQA 等评测集合都展示出了非常强的能力，在有些任务中甚至超过了此前的有监督方法。上述方法不需要修改语言模型的参数，模型在处理不同任务时无需花费大量计算资源进行模型微调。但是仅依赖大规模语言模型本身，其性能在很多任务上仍然很难达到有监督学习的效果，因此研究人员们提出了指令微调（Instruction Tuning）方案，将大量各类型任务，统一为生成式自然语言理解框架，并构造训练语料进行微调。大规模语言模型一次性学习数千种任务，并在未知任务上展现出了很好的泛化能力。2022 年 Ouyang 等人提出了使用有监督微调再结合强化学习方法，使用少量数据有监督就可以使得大规模语言模型服从人类指令的 InstructGPT 算法。Nakano 等人则探索了结合搜索引擎的问题回答算法 WebGPT。这些方法从直接利用大规模语言模型进行零样本和少样本学习的基础上，逐渐扩展到利用生成式框架针对大量任务进行有监督微调的方法，有效提升了模型的性能。

突破发展阶段以 2022 年 11 月 ChatGPT 的发布为起点。ChatGPT 通过一个简单的对话框，利用一个大规模语言模型就可以实现问题回答、文稿撰写、代码生成、数学解题等过去自然语言处理系统需要大量小模型订制开发才能分别实现的能力。它在开放领域问答、各类自然语言生成式任务以及对话上文理解上所展现出来的能力远超大多数人的想象。2023 年 3 月 GPT-4 发布，相较于 ChatGPT 又有了非常明显的进步，并具备了多模态理解能力。GPT-4 在多种基准考试测试上的得分高于 88% 的应试者，包括美国律师资格考试（Uniform Bar Exam）、法学院入学考试（Law School Admission Test）、学术能力评估（Scholastic Assessment Test，SAT）等。它展现了近乎"通用人工智能（AGI）"的能力。各大公司和研究机构也相继发布了此类系统，包括 Google 的 Bard、百度的文心一言、科大讯飞的星火大模型、智谱的 ChatGLM、复旦大学的 MOSS 等。

6.1.3 大模型应用场景

大语言模型可能会重构互联网和移动互联网的产品形态，促进教育、医疗、汽车、金融、媒体、制造业等众多产业的升级，最终带来对应商业模式的变革。总体而言，大模型的持续发展会从以下六个领域推动产业变革与模式创新。

（1）教育领域　当前应用于教育领域的模型有讯飞星火、MathGPT 等。该类模型通常由通用 LLM 经过相关教学知识的训练微调，可以帮助学生和老师提高学习与教学的效率和质量，丰富教育内容和形式，拓展教育场景和对象，为教育领域带来了新的可能性和机遇。

（2）医疗领域　当前运用于医疗领域相关的模型有 SurgicalGPT、ChatCAD 和 Med-PaLM 等。该类模型通常经过医疗领域知识微调后形成专业的医学 LLM，能够实现手术问答、辅助诊断、个性化治疗方案设计以及药物推荐等功能。

（3）金融领域　目前运用于金融领域相关的 LLM 有轩辕大模型、BloombergGPT 等。该领域的 LLM 需要具备股票、基金和保险等复杂知识，能够有效地提高从业人员的专业水平和服务能力，同时大幅度降低运营成本。

（4）法律领域　目前运用于法律领域的 LLM 有 LawGPT、ChatLaw 等。该领域的类 ChatGPT 需要了解专业的法律词汇，具备理解法律语义的能力，能够成为从业者的智能助理，帮助撰写法律文件、法律文件分析、查询案例和法律条款。

（5）编码领域　目前运用于协助编码的 LLM 有 PromptAppGPT、HuggingGPT 等。该领域的类 ChatGPT 模型需要具备理解不同类型的编程语言的能力和更加强大的逻辑推理能力，能够替程序员阅读或编写代码，并添加详细的注释。

（6）论文写作领域　目前运用于该领域的 LLM 有 ChatGPT Academic。该领域的类 ChatGPT 模型需要具有更强大的语言理解与写作能力以及更加专业的学术知识，能够协助用户润色文章、快速阅读和摘要生成等。值得注意的是，尽管大多数 LLM 具有较强的阅读和写作能力，但它们并不能满足专业学术写作任务的要求。

6.2　Transformer

Transformer 架构是包括 ChatGPT 等大语言模型在内的许多最先进的自然语言处理（NLP）模型的重要组成部分，它是由 Vaswani 等人在 2017 年发表的题为"Attention Is All You Need"的论文中提出的，提供了一种利用自注意力机制处理和生成语言的高效方法，使模型能够动态权衡序列中每个词与所有其他词的相关性，从而彻底改变了 NLP。传统的递归神经网络（RNN）和长短期记忆（LSTM）网络等序列模型，一次处理一个标记的语言输入，这在处理长程依赖性和并行化时存在局限性和低效率等缺陷。相比于序列模型，Transformer 具有的自注意力机制能够提供如下优势：

（1）长程依赖关系　传统的序列模型难以捕捉语言序列中的长程依赖关系。随着相关词块之间距离的增加，这些模型很难在长距离上保留和传播信息。

（2）并行化效率低　RNN 是按顺序处理语言输入的，因此跨词组并行计算具有挑战性。这一限制阻碍了它们利用 GPU 和 TPU 等具有并行处理能力的现代硬件的能力，而 GPU 和 TPU 对高效训练大型模型至关重要。

(3) 梯度消失和爆炸　RNN 在训练过程中存在梯度消失和爆炸问题。在长序列中，梯度可能变得非常小或非常大，从而导致学习和收敛困难。

(4) 降低计算复杂度　传统的序列模型的计算复杂度与序列长度成二次方关系，因此在处理长序列时计算成本很高。

Transformer 模型结构由多个编码器和解码器叠加组成，其总体架构如图 6-2 所示，左侧和右侧分别对应着编码器（Encoder）和解码器（Decoder）结构。它们均由若干个基本的 Transformer 块（Block）组成（对应着图中的蓝色框）。这里 $N\times$ 表示进行了 N 次堆叠。每个 Transformer 块都接收一个向量序列作为输入，并输出一个等长的向量序列作为输出。其中，编码器负责将输入的标记序列转换为嵌入向量序列，通常称之为隐藏状态或上下文。解码器使用编码器的隐藏状态作为输入迭代生成令牌序列。

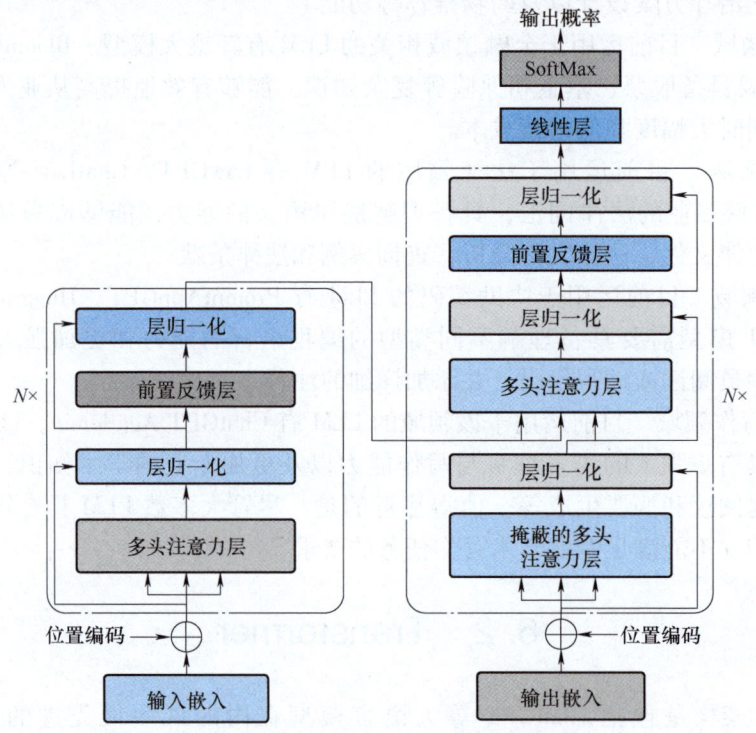

图 6-2　Transformer 架构

6.2.1　嵌入式表示层

在 Transformer 中，编码器和解码器的输入输出词都被标记化（Tokenized），这些标记经过词嵌入和位置编码为所有句子提供位置编码表示。

词嵌入（Word Embedding）：对于输入文本序列，首先通过输入嵌入层（Input Embedding）将每个单词进行标记化然后将其转化为对应的向量表示。通常直接对每个单词创建一个向量表示。由于 Transformer 中的自注意力机制不了解标记的相对位置，因此需要在送入编码器前，在词嵌入中加入位置编码（Positional Encoding）这一特征。具体来说，序列中每一个单词所在的位置都对应一个向量，这一向量会与单词表示对应相加并送入到后续模块中做进一步处理。在训练的过程当中，模型会自动地学习到如何利用这部分位置信息。

位置编码（Positional Encoding）：词序和词位置在大多数 NLP 任务中起着至关重要的作用。通过一次处理一个词，传统的 RNN 网络本身就能捕捉单词的顺序。与之不同的是，Transformer 中利用自注意力机制同时处理整个输入序列。由于自注意力机制本身不考虑词序，因此需要位置编码来为模型提供位置信息。有了位置编码，Transformer 能够区分处于不同位置的单词，让模型了解单词在序列中的相对位置和绝对位置。

位置编码在通过 Transformer 中的编码器和解码器直接被添加到输入嵌入层中。它由不同频率的正余弦函数表示，即

$$PE_{(pos, 2i)} = \sin\left(\frac{pos}{10000^{\frac{2i}{d_{model}}}}\right) \tag{6-1}$$

$$PE_{(pos, 2i+1)} = \cos\left(\frac{pos}{10000^{\frac{2i}{d_{model}}}}\right) \tag{6-2}$$

式中，pos 表示单词在序列中的位置，设句子长度为 L，则 $pos = 0, 1, \cdots, L-1$；PE 是单词的位置向量，$PE_{(pos, 2i)}$ 表示这个位置向量里面的第 i 个元素，$2i$ 表示偶数维度，$2i+1$ 表示奇数维度，d_{model} 表示单词的维度，通常为 512。在位置编码中使用正弦和余弦函数引入了一种循环模式，使模型能够学习不同的位置距离，并对不同长度的序列进行泛化。位置编码使用位置信息丰富了词嵌入，使 Transformer 能够捕捉序列的时间关系并有效处理输入数据，也是 Transformer 在 NLP 任务中取得成功的重要组成部分之一。

给定文本序列 $x = \{x_1 \cdots x_n\}$，在嵌入表示层中进行标记化，即

$$u_i = v_i + p_i \tag{6-3}$$

式中，v_i 是词 x_i 的词嵌入向量，p_i 是词 x_i 的位置编码向量，u_i 则是第 i 个位置的单词经过嵌入式表示层后的 token。

6.2.2 自注意力层

深度学习中的注意力机制（Attention Mechanism）是一种模仿人类视觉和认知系统的方法，它允许神经网络在处理输入数据时集中注意力于相关的部分。通过引入注意力机制，神经网络能够自动地学习并选择性地关注输入中的重要信息，提高模型的性能和泛化能力。注意力机制从本质上讲和人类的选择性注意力机制类似，核心目标也是从众多信息中选出对当前任务目标更加关键的信息。在深度学习中，注意力机制通常应用于序列数据（如文本、语音或图像序列）的处理，允许模型对输入序列的不同位置分配不同的权重，以便在处理每个序列元素时专注于最相关的部分。

自注意力机制的基本思想是，在处理序列数据时，每个元素都可以与序列中的其他元素建立关联，而不仅仅是依赖于相邻位置的元素。它通过计算元素之间的相对重要性来自适应地捕捉元素之间的长程依赖关系。具体而言，对于序列中的每个元素，自注意力机制计算其与其他元素之间的相似度，并将这些相似度归一化为注意力权重。然后，通过将每个元素与对应的注意力权重进行加权求和，可以得到自注意力机制的输出。

给定输入序列的表示为 $\{x_i\}$。首先对该序列进行词嵌入（Word Embedding）操作（例如，使用 Word2Vec 等方法），嵌入式向量与其位置编码 $\{p_i\}$ 叠加得到的输入表示为注意力机制的输入序列 $\{a_i\}$，即

$$a_i = Wx_i + p_i \tag{6-4}$$

式中，W 为词嵌入操作的参数矩阵。

为了实现对上下文语义依赖的建模，进一步引入在自注意力机制中涉及的三个元素：查询 q（Query），键 k（Key），值 v（Value）。在编码输入序列中每一个单词的表示的过程中，这三个元素用于计算上下文单词所对应的权重得分。通过三个线性变换，将输入序列中的每一个序列表示 a_i 转换为其对应的 q_i、k_i 和 v_i 值，即

$$q_i = W^q a_i \tag{6-5}$$

$$k_i = W^k a_i \tag{6-6}$$

$$v_i = W^v a_i \tag{6-7}$$

式中，W^q、W^k 和 W^v 是三个可训练的参数矩阵；W^q 用来和其他单词进行匹配，计算当前单词或字与其他的单词或字之间的关联或者关系；W^k 则是被用来和 W^q 进行匹配，可理解为单词或者字的关键信息。

为了得到编码单词 a_i 时所需要关注的上下文信息，通过位置 i 查询向量与其他位置的键向量做点积得到相应的匹配分数。

$$\alpha_{i,t} = q_i \cdot k_t / \sqrt{d} \tag{6-8}$$

式中，$i \neq t$。除以 $\sqrt{d}$ 是为了防止 q 和 k 点乘结果较大。为了防止过大的匹配分数在后续 SoftMax 计算过程中导致的梯度爆炸以及收敛效率差的问题，这些匹配分数会除以放缩因子 $\sqrt{d}$ 以稳定优化。缩放后的得分经过 SoftMax 函数归一化为概率之后，与其他位置的值向量 v 相乘来聚合希望关注的重要特征，并最小化不相关信息的干扰。自注意力 Attention（Q，K，V）的整个过程可计算为

$$Z = Attention(Q, K, V) = SoftMax(Q \cdot K^T / \sqrt{d}) \cdot V \tag{6-9}$$

式中，Q、K、V 分别代表由输入序列中不同序列元素的 q、k 和 v 向量拼接组成的矩阵，Z 为输出的注意力机制值，d 是键向量的维度。

多头注意力机制（Multi-head Attention）是在自注意力机制的基础上发展起来的，是自注意力机制的变体，旨在增强模型的表达能力和泛化能力。它通过使用多个独立的注意力头，分别计算注意力权重，并将它们的结果进行拼接或加权求和，从而获得更丰富的表示。具体而言，就是将原始的输入序列进行多组的自注意力处理过程，映射到不同的表示子空间，然后再将每一组自注意力的结果拼接起来进行一次线性变换 W^O 得到最终的输出结果。

$$MultiHead(Q, K, V) = Concat(head_1, \cdots, head_h) W^O \tag{6-10}$$

其中

$$head_i = Attention(QW_i^Q, KW_i^K, VW_i^V) \tag{6-11}$$

式中，$MultiHead$ 表示多头注意力机制，$Concat$ 表示拼接函数，$Attention$ 表示注意力机制。

6.2.3 前馈网络层

神经网络中，前馈网络层（Feedforward Layer）是一种最基本的网络层，它在处理数据时只向前传递（从输入到输出）。这种层通常用于构建更复杂的网络结构，如卷积神经网络（CNN）或循环神经网络（RNN）。

在 Transformer 中，前馈网络层接收自注意力子层的输出作为输入进行线性变换，通过与权重矩阵相乘然后加上偏置项来变换数据。在线性变换之后，通常会应用一个非线性激活函数（如 ReLU、sigmoid 和 tanh 函数）对输入进行更加复杂的非线性变换。这使得网络能

够学习和模拟更复杂的函数，对模型最终的性能产生重要的影响。

$$FFN(x) = ReLU(x W_1 + b_1) W_2 + b_2 \tag{6-12}$$

式中，W_1，W_2，b_1，b_2分别为前馈网络层的参数。通常情况下，增加隐藏状态的维度有利于提升Transformer性能，因此，前馈网络层隐状态的维度一般比自注意力层要大。

6.2.4 残差连接与层归一化层

在神经网络中，尤其是在深度神经网络中，梯度消失或爆炸是一个常见的问题。为了解决这个问题，研究人员提出了残差连接，这是一种允许网络的某一层的输入直接流向输出的技术。这种直接连接形成了一种"信息快捷通道"，使得梯度可以直接反向传播，从而有助于避免梯度消失问题。

而由Transformer结构组成的网络结构通常都是非常庞大的。Transformer中的每一层当中都包含复杂的非线性映射，通常会导致模型的训练比较困难。因此，在Transformer中，每个编码器和解码器模块都包含了一个残差连接，即每个模块的输入不仅被送入模块进行处理，同时也直接添加到模块的输出上，从而避免由于Transformer网络结构过深在优化过程中潜在的梯度消失问题。

$$x_{l+1} = f(x_l) + x_l \tag{6-13}$$

式中，x_l表示第l层的输入；$f(\cdot)$表示映射函数。

层归一化（Layer Normalization）是一种常用的训练深度神经网络的技术，可以加速学习过程并提高模型的性能。在Transformer模型中，每个编码器和解码器模块的输出都会经过一个层归一化步骤。它的主要目的是在训练过程中稳定神经网络的输出，使得每一层的输入输出稳定在一个合理的范围内，防止梯度消失或爆炸。不同于批归一化（Batch Normalization），层归一化是在输入向量的最后一个维度（通常是特征维度）上进行归一化的，因此它的效果不受批大小的影响。

$$LN(x) = \alpha \cdot \frac{x-\mu}{\sigma} + b \tag{6-14}$$

式中，μ和σ分别表示均值和方差，用于将数据平移缩放到均值为0方差为1的标准分布中，α和b为可学习的参数。层归一化技术可以有效地缓解优化过程中潜在的不稳定、收敛速度慢等问题。

6.2.5 编码器和解码器结构

编码器-解码器（Encoder-Decoder）是一个模型构架。首先，编码由一个编码器将输入序列转化成一个固定维度的稠密向量，解码阶段再将这个激活状态转化为输出序列。

在Transformer中，编码器的主要用途是进行信息抽取。编码器主要包括三部分：输入嵌入层、位置编码、N个编码层。其中，输入嵌入层的用途是对原始的输入信息进行向量化，得到连续向量，以作为后续输入，位置编码的用途是给嵌入式向量加上位置信息。编码层的作用是实现高层语义特征的提取。每个编码层的模型结构完全相同，包含一个多头注意力层、前馈网络层和残差连接与层归一化层。

解码器的主要用途是根据编码器的信息推断出对应的文本是什么。解码器与编码器相比稍显复杂，存在一些区别，第一个多头注意力层采用掩码操作，第二个多头注意力层采用交叉注意力机制。

采用掩码多头注意力主要是因为翻译的过程中，解码端负责生成目标语言序列，这一过程是自回归的。翻译的过程是按照顺序执行的，需要翻译完前 i 个单词，才可以翻译第 $i+1$ 个单词。通过掩码操作可以防止第 i 个单词知道 $i+1$ 个单词之后的信息。即对于每一个单词的生成过程，仅有当前单词之前的目标语言序列是可以被观测的，因此掩码是用来掩盖后续的文本信息，以防模型在训练阶段直接看到后续的文本序列进而无法得到有效地训练。因此，在任何解码器时间步中，只有生成的标记才能用于解码器的自注意力计算。

第二个多头注意力层使用交叉注意力机制，同时接收来自编码器端的输出以及解码器前一个掩码注意力层的输出。与编码器的多头注意力主要区别是其中自注意力中的键和值矩阵不是使用前一层的输出计算的，而是使用编码器的编码信息矩阵的输出进行计算的。查询解码器则是使用前一层的输出进行计算的。这样做的好处是在解码的时候，每一位序列都可以利用编码器中所有输出的信息。即在翻译的过程当中，为了生成合理的目标语言序列需要观测待翻译的源语言序列是什么。

基于上述的编码器和解码器结构，待翻译的源语言文本首先经过编码器端对上下文语义的层层抽象，最终输出每一个源语言单词上下文相关的表示。解码器端以自回归的方式生成目标语言文本，即在每个时间步 t，根据编码器端输出的源语言文本表示，以及前 $t-1$ 个时刻生成的目标语言文本，生成当前时刻的目标语言单词。

6.3 生成式预训练

6.3.1 预训练技术

预训练指建立基本的模型，先在一些比较基础的数据集、语料库上进行训练，然后按照具体任务训练，学习数据的普遍特征。微调指在具体的下游任务中使用预训练好的模型进行迁移学习，以获取更好的泛化效果。在计算机视觉领域中，以 ImageNet 为代表的 CNN 模型融合了大量的领域知识，在相关任务上表现良好，所以通常会先使用这类模型进行一次预训练，让模型从大量图片中充分学习并提取特征，再根据下游的具体任务进行微调，使模型更好地适应目标任务与使用场景。预训练技术的最大优点是能提供很好的初始化，这主要是由于预先训练了大量未标注的数据，在微调时只需要训练特定的一些层，避免了重新训练，此时在数据量较小的情景下也可以有较好的表现，可以有效防止过拟合。

在自然语言处理领域，研究者发现 Word2Vec 通过神经网络学习词向量的优势后，开始考虑能否应用 CNN 模型学习更全面的语言表示，于是使用语言模型进行预训练的思路被提出。其主要思想是在未标注的文本语料上进行无监督预训练得到语言模型，将预训练的语言模型作为固定的特征提取器，用于下游的监督学习任务，只通过微调输出层处理具体的任务。这种由无监督预训练带来的先验语言知识，在特定任务上进行监督微调的方式，验证了预训练语言模型的有效性。作为早期的生成式模型，ELM 以双向 LSTM 作为特征提取器，利用上下文信息动态建模，较好地解决了早期预训练语言模型存在的一词多义问题，在自然语言生成任务上表现尤为出色，进一步展示了使用预训练语言模型进行语义表示的巨大潜力。

此后，以 GPT 和 BERT 为代表的基于 Transformer 的大规模预训练语言模型的出现，使得自然语言处理全面进入了预训练、微调范式新时代。GPT 是一种以 Transformer 解码器为特征提取器的生成式模型，它采用自回归语言建模预训练，即根据语料中前 $i-1$ 个单词预测第 i 个单词。自回归任务天然符合生成式任务的特点，因此具有较强的文本生成能力。

BERT 是以 Transformer 编码器为特征提取器的掩码式语言模型，采用下一句预测任务进行预训练。掩码语言建模任务主要内容是通过随机掩盖文本中的部分词语，使模型还原原始文本的内容。下一句预测任务的主要内容则是使模型预测符合上下文的下一句文本，提升了模型句子层面的理解能力。相比单向的 GPT 系列模型，BERT 使用双向预测预训练任务，能够学习到综合上下文的文本表示，具备较高的文本理解能力。

大规模预训练语言模型以 Transformer 等深度神经网络为基础，利用无监督训练方法在大规模无标注文本语料上得到通用预训练模型，使模型具备了强大的自然语言表示能力，能够有效地学习词汇、语法和语义信息。将预训练模型应用于下游任务时，不需要了解太多的任务细节，不需要设计特定的神经网络结构，只需要结合具体下游任务的标注数据来"微调"预训练模型，就可以取得显著的性能提升。该范式的优势在于能够充分利用无标注文本数据提升模型的通用语言表示能力，从而改善通用预训练模型的可迁移性，使其在各类语言理解和生成任务（尤其是标注数据较少的低资源任务）上均达到较好的性能。

OpenAI 公司于 2018 年提出的生成式预训练语言模型（Generative Pre-Training，GPT）是典型的生成式预训练语言模型之一。GPT-1 模型结构如图 6-3 所示，其是由多层 Transformer 组成的单向语言模型，主要分为输入层、编码层和输出层三部分。GPT-1 只使用了基于 Transformer 的解码器结构，保留了掩码多头注意力机制和前置反馈层，并扩大了网络的规模，将层数扩展到 12 层。GPT-1 还将掩码多头注意力的维数扩大到 768（原来为 512），将掩码多头注意力的头数增加到 12 层（原来为 8 层），将前置反馈层的隐层维数增加到 3072（原来为 2048），总参数达到 1.5 亿。Transformer 结构的提出是用于机器翻译任务的，机器翻译是一个序列到序列的任务，因此 Transformer 设计了编码器用于提取源端语言的语义特征，而用解码器提取目标端语言的语义特征，并生成相对应的译文。GPT-1 的目标是服务于单序列文本的生成式任务，所以舍弃了编码器部分以及解码器中的多头注意力层。

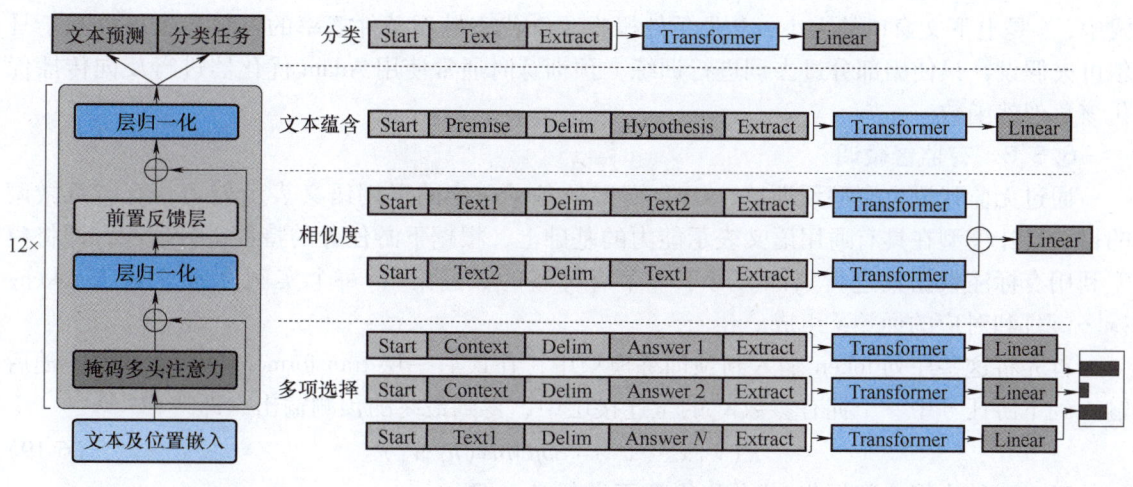

图 6-3 GPT-1 结构图

6.3.2 无监督预训练

GPT-1 采用多层模型、生成式预训练技术和独特的解码技术，在单向 Transformer 结构中使用的是掩码多头注意力机制，而掩码多头注意力机制只利用上文对当前位置的值预测。由于是单向 Transformer 模型，只能采用从左到右或从右到左的方式对文本建模，并且输入文本的每个位置只能依赖过去时刻的信息。

在普通的 Transformer 中，由于自注意力层无法捕获文本的位置信息，因此需要对输入的词嵌入位置编码，通常是使用余弦+正弦的方式学习出来的。在 GPT-1 中，位置编码则是采用与词向量相似的随机初始化方式，并在训练中进行更新，也就是把每个位置当作一个要学习的嵌入。

给定无监督的（无标签）语料库 $u=\{u_1 \cdots u_n\}$，经过输入层转化为由 L 个 Transformer 组成的编码层的输入表示向量 $\bm{h}_0$，即

$$\bm{h}_0 = \bm{U}\bm{W}_e + \bm{W}_p \tag{6-15}$$

式中，$\bm{U}$ 为语料 token 的上下文 one-hot 向量；$\bm{W}_e$ 是 token 的嵌入向量矩阵，是随机初始化的矩阵，由模型自己学习；$\bm{W}_p$ 是位置嵌入矩阵。

随后，输入层的 $\bm{h}_0$ 被送入到解码层中，经过多层 Transformer 重复计算。在自注意力机制的作用下，每层 Transformer 输出表示向量都会包含之前位置表示向量的信息，使每个表示向量都具备丰富的上下文信息，并且经过多层编码后，GPT 能得到每个单词层次化的组合式表示，其计算过程为

$$\bm{h}_l = transformer\_block_{l-1}, \forall\, l \in [1, L] \tag{6-16}$$

模型中的输出层基于解码层中最后一层 Transformer 的输出表示向量 $\bm{h}_L$，来预测每个位置上单词出现的条件概率分布，计算过程为

$$P(u) = SoftMax(\bm{h}_L \bm{W}_e^T) \tag{6-17}$$

单向语言模型是按照阅读顺序输入文本序列 u，用常规语言模型目标优化 u 的最大似然估计，使之能根据输入历史序列对当前词能做出准确的预测，即

$$L_1(U) = \sum_i \log P(u_i \mid u_1 \cdots u_{k-1}; \Theta) \tag{6-18}$$

式中，k 是上下文窗口的大小，P 是条件概率，Θ 代表模型条件概率的参数。也可以基于马尔可夫假设，只使用部分过去词进行训练。预训练时通常使用 Adam 优化器进行反向传播优化该负似然函数。

6.3.3　有监督微调

通过无监督语言模型预训练，GPT 模型具备了一定的通用语义表示能力。有监督微调的目的是让模型在具有通用语义表示能力的基础上，根据下游任务的特性进行适配，即将模型利用有标注数据集进行训练。对于一个有标签的数据集 $\mathcal{C}$，每个实例由 m 个输入 token：$\{x^1 \cdots x^m\}$ 和对应的标签 y 组成。

首先将这些序列 token 输入到预训练模型中，在最后一层 transformer 得到输出 h_l^m，随后输入到下游任务中一个拥有参数 W_y 的全连接层中，得到最终的预测输出，即

$$P(y \mid x^1 \cdots x^m) = SoftMax(h_l^m W_y) \tag{6-19}$$

通过对整个标注数据集 $\mathcal{C}$ 优化以微调下游任务，即

$$\mathcal{L}(\mathcal{C}) = \sum_{(x,y)} \log P(y \mid x^1 \cdots x^m) \tag{6-20}$$

下游任务在微调过程中，针对任务目标进行优化，很容易使得模型遗忘预训练阶段所学习到的通用语义知识表示，从而损失模型的通用性和泛化能力，产生灾难性遗忘

(Catastrophic Forgetting)问题。因此，通常会采用混合预训练任务损失和下游微调损失的方法来缓解上述问题。在实际应用中，通常采用如下公式进行下游任务微调，即

$$\mathcal{L}(\mathcal{C}) = \mathcal{L}^{FT}(\mathcal{C}) + \lambda\, \mathcal{L}^{PT}(\mathcal{C}) \tag{6-21}$$

式中，$\mathcal{L}^{FT}$表示微调任务损失，$\mathcal{L}^{PT}$表示预训练任务损失，λ表示权重，通常$\lambda \in [0, 1]$。

6.3.4 上下文学习

为了进一步提高在少样本或零样本情况下的大模型性能，GPT-3引入了上下文学习（In-Context Learning，ICL）的概念，增强了模型的泛化能力。上下文学习可以被视为一种元学习方法，通过在上下文中附加一些范例，让模型通过模仿来学习和执行任务。与监督式学习或微调需要一个使用后向梯度更新模型参数的训练阶段不同，上下文学习无需使用梯度反向传播来更新模型参数，而是直接在预训练的语言模型上进行类比学习和任务预测。通过直接描述任务或将少量范例添加到提示中，上下文学习可以建模更多上下文信息来解决特定任务，提高各种任务的执行效果，并更好地处理少样本和零样本学习场景。

通过上下文学习，用户能够为新任务快速地构建模型。大语言模型能够根据给定的示例来理解任务，并且对于没有见过的新任务，只需要设计任务的语言提示和任务实例作为模型的输入，无需微调和存储新参数，即可让模型从给定的情景中学习新任务并给出满意的回答结果，也就是使用预训练好的语言模型估计给定示例条件下的条件概率分布模型。该提示（Prompt）是一个由输入输出组成的列表，这些输入输出对用来描述一个任务。在提示的结尾存在一个测试输入，让语言模型仅通过以提示为条件来预测下一个标记。通常情况下，为了正确回答提示，模型需要理解上下文学习的示例，以确定输入分布、输出分布、输入-输出映射以及格式。

上下文学习的关键思想是从任务相关的类比样本中进行学习。图6-4所示为大模型使用上下文学习进行决策的过程。

1）上下文学习需设计示例来形成上下文提示。示例通常用自然语言为模板编写。上下文提示通常需要提供明确的指令或提示，用来指导模型在生成响应或输出时的行为。

2）将查询的问题（即需预测标签的input）和上下文提示（相关的cases）连接在一起，形成带有提示的输入，并将其输入到语言模型中进行预测。在此过程中，上下文学习可结合强化学习技术或结构化反馈来指导模型的响应。

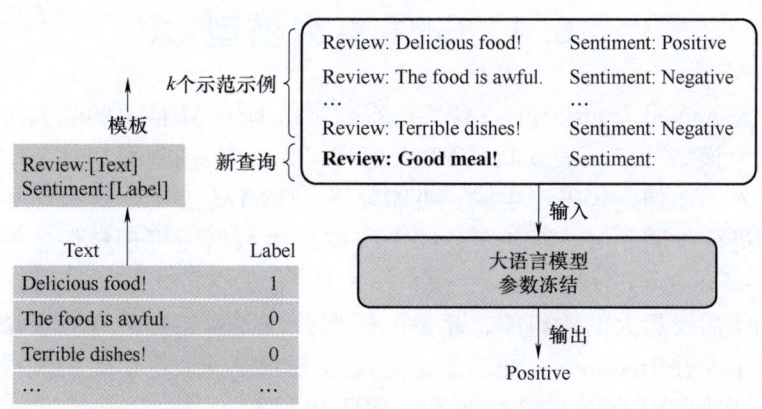

图6-4 大模型使用上下文学习进行决策的过程

通过若干个完整的示例，让语言模型更好地理解当前的任务，从而做出更加准确的预测。

上下文学习作为一种新的范式，具有许多优势。第一，提示是用自然语言格式编写的，提供了一个可解释的接口来与大型语言模型通信。这种范式通过更改提示和模板使将人类知识纳入语言模型变得容易。第二，上下文学习类似于人类的类比决策过程。第三，与有监督学习相比，上下文学习是一种无训练学习框架。这不仅可以降低模型适应新任务的计算成本，还可以使语言模型即服务成为可能，并且可以很容易地应用于大规模的现实世界任务。

上下文学习的强大性能依赖于两个阶段：①精调阶段，基于预训练大模型，然后选择 Warmup 模型来增强和泛化上下文学习的能力；②推理阶段，大模型根据特定任务的提示进行预测。在推理阶段，演示设计和评分函数的选择对最终性能至关重要。

（1）精调阶段　在推理前，通过持续学习让语言模型的上下文学习能力得到提升，该过程称为 Warmup。Warmup 会优化语言模型对应参数或者新增参数，与传统的微调不同，微调旨在提升大模型在特定任务上的表现，而 Warmup 则是提升模型整体的上下文学习性能。

提升模型上下文学习效果，主要有两类方法：有监督上下文训练和自监督上下文训练，两种方法主要是通过引入更加接近于上下文学习的训练目标从而缩小预训练与上下文学习之间的差距。

（2）推理阶段　在推理阶段，通过两种方法来优化上下文学习效果，即提示（Prompt）设计和打分函数（Scoring Function）设计。作为激发大模型能力的输入，提示对上下文学习的效果影响较大。提示设计可以从组织方式和格式两个方面来进行。组织方式是指如何选择数据样本并排序，格式是指如何去写提示。评分函数决定如何将语言模型的预测转换为对特定答案可能性的估计。直接（Direct）估计方法采用了候选答案的条件概率，该概率可以用语言模型词汇表中的 token 表示。选择概率较高的答案作为最终答案。通道（Channel）模型采用贝叶斯推理来计算反向的条件概率，即在给定标签的情况下估计输入查询的可能性。通过这种方式，语言模型需要生成输入中的每个令牌，这可以在不平衡的训练数据状态下提高性能。

6.4　GPT 系列模型

Generative Pre-trained Transformer（GPT）系列是由 OpenAI 推出的强大的预训练大语言模型，GPT 系列大模型特点见表 6-1。GPT 大模型可以在复杂的 NLP 任务中取得出色的效果，如内容（文本、图像、代码）生成、机器翻译、Q&A 等，实现这些任务并不需要使用监督学习对模型进行微调。对于新任务，GPT 仅需少量数据便可理解任务的需求并达到接近或者超过 state-of-the-art 的方法。

GPT 模型训练需要超大的语料库，超多的模型参数以及超强的计算资源。GPT 系列模型在结构上秉承了堆叠 Transformer 的思想，并通过不断提升训练语料的规模和质量，提升网络的参数量以实现 GPT 系列的迭代更新。GPT 也证明了通过提升模型的容量和语料规模，大模型的能力是可以不断提升的。

第6章 人工智能大模型

表 6-1 GPT 系列大模型特点

GPT 系列	GPT-1	GPT-2	GPT-3	GPT-4
发表日期	2018 年	2019 年	2020 年	2023 年
参数量	117M	1.5B	175B	100T
数据量	600b	450b	1.5T	100T
训练数据	BookCorpus	WebText	Common Crawl, WebText, Wikipedia, Books, Articles, and more	Unknown
能力	文本生成文本、翻译、问答	生成更真实复杂文本	无需微调就能生成更复杂文本	无需微调就能生成更复杂文本、生成图文

6.4.1 GPT-1

GPT-1 之前，传统的 NLP 模型往往使用大量的数据对有监督的模型进行任务相关的模型训练，但是这种有监督学习的任务存在两个缺点：①需要大量的标注数据，高质量的标注数据往往较难获得；②根据一个任务训练的模型很难泛化到其他任务中。GPT-1 的思想是先在无标注的数据集训练一个通用的语言模型，再根据特定的任务进行微调，能够处理的监督任务包括自然语言推理、问答和常识推理、语义相似度判断和分类。

GPT-1 以生成式预训练技术为基础，主要包括预训练和微调两个阶段。在训练数据方面，GPT-1 主要使用了 BooksCorpus 数据集，文本大小约为 5GB，包含 7400 万+的句子。该数据集是由约 7000 本独立的、不同风格类型的书籍组成。选择该数据集主要是因为书籍文本包含大量的高质量长句，保证模型学习长距离信息依赖。而针对不同的下游任务进行微调时，需要对输入进行转换，以便能够适应 GPT-1 模型结构。对于分类任务（Classification），需要在输入序列前后分别加上开始（Start）和结束（Extract）标记；对于自然语言推理任务，将前提（Premise）和假设（Hypothesis）通过分隔符（Delimiter）隔开，两端加上起始和终止 token。再依次通过 Transformer 和全连接得到预测结果；对于句子关系任务（Entailment），除了开始和结束标记，在两个句子中间还需要加上分隔符（Delim）；对于相似性任务（Similarity），与句子关系判断任务相似，输入的两个句子，正向和反向各拼接一次，然后分别输入给 Transformer，得到的特征向量拼接后再送给全连接得到预测结果；问答和常识推理：将 n 个选项的问题抽象化为 n 个二分类问题，即每个选项分别和内容进行拼接，然后各送入 Transformer 和全连接中，最后选择置信度最高的作为预测结果。

总的来说，GPT-1 是一种基于 Transformer 架构的预训练语言模型，具有多层模型、生成式预训练技术和独特的解码技术等特点。GPT-1 的模型要比基于 LSTM 的模型稳定，且随着训练次数的增加，GPT-1 的性能也逐渐提升，表明 GPT-1 有非常强的泛化能力，能够用于和有监督任务无关的其他 NLP 任务中。GPT-1 证明了 Transformer 对学习词向量的强大能力，在 GPT-1 得到的词向量基础上进行下游任务的学习，能够让下游任务取得更好的泛化能力。对于下游任务的训练，GPT-1 往往只需要简单的微调便能取得非常好的效果。它为后续的自然语言处理技术提供了一个新的标准，并为人工智能技术的发展提供了新的思路。

6.4.2 GPT-2

无论是 GPT-1 还是 BERT，在 NLP 任务中比较主流的"预训练+微调"模式是需要一定量的下游任务的有监督数据进行额外训练的，在模型层面也需额外的模块去进行预测，仍然存在较多人工干预的成本。针对这些问题，GPT-2 引入零样本（Zero-shot）学习的能力，当模型在迁移到下游任务上时能够在只看到少量样本的情况下学习和执行新任务。其核心思想为当模型的容量非常大且数据量足够丰富时，仅仅靠语言模型的无监督与训练便可以完成其他有监督学习的任务，无需在下游任务微调。

在模型架构上，GPT-2 与 GPT-1 相同，都是使用 Transformer 架构作为模型的基础，只是略微做了几个调整，具体如下：

1）后置层归一化（post-norm）改为前置层归一化（pre-norm）。后置层归一化将 Transformer 中每一个 block 的层归一化放在了残差层之后，而前置层归一化则将层归一化放在了每个 block 的输入位置。

2）在模型最后一个自注意力层之后，额外增加一个层归一化。

3）调整参数的初始化方式，残差层的初始化增加了缩放因子 $\frac{1}{\sqrt{n}}$，n 为残差的层数。

4）上下文窗口大小从 512 扩充到 1024，同时 batch size 增加到 512。

在训练数据方面，为了保证 Zero-shot 的效果，数据集必须要足够大且覆盖面广。所以 GPT-2 专门爬取了大量的网络文本数据，形成了无标注 WebText 数据集。WebText 选取了 Reddit 上的高质量帖子，最终得到 4500 万个网页链接，800 万有效的文本文档，语料库大小为 40G。

总之，GPT-2 是一种无监督学习的多任务大语言模型，具有大规模预训练、Transformer 架构、多层结构、无需人工标注数据和零样本学习等特点，验证了通过海量数据和大量参数训练出来的词向量模型能迁移到其他类别任务中而不需要额外的训练。其在自然语言处理任务中取得了显著的成果，是自然语言处理领域中的一项重要进展。

6.4.3 GPT-3

虽然 GPT-2 主推的零样本学习有一定的创新度，但由于表现效果一般，在工业界并没有取得较大影响。GPT-3 主要解决的问题是如何使一个预训练的大语言模型具有迁移学习的能力，即在只有少量标注数据的情况下，能够快速适应新的任务。GPT-3 不再追求那种极致的不需要任何样本就可以表现很好的模型，而是考虑像人类的学习方式那样，仅仅使用极少数样本就可以掌握某一个任务。

在模型结构上，GPT-3 延续使用 GPT-2 模型结构，采用了 96 层的多头注意力机制，头的个数为 96，上下文窗口提升至 2048，还引入了 Sparse Transformer 中的稀疏注意力（Sparse Attention）模块。稀疏注意力与传统的自注意力（Dense Attention）的主要区别在于自注意力中每个 token 之间两两计算注意力，其复杂度为 $O(n^2)$；对于稀疏注意力，每个 token 只与其他 token 的一个子集计算注意力，其复杂度为 $O(n\log n)$。具体来说，稀疏注意力只需计算相对距离不超过 k 以及相对距离为 k，$2k$，$3k$，…的 token，其他所有 token 的注意力都设为 0。使用稀疏注意力一方面可以减少注意力层的计算复杂度，另外一方面引入"局部紧密相关和远程稀疏相关"的特性，对于距离较近的上下文关注更多，对于距离较远的上下文关注较少。

在训练数据方面，由于 GPT-3 在模型规模上的扩大，因而必须对数据集进行扩充来适配更大的模型使其发挥出相应的能力。GPT-3 共训练了 5 个不同的语料，分别是低质量的 Common Crawl、高质量的 WebText2、Books1、Books2 和 Wikipedia，GPT-3 根据数据集的不同的质量赋予了不同的权值，权值越高的在训练的时候越容易抽样到。针对低质量的 Common Crawl，对其进行额外的清洗和处理以保证数据质量，并用于预训练和微调。

GPT-3 在多个 NLP 任务上表现出了惊人的能力。在自然语言推理任务中，GPT-3 模型的准确率达到了近 80%。在问答任务中，只需要给出几个样例输入就能够完成对新问题的回答。在生成文本任务中，模型能够生成逼真、连贯、富有创造性的文本，甚至可以写出短故事、诗歌和新闻报道等。此外，GPT-3 还具有零样本学习的能力，即能够在没有任何样本数据的情况下进行学习和预测。例如，当给定一个新的任务和一些文字描述时，GPT-3 能够基于文字描述自动推理出该任务的执行过程。

总之，GPT-3 模型的能力已经超出了传统的自然语言处理模型，展示了无监督学习和迁移学习在自然语言处理领域的潜力和前景。

6.5 本章小结

大语言模型展现了令人惊叹的自然语言理解和生成能力，并具备了跨学科、多场景、多用途的通用性，在很多任务上的性能达到了人类专家的水平，引起了产业界和学术界的广泛关注。大模型技术实现了人工智能技术从"量变"到"质变"的跨越，给人工智能领域带来了巨大的范式变革，有望发展成为人工智能关键基础设施赋能百业。

本章首先回顾了语言模型和神经网络、语义表示和预训练技术的主要发展脉络。在语言模型方面，本章简述了统计语言模型到神经网络语言模型的发展历程，以及从 RNN 到 LSTM，再到 Transformer 的神经网络结构发展，Transformer 的出现也推动了语言模型和预训练模型的进一步发展。在此基础上，本章继续阐述了大模型的核心技术，如 Transformer、生成式预训练技术等，最后介绍了 GPT 系列模型的主要特点。

6.6 习题

一、判断题

1. 大语言模型通常使用 Transformer 架构来处理序列数据。（   ）
2. 在训练大语言模型时，使用更大的数据集总会导致更好的性能。（   ）
3. 大语言模型只能用于文本生成任务，不能用于问答系统。（   ）
4. 微调大语言模型是指在大量未标记数据上继续训练模型以提高其通用性。（   ）
5. 语言模型的参数量越大，它们对于复杂任务的表现就越好，但这也会增加计算资源的需求。（   ）

二、问答题

1. 什么是大语言模型？举例说明它们的应用场景。
2. Transformer 架构为什么适合于构建大语言模型？它的主要组成部分是什么？
3. 解释微调大语言模型的过程及其目的。
4. 训练大语言模型时面临的主要挑战有哪些？
5. 什么是生成式预训练？

实践应用篇

第 7 章 无人驾驶

7.1 无人驾驶概述

无人驾驶（Autonomous Driving）是指在没有人类驾驶员的情况下，通过计算机系统和先进的传感器技术来实现车辆的自主驾驶。无人驾驶是一种革命性的技术，旨在提高交通安全性、减少交通事故、缓解交通拥堵、提高交通效率和舒适性。无人驾驶系统包括感知、决策、控制和通信等多个子系统，感知系统利用各种传感器感知周围环境，决策系统根据感知数据做出驾驶决策，控制系统执行决策指令，通信系统实现车辆与外部环境的通信。随着人工智能、深度学习和传感器技术的不断发展，无人驾驶技术正在逐渐成熟，未来有望广泛应用于汽车、物流、运输等领域，为人类社会带来巨大的变革。无人驾驶系统是一个复杂的系统，由多个部分和子系统组合而成，具体如图 7-1 所示。

图 7-1 无人驾驶系统

7.2 无人驾驶技术基础

无人驾驶技术的基础包括：①感知技术，激光雷达、摄像头、毫米波雷达、超声波传感器等；②定位与导航技术，全球定位系统（GPS）、惯性导航系统（INS）、实时差分定位技术（RTK）等；③决策与规划技术，路径规划、环境感知、决策算法等；④控制系统，车辆控制、自适应控制等；⑤通信技术，车辆间通信（V2V）、车辆与基础设施通信（V2I）等；⑥人机交互界面，车载显示屏、语音交互等。

7.2.1 传感器技术

（1）激光雷达　在无人驾驶领域，激光雷达（Lidar）是一种关键的传感器技术。它通过发射激光束并测量其返回时间来计算物体与传感器之间的距离，并生成高分辨率的三维地图。激光雷达的高精度和高分辨率使其在无人驾驶中扮演着重要角色，能够准确地识别和定位道路、车辆、行人和障碍物，为车辆的感知和决策提供重要数据支持。未来的改进可以集中在提高激光雷达的性能和可靠性，以及降低其成本和尺寸，以更好地适应无人驾驶系统的需求。

（2）摄像头　在无人驾驶领域，摄像头是一种关键的传感器技术，用于感知和获取车辆周围环境的图像信息。它被安装于无人驾驶汽车的车身上，用于实时监测和记录道路、交通标志、行人、车辆和障碍物等。未来的改进可以包括提高摄像头的分辨率和视野范围，优化图像处理算法，以及增强对复杂环境和恶劣天气条件下的适应能力。

（3）超声波传感器　在无人驾驶领域，超声波传感器是一种常用的传感器技术，用于感知和测量车辆与周围障碍物的距离和位置关系。它利用超声波的反射原理来测量物体与传感器之间的距离，并提供实时的距离信息。未来的改进可以包括增加超声波传感器的覆盖范围和精度，提高其工作频率和响应速度，以更准确地检测和避免障碍物，并提高无人驾驶系统的安全性和可靠性。

7.2.2 定位与导航系统

全球定位系统（GPS）、惯性导航系统（INS）和实时差分定位技术（RTK）是无人驾驶领域中关键的定位和导航技术。它们各自具有独特的优势和应用场景，在无人驾驶系统中起着不可替代的作用。

（1）全球定位系统　GPS是一种通过一组卫星和地面接收器来确定位置、速度和方向的定位技术。GPS系统通过测量卫星信号的传播时间和接收器的位置来计算车辆的地理坐标。优点包括：全球覆盖、定位精度较高等。然而，在城市、峡谷等环境中，GPS信号容易受到遮挡，导致精度下降。因此，GPS通常与其他定位技术结合使用，以提高定位的准确性和可靠性。

（2）惯性导航系统　INS是一种基于车辆的加速度和角速度信息来测量和集成车辆运动状态和位置的导航技术。INS不依赖外部信号，可以提供高频率的姿态和位置估计，适用于高精度的导航需求。然而，INS在长时间使用中会积累误差，导致定位漂移，因此常常需要与其他定位技术（如GPS）相结合，进行误差校正和融合，以提高定位的精度和稳定性。

（3）实时差分定位技术　RTK是一种全球定位系统的增强技术，广泛应用于无人驾驶领域。RTK通过引入基站，实现对接收器位置的实时校正，从而提高GPS定位的精度和可靠性。RTK的优点包括高精度、实时性好等。然而，RTK系统受到基站分布和遮挡等因素的限制，适用范围相对有限。在一些地区，RTK的基站网络覆盖可能不够完善，导致定位精度不佳。

为了克服单一定位技术的局限性，无人驾驶系统通常采用多传感器融合的方法，将GPS、INS、RTK等定位数据进行融合处理，以获取更准确和可靠的车辆定位信息。同时，还可以结合地图数据、视觉传感器等信息，进行综合导航和环境感知，提高无人驾驶系统的整体性能和稳定性。

7.2.3 通信技术

通信技术在无人驾驶技术中扮演着至关重要的角色，它不仅能够实现车辆之间的通信（Vehicle-to-Vehicle，V2V），还能够实现车辆与基础设施之间的通信（Vehicle-to-Infrastructure，V2I），从而实现智能交通系统的构建和无人驾驶的运行。以下是对这两种通信技术的详细阐述。

（1）车辆间通信 V2V通信是指车辆之间通过无线通信技术实现信息交换和数据共享的过程。通过V2V通信，车辆可以向周围车辆发送自身的位置、速度、加速度等信息，并接收其他车辆发送的信息，如预警信息、交通状况等。这种通信可以实现实时交通信息的共享和协同行驶，提高交通安全性、减少交通事故、缓解交通拥堵等。V2V通信常使用无线网络技术，如WiFi、蜂窝网络等，来实现车辆之间的数据传输。

（2）车辆与基础设施通信 V2I通信是指车辆与交通基础设施（如交通信号灯、道路标志、交通管理中心等）之间通过无线通信技术进行信息交换和数据共享的过程。通过V2I通信，车辆可以接收来自交通基础设施的交通状态、路况信息、路口控制信息等，并向基础设施发送自身的位置、速度等信息。这种通信可以提高交通系统的智能化程度，优化交通流量分配、改善交通效率，并为无人驾驶车辆提供更多的实时信息和服务支持。V2I通信使用的技术包括车载设备与交通基础设施之间的无线通信技术，如车载通信设备、基站、交通信号控制器等。

车辆间通信和车辆与基础设施通信是无人驾驶技术中不可或缺的部分，它们通过实时的信息交换和数据共享，实现了智能交通系统的构建和无人驾驶的运行。随着通信技术的不断发展和应用，V2V和V2I通信将会在未来的智能交通系统中扮演更加重要的角色，为交通管理、车辆安全、出行服务等方面带来更多的优势和便利。

7.2.4 数据处理与决策算法

传感器融合、地图构建与路径规划、感知与决策系统是构成无人驾驶技术基础的重要组成部分。它们相互配合、相互影响，共同实现无人驾驶车辆的自主感知、智能决策和安全行驶。以下是对这三个方面的详细介绍。

（1）传感器融合 传感器融合是指将多种类型的传感器数据进行集成和综合分析，以获取更准确、全面的环境感知和车辆状态信息的过程。在无人驾驶领域，常用的传感器包括激光雷达、摄像头、超声波传感器等。传感器融合可以通过融合不同传感器的数据，弥补各种传感器的局限性，提高环境感知的准确性和鲁棒性。例如，激光雷达可以提供精确的距离和三维结构信息，但受遮挡影响较大；而摄像头可以提供丰富的视觉信息，但对光照和天气条件较为敏感。因此，将激光雷达和摄像头的数据进行融合，可以更全面地感知车辆周围的环境，并提高感知的可靠性。传感器融合还可以通过融合不同传感器的信息，进行目标跟踪和场景分析，以支持决策和控制系统的工作。

（2）地图构建与路径规划 地图构建与路径规划是指通过使用传感器数据和地图信息，生成车辆周围环境的地图，并基于这些地图进行路径规划，用以指导无人驾驶车辆的行驶和导航。在无人驾驶中，地图通常分为静态地图和动态地图。静态地图是指固定不变的地图信息，包括道路、建筑物、交通标志等；动态地图则是指实时更新的地图信息，包括交通流量、道路施工、交通事故等。地图构建可以通过激光雷达和摄像头等传感器获取环境信息，并利用 SLAM（Simultaneous Localization and Mapping）等算法进行实时地图构建。路径规划则可以根据地图信息、车辆位置和目的地，确定最优的行驶路径，并考虑交通规则、车辆性能等因素，进行路径优化和路径跟踪。地图构建与路径规划的完善主要包括提高地图的准确性和更新频率，优化路径规划算法，实现更加智能化和自适应的路径规划。

（3）感知与决策系统　感知与决策系统是指利用传感器技术获取车辆周围环境的信息，并通过算法和模型进行数据分析和决策，以实现车辆自主感知和智能决策的系统。感知系统负责实时获取车辆周围的道路、障碍物、车辆、行人等信息，并将这些信息转化为计算机可理解的数据。决策系统根据感知信息、地图信息和车辆状态，利用机器学习、规则引擎等技术做出驾驶决策，如转向、减速、加速等。感知与决策系统的完善主要包括提高感知的准确性和稳定性，优化决策算法，实现更加智能化和自适应的决策能力。

7.2.5　人机交互界面

人机交互界面在无人驾驶技术中扮演着至关重要的角色，它是车辆与乘客、驾驶员之间进行信息交互和指令传递的关键界面。一个良好设计的人机交互界面可以提高用户的体验，增强用户对车辆状态的感知，并确保用户能够方便、直观地与无人驾驶系统进行交互。以下是对人机交互界面的详细介绍。

（1）显示界面　人机交互界面通常包括车载显示屏和仪表盘，用于向驾驶员和乘客展示车辆状态、导航信息、娱乐内容等。这些显示界面的设计应简洁清晰，信息层次分明，以便驾驶员能够快速地获取所需信息，而不会分散注意力或造成驾驶干扰。显示界面的设计还应考虑到不同的用户需求和偏好，提供个性化的显示设置和界面主题。

（2）交互方式　人机交互界面可以通过触摸屏、物理按钮、语音命令等方式进行交互。触摸屏可以实现多点触控和手势操作，使用户能够直观地进行操作和导航；物理按钮则提供了更为直接的操控交互方式，适用于驾驶过程中需要快速响应的操作；而语音命令则可以使驾驶员在驾驶过程中保持双手在方向盘上，同时实现对车辆功能的控制和操作。

（3）信息呈现　人机交互界面应呈现清晰、准确的多维度信息，包括车辆实时速度、行驶方向、导航路径、交通状况等。这些信息应根据驾驶员的需求和驾驶环境进行动态调整和优化，以确保信息的及时性和可读性。同时，界面还应提供告警和提示功能，及时提醒驾驶员注意交通安全和车辆状态变化。

（4）个性化设置　人机交互界面应提供个性化设置功能，使驾驶员和乘客能够根据自己的喜好和习惯进行界面设置和功能配置。个性化设置包括显示主题、语言选择、偏好设置等，能够提高用户的满意度和使用舒适性。

（5）安全考虑　人机交互界面的设计应考虑到驾驶安全的因素，在设计上应尽量减少对驾驶员的干扰，避免复杂的操作流程和过多的信息呈现，确保驾驶员能够集中注意力在道路上，并在必要时提供紧急情况下的快速响应和操作功能。

7.2.6　控制系统

无人驾驶的控制系统是无人驾驶技术体系的核心之一，它负责根据感知到的环境信息和预先设定的目标，对车辆进行实时控制和调节，确保车辆安全、稳定地行驶。控制系统通常包括车辆控制和行为规划两个主要部分。

（1）车辆控制　车辆控制是指对车辆的动力系统（如发动机、制动系统）、转向系统和悬架系统进行控制和调节，以实现车辆的加速、减速、转向等动作。在无人驾驶中，车辆控制通常由电子控制单元（ECU）来实现，它通过接收感知系统和决策系统的指令，控制车辆的各项参数和各种动作。例如，当感知系统检测到前方障碍物时，决策系统会向控制系统发送指令，要求车辆进行紧急制动；当需要变道时，决策系统会指示控制系统进行转向操作。车辆控制的精准度和及时性对于保证车辆的安全性和舒适性至关重要，因此在无人驾驶技术中，对车辆控制系统的设计和优化是至关重要的一环。

（2）行为规划　行为规划是指根据感知到的环境信息和预先设定的目标，对车辆的行驶轨迹和动作进行规划和调度。行为规划包括路径规划和运动规划两个方面。路径规划是指确定车辆的行驶路径，包括选择合适的道路、车道以及避障等；运动规划是指确定车辆的速度和加速度等动作参数，以确保车辆的平稳行驶和安全通行。行为规划通常由决策系统来实现，它根据感知到的环境信息和全局路径规划算法，综合考虑交通规则、车辆状态和周围车辆等因素，制定最优的行动策略。行为规划的精准度和智能化程度直接影响无人驾驶车辆的行驶效率和安全性。

7.3　无人驾驶技术发展与应用

7.3.1　无人驾驶发展历程

无人驾驶的发展历程可以分为以下几个阶段，具体如图 7-2 所示。

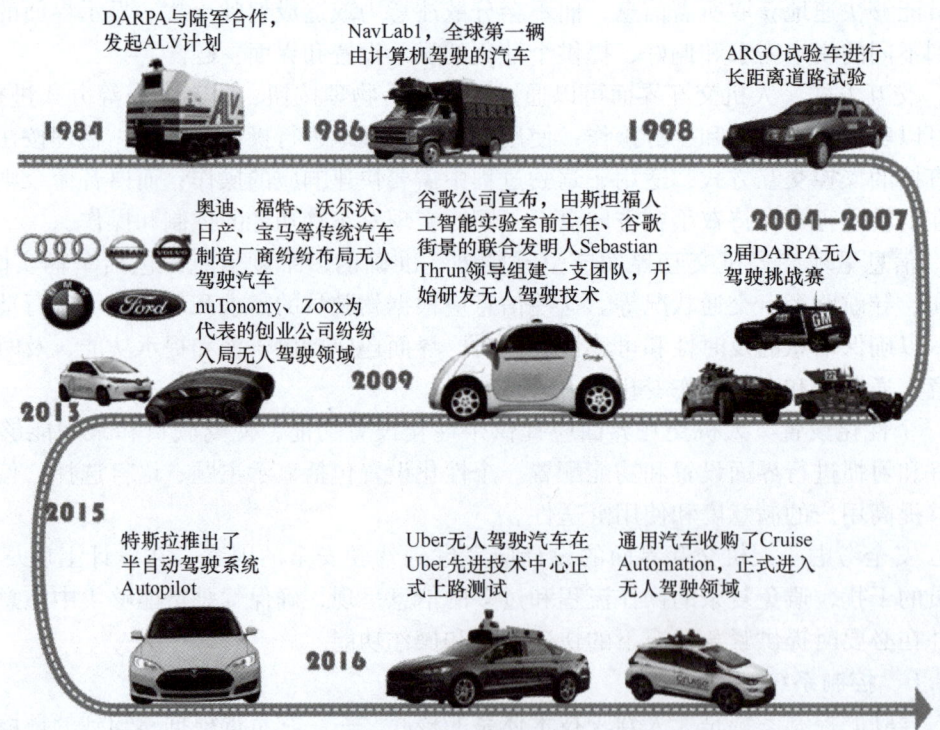

图 7-2　无人驾驶发展历程

（1）早期研究和实验（20 世纪 50 年代—80 年代）　无人驾驶的概念最早可以追溯到

20世纪50年代。当时，研究人员开始在军事和科研领域探索无人驾驶飞行器和地面车辆的技术。早期的研究主要集中在军事应用方面，用于侦察、监测和探索任务。

（2）实验和原型车（1990年代—2000年代）　在这一阶段，无人驾驶技术逐渐从实验室走向实际应用。研究人员和工程师开始开发原型车辆，并在受控环境中进行测试和演示。这些车辆使用激光雷达、摄像头和其他传感器来感知环境，并使用计算机算法进行决策和控制。

（3）挑战赛和竞赛（2000年代）　在2000年代初期，无人驾驶技术取得了重要突破。美国国防高级研究计划局（DARPA）举办了一系列无人驾驶挑战赛，如达尔巴挑战赛和城市挑战赛。这些竞赛促进了无人驾驶技术的发展，并吸引了全球范围内的研究团队和公司参与其中。

（4）商业化探索（2010年代）　随着技术的进步和成本的下降，无人驾驶开始进入商业化阶段。各大汽车制造商和科技公司积极投资研发自动驾驶技术，并进行道路测试和试验。一些公司推出了具备自动驾驶功能的汽车模型，并进行实际道路测试和用户体验。

（5）试点运营和商业部署（2010年代末）　在一些地区和特定环境中，无人驾驶技术进入了试点运营和商业部署阶段。一些城市和公司开始实际运营自动驾驶出租车、物流车辆或摆渡车，为用户提供自动驾驶服务。同时，政府和监管机构也开始制定相关法规和政策，以支持无人驾驶技术的发展和应用。

（6）技术迭代和推广（2020年代）　目前，无人驾驶技术正处于不断迭代和推广的阶段。随着人工智能、深度学习和传感器技术的进一步发展，无人驾驶系统的感知、决策和控制能力得到了显著提升。新一代的传感器设备和算法使得无人驾驶车辆能够更准确地感知周围环境，并做出更智能的决策。此外，无人驾驶技术也逐渐应用于更广泛的领域，如物流、农业、采矿和公共交通等。

随着技术的不断发展，无人驾驶面临的挑战也逐渐显现。其中，安全性、可靠性和法规制度是其中重要的考量因素。确保无人驾驶系统的安全性是至关重要的，这涉及感知准确性、决策的可靠性、通信和网络的稳定性等方面。此外，无人驾驶的法律和道路交通法规也需要适应和完善，以确保无人驾驶车辆与其他道路参与者的安全互动，并明确责任和追责机制。

在未来，预计无人驾驶技术将持续迭代和进化。随着技术的成熟和商业化规模的扩大，无人驾驶有望在交通系统中发挥更大的作用。它有望改善交通流量、减少交通事故、提高出行效率，并为用户带来更便利、安全和舒适的出行体验。同时，无人驾驶技术的发展也将促进相关产业的发展，创造新的商机和就业机会。

7.3.2　无人驾驶在城市交通中的应用

无人驾驶在城市交通中的应用是指利用自动化和人工智能技术，使车辆能够在城市道路上自主感知、决策和操作，而无需人类驾驶员的干预。它的作用是提高交通效率、安全性和可持续性，通过优化路径规划、减少交通拥堵和人为错误，提供更便利、舒适和个性化的出行体验，并为城市规划者提供大量的交通数据以优化交通系统和城市规划。无人驾驶在城市交通中的应用为人们创造了更智能、高效和可持续的城市交通环境，具体如图7-3所示。

无人驾驶技术在城市交通中有广泛的应用，它对于提高交通的效率、安全性和可持续性具有巨大潜力。以下是无人驾驶在城市交通中的具体应用方向。

（1）自动驾驶出租车　自动驾驶出租车可以通过预约或应用程序叫车，自动将乘客从一个地点接送到另一个地点。这样的系统可以减少交通堵塞，提高出行效率，并减少交通事故风险。

（2）公共交通　公共交通工具如公交车可以使用无人驾驶技术，提供更加高效和可靠的服务。无人驾驶公交车可以根据需求动态优化线路和车辆分配，减少拥堵并提供更准确的到站时间。

（3）快递和货运　无人驾驶车辆可以用于城市货运和快递服务。这些车辆可以在规定时间内自动将货物送达目的地，减少人力成本和运输时间。

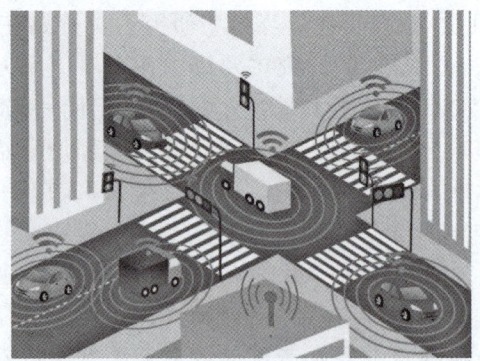

图 7-3　城市智慧交通

（4）出租车共享　无人驾驶车辆可以用于出租车共享服务，多个乘客可以共享一辆车，减少交通拥堵和碳排放。

（5）自动泊车　无人驾驶技术可以用于自动泊车系统，车辆可以在城市中自动找到合适的停车位并进行停车，提高停车效率和利用率。

（6）交通管理和预测　无人驾驶车辆配备传感器和通信设备，可以收集大量的交通数据，用于交通管理和预测。这些数据可以帮助城市规划者更好地了解交通流量和需求，以优化交通系统。

无人驾驶技术虽然应用广泛，但也面临一些现实挑战，如法规和法律框架、技术安全性、数据隐私等问题。然而，随着技术的进一步发展和社会对无人驾驶的接受度提高，无人驾驶在城市交通中的应用将会逐渐增多。

7.3.3　无人驾驶在物流与运输领域的应用

无人驾驶在物流与运输领域的应用是指利用自动化和人工智能技术，使车辆、船舶或无人机等运输工具能够在物流过程中自主感知、决策和操作，无需驾驶员的干预或远程控制，具体如图 7-4 所示。它的作用是提高物流效率、降低成本和风险，通过优化货物配送路线、实现精确的运输计划、减少人为错误，提供更快速、可靠和安全的货物运输服务，并为物流管理者提供实时数据助力其优化物流网络布局和运输流程。无人驾驶在物流与运输领域的应用创造了更智能、高效和可持续的物流体系，推动了物流行业的创新与发展。

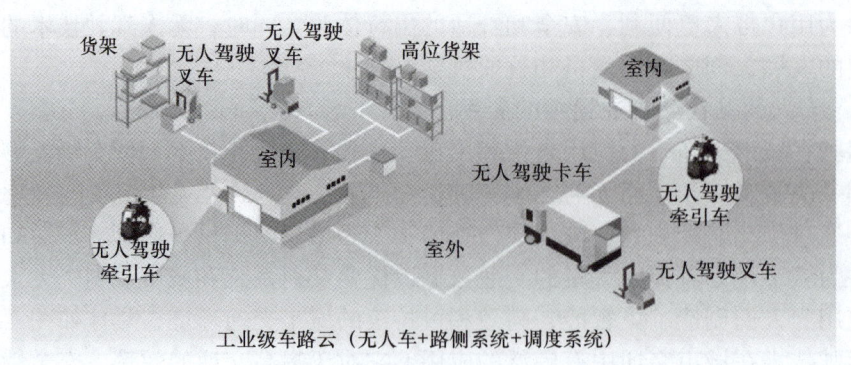

图 7-4　智慧物流

无人驾驶在物流与运输领域有广泛的应用，它可以提升物流效率、降低成本，并改善货物运输的可靠性和安全性。以下是一些具体的应用。

（1）自动驾驶货车　自动驾驶货车可以在物流配送过程中自主感知道路和交通状况，进行自主导航和驾驶。其可以准确地执行运输计划，避免人为错误和驾驶员疲劳导致的潜在风险，提高货物运输的效率和安全性。

（2）无人机配送　无人机可以用于快速、灵活的货物配送。其可以自动起飞、飞行和降落，将货物直接送达目的地，节省时间和成本，特别适用于偏远地区或交通不便的地方。

（3）港口和仓库自动化　无人驾驶技术可以应用于港口和仓库，实现自动化的货物装卸和仓储管理。自动驾驶堆垛机、AGV（自动导引车）和机器人等设备可以在仓库内部进行自主操作，提高货物处理效率和准确性。

（4）物流车队管理　无人驾驶技术可以用于物流车队的管理和协调。通过实时数据和智能调度系统，可以优化车辆调度、路线规划和货物配送，提高整体物流效率，降低运营成本。

（5）跨国货运和长途运输　无人驾驶技术在跨国货运和长途运输中具有非常大的潜力。自动驾驶车辆可以根据不同国家或地区的交通规则和道路条件进行自主驾驶，提供高效、可靠的货物运输服务，促进国际贸易和物流合作。

通过应用无人驾驶技术，物流与运输领域可以实现更高效、更安全和更可持续的货物运输，提升供应链的整体效能，推动物流行业的创新和发展。

7.3.4　无人驾驶对社会与经济的影响

无人驾驶对社会与经济的影响是指利用自动化和人工智能技术，使车辆能够在道路上自主感知、决策和操作，而无需驾驶员的干预，对社会和经济产生影响，具体如图 7-5 所示。其作用是提高交通安全、减少交通拥堵、提升出行效率，降低交通事故和尾气排放，提供更便利、舒适和个性化的出行体验。从经济角度来看，无人驾驶技术有助于提高物流和运输效率，降低成本，促进商业活动和贸易发展。此外，无人驾驶还创造了新的就业机会和技术领域，推动了产业升级与科技创新。无人驾驶的发展有助于构建智慧、可持续的城市和交通体系，推动社会进步和经济繁荣。

无人驾驶对社会与经济产生广泛而深远的影响。

（1）交通安全　无人驾驶技术的应用可以显著降低交通事故风险。自动化系统能够准确感知周围环境并做出及时反应，消除了人为因素导致的驾驶事故。这将大大提高道路安全性，减少伤亡和财产损失。

（2）减少交通拥堵　无人驾驶技术能够优化车辆运行和交通流量，减少交通堵塞。车辆之间的协同行驶和智能路线规划有

图 7-5　无人驾驶

助于提高道路利用率，减少停滞和排队等待时间，从而提高交通效率。

（3）减少能源消耗和环境影响　无人驾驶车辆通常采用电动或混合动力系统，减少了对化石燃料的依赖，从而降低了能源消耗和尾气排放。这对减少空气污染、改善环境质量以

及应对气候变化具有积极的影响。

（4）提高出行效率和便利性　无人驾驶技术为人们提供更快速、可靠和个性化的出行体验。自动驾驶车辆可以优化路径规划和交通信号配时，避免拥堵和减少等待时间，降低出行成本和时间消耗。

（5）促进就业和创新　无人驾驶技术的应用为新的就业机会和经济增长创造了前景。它推动了相关技术的研发和创新，促进了相关产业的发展，包括自动驾驶系统研发、传感器制造、通信设备制造和人工智能开发等。

（6）优化城市规划　无人驾驶技术产生的大量交通数据有助于城市规划者更好地了解交通需求、流量模式和出行模式。这些数据可以用于优化道路网络、公共交通系统和城市布局，提高城市规划的准确性和效率。

总体而言，无人驾驶对社会与经济具有积极影响，提高交通安全、减少交通拥堵、降低环境影响，并带来更高效、便利和可持续的出行方式。它也为就业和创新创造了机会，并促进了城市规划和交通管理的发展。随着无人驾驶技术的进一步成熟和应用，可以预见将涌现更安全、高效、环保和智能的交通系统，为人们提供更好的出行体验和城市生活质量。此外，无人驾驶还有助于推动相关产业的发展，包括自动驾驶技术供应商、传感器制造商、软件开发公司等，为经济增长和就业创造了新的机会。然而，无人驾驶也面临一些挑战和考验，如技术的成熟度、法律法规的制定和社会接受度等。需要全社会的共同努力来解决这些问题，并确保无人驾驶的安全性和可靠性。通过持续的研发、政策支持和公众教育，无人驾驶技术将逐步融入人们的日常生活，并为社会和经济带来长远的利益。

7.4　本章小结

本章介绍了无人驾驶技术的基本概念、原理、发展历程、关键组成部分以及应用前景。首先，阐述了无人驾驶的定义，即通过计算机系统和先进传感器技术实现车辆的自主驾驶，旨在提高交通安全性、效率和舒适性。其次，介绍了无人驾驶系统的复杂组成，包括激光雷达、摄像头、超声波传感器等感知设备，以及地图构建、路径规划、感知与决策系统等关键模块。然后，回顾了无人驾驶技术的发展历程，从早期研究到商业化部署的演变过程，突出了技术突破和应用探索的关键节点。接着，探讨了无人驾驶技术在各个领域的应用，包括出行服务、物流运输、城市规划等，展示了其广泛的应用前景和潜力。最后，指出了无人驾驶技术面临的挑战，如安全性、法规制度等，以及未来发展的机遇，如技术进步、市场需求等。通过本章的学习，应对无人驾驶技术有了全面的了解，为深入研究和实践提供了基础。

7.5　习　　题

一、选择题

1. 无人驾驶技术的目标是（　　）。

A. 提高环境保护意识

B. 提高交通安全性、效率和舒适性

C. 提高车辆外观设计

D. 提高驾驶员技能

2. 无人驾驶系统的感知设备包括（　　）？

A. 摄像头

B. 超声波传感器

C. 水雷检测器

D. 液压传感器

3. 无人驾驶技术的发展历程中，（　　）阶段涉及无人驾驶挑战赛？

A. 早期研究和实验

B. 实验和原型车

C. 商业化探索

D. 技术迭代和推广

4. 无人驾驶技术的应用领域包括（　　）。

A. 宇宙探索

B. 医疗保健

C. 物流运输

D. 高尔夫运动

5. 无人驾驶技术在实际应用中面临的主要挑战是（　　）。

A. 风险投资不足

B. 技术成本过低

C. 安全性问题

D. 法规松散

二、问答题

1. 请简要解释无人驾驶技术的基本概念。

2. 无人驾驶系统的感知设备有哪些？简要描述其作用。

3. 请简要描述无人驾驶技术发展历程中的挑战赛阶段，并指出其意义。

4. 举例说明无人驾驶技术在哪些领域有广泛的应用。

5. 无人驾驶技术未来发展面临的主要挑战是什么？

第8章 精准营销

8.1 背景和目的

精准营销是一种营销策略,旨在通过精确识别和理解目标市场,以及对消费者进行个性化的定位,从而提高营销效果和客户满意度。它基于大数据和先进的分析技术,结合市场细分和个性化推荐等方法,使营销活动更具针对性。精准营销的研究背景包括以下几个方面。

(1) 大数据和先进分析技术的发展　随着互联网和移动设备的普及,产生了大量的数据,这些数据包含了有关个人喜好、行为和消费偏好等信息。同时,先进的分析技术,如机器学习和人工智能,使得处理和分析这些数据变得更加可行和有效。

(2) 消费者行为的变化　现代消费者越来越个性化和多样化。他们对于产品和服务的需求更加精细化,对于广告和营销活动的接受度也有所不同。因此,传统的大众广告和市场推广模式已经不再适用,需要更具针对性和个性化的营销方式。

(3) 竞争压力的增加　市场竞争激烈,企业需要寻找更有效的方式来吸引和保留客户。通过精准营销,企业可以更好地理解客户的需求和偏好,提供更有价值的产品和服务,增强竞争力。

精准营销的主要目的包括以下几个方面。

(1) 增强市场细分和个性化　通过对大数据进行分析,企业可以将市场细分得更加精准,将消费者划分为不同的群体,并根据不同群体的需求和特征进行个性化的营销和推广。

(2) 提高营销效果和回报率　精准营销可以使企业的营销活动更加精准和有效,减少浪费的投入,提高回报率。通过精准定位和定制化的推荐,可以提高消费者的购买意愿和满意度。

(3) 增强客户关系和忠诚度　通过个性化的沟通和服务,企业可以建立更紧密的客户关系,并增强客户的忠诚度。精准营销可以满足消费者的个性化需求,提供更好的购物体验,从而建立长期的客户关系。

总之,精准营销的研究背景和目的是应对日益个性化和多样化的消费市场,并利用大数据和先进的分析技术,实现更精确、有针对性的营销活动。其目标是提高营销效果、回报率和客户满意度,同时增强市场竞争力和客户忠诚度。通过精准营销,企业可以更准确地了解消费者的需求、偏好和行为,并将其划分为不同的细分市场。通过分析大数据,企业可以获得更多关于消费者的信息,包括其购买历史、浏览记录、社交媒体行为等,从而更好地理解消费者的兴趣和需求。这些信息可以帮助企业精确定位目标市场,以及为不同的消费者提供个性化的产品、定价、促销和沟通策略,图8-1所示为精准营销的模式。

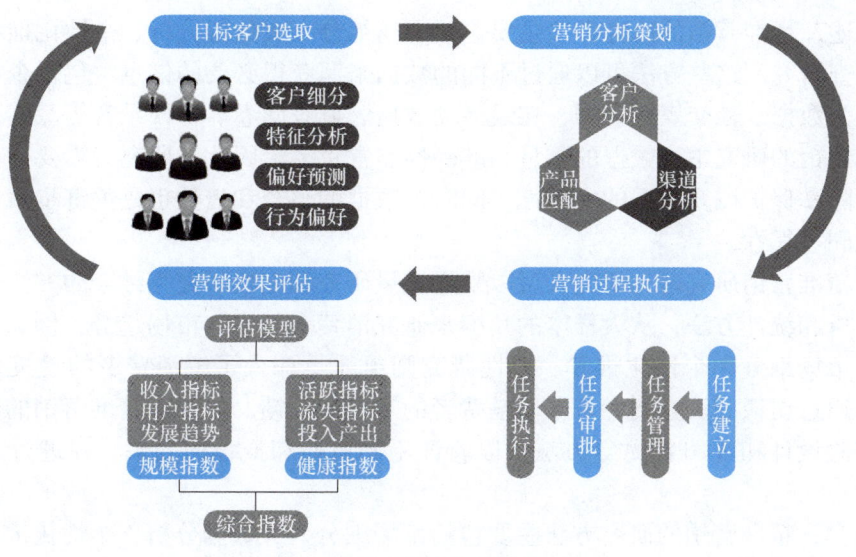

图 8-1　精准营销模式

8.2　方法和数据来源

精准营销的研究方法主要基于大数据和先进的分析技术，结合市场细分和个性化推荐等方法。下面是一些常用的研究方法和数据来源。

（1）市场细分　市场细分是精准营销的基础，它通过将市场划分为具有相似需求和特征的子群体，帮助企业更好地了解不同消费者群体的需求和偏好。市场细分的方法包括人口统计学特征、行为分析、兴趣爱好等。数据来源可以是企业的销售数据、调查问卷、社交媒体数据等。

（2）大数据分析　大数据分析是精准营销的核心技术之一，通过处理和分析大量的结构化和非结构化数据，可以揭示消费者的行为模式、趋势和偏好。大数据分析技术包括数据挖掘、机器学习、自然语言处理等。数据来源可以是企业的销售数据、用户行为数据、社交媒体数据、在线活动数据等。

（3）个性化推荐　个性化推荐是精准营销的重要手段，通过分析消费者的历史行为和偏好，向其推荐符合其个性化需求的产品和服务。个性化推荐的方法包括协同过滤、内容过滤、基于规则的推荐等。数据来源可以是消费者的历史购买记录、浏览记录、评价和反馈等。

（4）社交媒体分析　社交媒体已成为消费者交流和信息获取的重要渠道，通过分析社交媒体平台上的用户生成内容，可以获取消费者的观点、兴趣和情感信息。社交媒体分析的方法包括文本挖掘、情感分析、社交网络分析等。数据来源可以是社交媒体平台上的用户发帖、评论、分享等内容。

（5）调查研究　除了大数据分析，调查研究仍然是获取消费者意见和反馈的重要手段。通过设计和实施调查问卷、深度访谈等方法，可以了解消费者的态度、偏好和需求。数据来源可以是面对面或在线调查问卷、访谈录音和笔记等。

综上所述，精准营销的研究方法主要包括市场细分、大数据分析、个性化推荐、社交媒体分析和调查研究。这些方法可以通过不同的数据来源获得必要的信息，包括企业的销售数据、用户行为数据、社交媒体数据、在线活动数据、调查问卷、访谈录音等。

在精准营销的研究中，数据的质量和准确性非常重要。因此，研究者需要确保数据收集的合法性、隐私保护以及数据的完整性。同时，数据的整合和清洗也是关键步骤，以确保数据的一致性和可靠性。

在进行精准营销研究时，研究者可以采用定量研究和定性研究相结合的方法。定量研究通过数值分析和统计方法，从大样本的角度来研究消费者行为和市场趋势，例如，利用大数据分析进行市场细分和个性化推荐。定性研究则更注重深入了解消费者的动机、态度和意见，例如，通过访谈和调查问卷来获取消费者的观点和反馈。此外，精准营销的研究方法还可以借鉴实验设计和 A/B 测试等方法，以验证不同策略和推荐的效果，并进行效果评估和比较。

总结而言，精准营销的研究方法主要包括市场细分、大数据分析、个性化推荐、社交媒体分析和调查研究等。这些方法可以通过多种数据来源获得必要的信息，帮助企业了解消费者的需求和行为，从而实现精准定位和个性化营销的目标。同时，数据的质量和准确性以及研究方法的合理性也是精准营销研究的重要考量因素。

8.3 精准营销概述

8.3.1 精准营销的定义和原理

精准营销是一种营销策略，旨在通过精确识别和理解目标市场，并对消费者进行个性化的定位和沟通，从而提高营销效果和客户满意度。其核心原理是通过数据驱动和个性化推荐，将广告、促销和营销活动更加精准地传递给感兴趣的消费者，以满足其个性化需求，增加购买意愿，提高销售转化率，图 8-2 所示为精准营销的基本原理。以下是精准营销的几个关键原理。

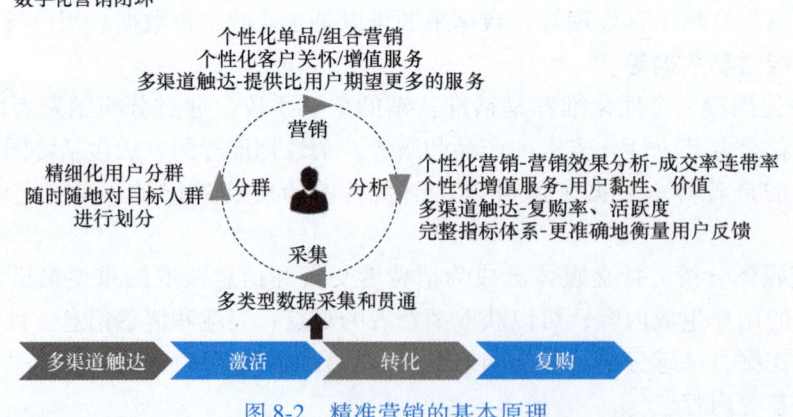

图 8-2 精准营销的基本原理

（1）市场细分和目标定位 精准营销的第一步是对市场进行细分，将消费者划分为具有相似需求和特征的子群体。然后，根据不同市场细分的特点和需求，确定目标市场和目标客户群体。这样可以更准确地了解消费者的需求和偏好，并提供更加精准的营销策略。

（2）数据驱动的决策　精准营销依赖于大数据的收集、分析和利用。通过收集和整合大量的数据，如消费者的购买行为、浏览记录、社交媒体活动等，可以深入了解消费者的兴趣、偏好和行为模式。这些数据可以帮助企业做出数据驱动的决策，包括市场细分、产品定位、推广活动等。

（3）个性化推荐和沟通　精准营销的核心是个性化推荐和沟通。通过分析消费者的历史行为和偏好，可以向其推荐符合其个性化需求的产品和服务。个性化推荐可以在广告、促销和营销活动中针对性地传递信息，提高消费者兴趣和参与度。个性化沟通可以通过不同的渠道和方式，针对不同消费者群体进行定制化的沟通，提高沟通效果和消费者满意度。

（4）反馈和优化　精准营销是一个不断优化和改进的过程。通过不断收集消费者的反馈和数据，企业可以评估和分析营销活动的效果，并根据结果进行调整和优化。这种循环反馈机制可以帮助企业不断地改进营销策略，提高营销效果和回报率。

精准营销的核心原理包括市场细分和目标定位、数据驱动的决策、个性化推荐和沟通，以及反馈和优化。通过准确识别目标市场和个性化定位消费者，精准营销能够更好地满足消费者的需求，提高营销效果和客户满意度。精准营销与传统的大众营销相比，更加注重个体化和定制化。它充分利用大数据和先进的分析技术，深入了解消费者的行为、偏好和需求，以实现更精准的市场定位和个性化推荐。通过将正确的信息传递给目标消费者，精准营销可以提高广告效果、促进销售转化，同时降低营销成本和减少资源浪费。

此外，精准营销也强调与消费者的互动和沟通。它通过个性化的推荐和沟通方式，建立更密切的客户关系，增强消费者的参与度和忠诚度。消费者得到个性化的关注和服务，从而提高对企业的满意度和忠诚度，并增加购买的可能性。精准营销的原理是基于市场细分和目标定位，利用数据驱动的决策和个性化推荐，通过个性化的沟通和互动建立强大的客户关系，并通过持续的反馈和优化不断改进营销策略。这些原理使企业能够更好地满足消费者的需求，提高市场竞争力和企业绩效。

8.3.2　精准营销的优势和挑战

精准营销具有一些明显的优势，同时也面临着一些挑战。以下是精准营销的主要优势。

（1）提高营销效果　精准营销可以将广告、促销和营销活动更加精准地传递给感兴趣的消费者，提高广告效果和销售转化率。通过个性化推荐和沟通，能够满足消费者的个性化需求，增加他们的购买意愿。

（2）提高客户满意度　通过个性化的关注和服务，精准营销可以增强消费者对企业的满意度和忠诚度。消费者得到符合其需求的推荐和定制化的沟通，感受到企业的诚意，从而建立更密切的客户关系。

（3）降低营销成本　精准营销可以减少广告和营销资源的浪费。通过将信息准确传递给目标消费者，避免将广告投放给不感兴趣或不适合的人群，从而降低广告费用和资源投入。

（4）加强市场竞争力　通过深入了解消费者的需求和行为模式，精准营销可以为企业提供有竞争力的产品和服务。精准营销使企业能够更好地满足消费者的需求，与竞争对手区别开来，并在市场上获得竞争优势。

以下是精准营销的挑战。

(1)数据隐私和合规性 精准营销需要收集和分析大量的消费者数据,但在数据的收集、存储和使用过程中,必须遵守相关的隐私保护法律和规定。确保数据的安全性和合规性是一个重要的挑战。

(2)数据质量和准确性 精准营销的成功依赖于数据的质量和准确性。然而,数据可能存在噪声、偏差和不完整性等问题,这可能会影响到精准营销的效果和决策的准确性。

(3)技术和分析能力 精准营销需要借助大数据分析和先进的技术手段,包括数据挖掘、机器学习等。企业需要具备相应的技术和分析能力,以有效地收集、处理和分析数据,并将其转化为实际的营销策略和行动。

(4)消费者接受度和反馈 精准营销的成功还取决于消费者的接受度和反馈。虽然精准营销旨在提供个性化的推荐和沟通,但某些消费者可能对过度个人化的广告和推送信息感到不适或烦扰,甚至对数据收集和隐私保护表示担忧。因此,企业需要谨慎权衡个性化和隐私之间的平衡,确保消费者对精准营销策略持积极态度。

另外,精准营销面临着市场和消费者行为快速变化的挑战。市场趋势和消费者偏好可能随时发生变化,需要及时更新和调整精准营销策略。同时,技术和竞争环境也在不断演进,要求企业不断更新自己的技术能力和分析方法,以适应不断变化的市场环境。精准营销具有提高营销效果、客户满意度和市场竞争力的优势,但也面临着数据隐私、数据质量、技术能力和消费者接受度等挑战。企业需要充分认识和应对这些挑战,合理利用精准营销的优势,以实现营销目标并获得可持续的竞争优势。

8.4 抖音智能推荐在精准营销中的应用

8.4.1 抖音智能推荐系统的架构和流程

抖音智能推荐系统是一个复杂的系统,其利用大数据和机器学习算法来个性化推荐用户感兴趣的内容。以下是抖音智能推荐系统的一般架构和流程。

(1)数据采集与处理 抖音通过用户行为、兴趣标签、内容特征等多种方式收集大量的数据,包括用户的观看历史、点赞、评论、分享等行为数据,以及视频的标签、描述和音乐特征等内容数据。这些数据被传输到后台系统进行预处理和特征提取。

(2)用户建模 在用户建模阶段,系统会对用户的兴趣、偏好和行为进行建模。这包括使用协同过滤、矩阵分解等技术,分析用户的观看历史、点赞、评论等行为,了解用户的兴趣领域和喜好。

(3)内容建模 内容建模是对抖音平台上的视频内容进行建模和分析。系统会分析视频的标签、描述、音乐特征等内容信息,并根据内容的热度、时效性等因素进行排序和分类。

(4)特征工程与表示学习 在这一阶段,系统会通过特征工程和表示学习来提取用户和内容的特征。这包括对用户和内容的特征进行向量化表示,以便后续的推荐算法进行处理和计算。

(5)推荐算法 推荐算法是整个推荐系统的核心部分。系统会根据用户的特征和内容的特征,运用机器学习和深度学习算法,利用协同过滤、内容推荐等方法,为每个用户生成个性化的推荐列表。推荐算法会考虑多个因素,如用户兴趣、内容质量、热度等,以提供最相关和吸引人的推荐内容。

（6）实时排序和个性化调控　推荐列表生成后，系统会对列表进行实时排序，以确保最相关和最具吸引力的内容出现在用户的推荐列表中。此外，个性化调控也起到重要作用，系统会根据用户的偏好和行为，对推荐结果进行个性化调整和优化。

（7）反馈与迭代　抖音推荐系统不断接收用户的反馈数据，如用户的点击、点赞、分享等行为。这些反馈数据被用于优化推荐算法和模型，不断改进系统的推荐效果。

总的来说，抖音智能推荐系统的架构和流程可以概括为数据采集与处理、用户建模、内容建模、特征工程与表示学习、推荐算法、实时排序和个性化调控以及反馈与迭代。这个流程是一个循环迭代的过程，不断优化推荐效果，提供更好的用户体验。

（8）A/B测试和评估　为了验证推荐算法和模型的效果，抖音会进行A/B测试和评估。系统将不同的推荐算法和模型应用于不同的用户群体，并根据用户的反馈和行为数据，评估不同算法的效果和性能，从而选择最佳的推荐策略。

（9）持续优化和更新　抖音推荐系统是在不断优化和更新的。系统会定期收集和分析用户行为数据、内容数据和反馈数据，结合最新的机器学习和深度学习技术，对推荐算法和模型进行优化和更新，以适应不断变化的用户需求和市场趋势。

具体架构如图8-3所示，通过这样的架构和流程，抖音智能推荐系统能够将最相关、最吸引人的内容推荐给每个用户，提高用户留存率、增加内容的观看和互动，实现用户与平台的双赢。同时，不断的优化和迭代也能帮助抖音保持竞争力，并适应快速变化的市场需求和用户偏好。

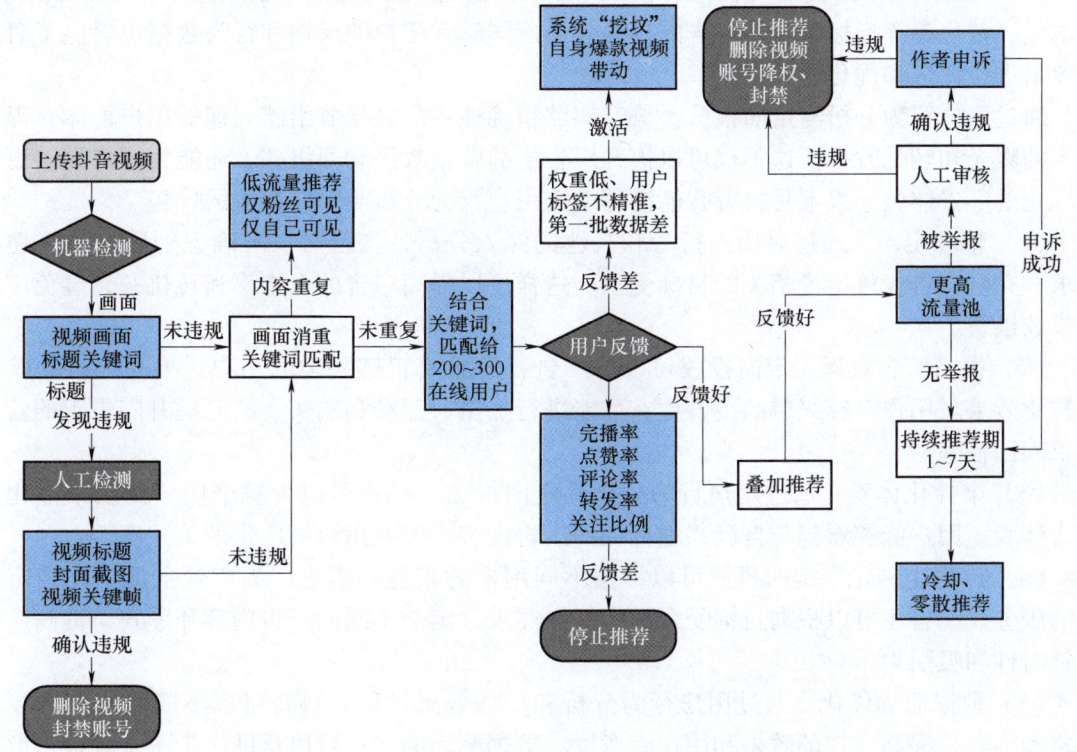

图8-3　抖音智能推荐算法流程图

8.4.2 抖音智能推荐的精准营销应用

在抖音智能推荐系统中，用户行为分析与定向投放是精准营销的重要应用之一。通过分析用户的行为和兴趣，抖音可以精确地将广告和营销活动投放给感兴趣的用户，提高广告的效果和转化率。以下是抖音智能推荐系统中用户行为分析与定向投放的一般流程。

（1）数据收集　抖音通过用户的行为数据收集系统获取用户的观看历史、点赞、评论、分享等行为数据。同时，还可以利用用户的个人信息、注册信息和兴趣标签等数据来丰富用户画像和行为分析的维度。

（2）用户画像建立　基于收集到的用户行为数据，抖音利用机器学习和数据挖掘技术构建用户画像。用户画像包括用户的兴趣、偏好、消费习惯等特征，用于描述和区分不同用户的行为和需求。

（3）用户行为分析　通过对用户行为数据的分析和挖掘，抖音可以了解用户的观看偏好、兴趣领域、消费习惯等。可以对用户观看的视频内容、点赞和评论的行为、分享和互动的情况等进行分析，以揭示用户的兴趣和喜好。

（4）定向投放策略制定　基于用户行为分析的结果，抖音可以制定定向投放策略。包括确定广告目标受众，选择合适的广告形式和内容，并将广告投放给符合目标受众特征的用户。

（5）广告投放和优化　根据定向投放策略，抖音将广告投放给符合目标受众特征的用户。同时，系统会不断监测广告的效果和转化率，通过分析用户的反馈和行为数据，对广告进行优化和调整，以提高广告的点击率和转化率。

（6）成效评估与反馈　抖音会对投放的广告进行成效评估。通过监测广告的曝光量、点击量、转化率等指标，分析广告的投放效果。同时，用户的反馈和行为数据也提供了对广告效果进行评估和优化的依据。

通过用户行为分析与定向投放，抖音能够精确地将广告投放给感兴趣的用户群体，提高广告的曝光和转化效果。这不仅可以提升广告主的营销效果和回报率，还能为用户提供更加个性化的广告体验。以下是抖音智能推荐系统用户行为分析与定向投放的优势。

（1）精准定向　通过对用户行为和兴趣的深入分析，抖音可以准确识别用户的兴趣和需求，并将广告投放给最相关的目标受众。这样可以提高广告的点击率和转化率，避免广告的投放浪费。

（2）提高广告效果　定向投放可以将广告投放给真正感兴趣的用户，提高广告的曝光和转化效果。用户对感兴趣的广告更有可能进行点击、互动和购买，从而提升广告主的营销效果和回报率。

（3）个性化体验　通过用户行为分析和定向投放，抖音可以为每个用户提供个性化的广告体验。用户能够看到与自己兴趣相关的广告内容，增强用户对广告的关注度。

（4）广告定制化　定向投放可以根据不同用户的兴趣和需求，为广告主提供广告定制化的服务。广告主可以根据目标受众的特征和需求，定制不同的广告内容和形式，提高广告的针对性和吸引力。

（5）数据驱动优化　通过用户行为分析和广告效果评估，抖音可以不断优化广告投放策略和内容，提高广告的效果和用户满意度。数据驱动的优化可以帮助广告主更好地了解用户需求和市场变化，做出更精准的营销决策。

然而，抖音智能推荐的精准营销应用中，用户行为分析与定向投放面临一些挑战。以下是其中的主要挑战。

（1）数据隐私保护　用户行为数据的收集和分析可能涉及用户隐私问题。抖音必须确保严格遵守相关隐私政策和法规，保护用户的个人信息和隐私权。同时，抖音还需要采取措施来保护用户数据的安全，防止数据泄露和滥用。

（2）精准度的提高　尽管抖音智能推荐系统在用户行为分析和定向投放方面取得了一定的精准度，但仍面临提高精准度的挑战。用户行为数据可能不够准确或完整，用户画像的建立可能存在一定程度的偏差。因此，抖音需要不断改进算法和模型，提高精准度，并减少误差和偏差。

（3）广告投放成本　精准定向投放需要大量的数据分析和计算资源，这可能导致较高的成本。抖音需要投入大量资源来支持广告投放策略的优化和实施。此外，随着竞争的增加，广告投放的成本可能会上升，需要平衡投放效果和成本之间的关系。

（4）广告反感和用户体验　尽管精准营销可以提供更加个性化和相关的广告内容，但如果不恰当地使用，可能会引起用户的反感和不满。抖音需要在推荐和定向投放中找到平衡点，避免给用户带来过多的广告干扰，保持良好的用户体验。

（5）滥用和不当广告　某些广告主可能滥用精准营销的功能，进行欺诈、误导或不当的广告投放。抖音需要加强广告审核和监管，确保只有合规的广告内容能够投放给用户，保护用户权益和平台声誉。

面对这些挑战，抖音需要通过技术创新、合规管理和用户教育等手段来应对。同时，与广告主和用户保持沟通和互动，充分理解他们的需求和反馈，进行持续改进和优化，以实现更好的精准营销效果。

在抖音智能推荐系统中，广告投放策略与效果评估是精准营销的重要应用之一。通过制定精准的广告投放策略并对广告效果进行评估，抖音能够提高广告的曝光、点击和转化效果，从而实现广告主的营销目标。以下是抖音智能推荐系统中广告投放策略与效果评估的一般流程。

（1）广告目标设定　广告主与抖音合作前，首先需要明确广告的营销目标。这可以包括增加品牌知名度、提高产品销售、增加用户互动等。明确的广告目标有助于制定相应的广告投放策略和衡量广告效果。

（2）目标受众定位　根据广告目标，抖音智能推荐系统利用用户行为数据和用户画像，将广告投放给最相关的目标受众。通过分析用户的兴趣、行为和特征，系统可以确定最具潜力和购买意愿的目标受众群体。

（3）广告形式与内容选择　根据目标受众的特征和广告目标，选择合适的广告形式和内容，包括原生广告、视频广告、横幅广告等不同形式的广告，并根据广告内容的吸引力和相关性进行选择。

（4）定向投放策略制定　基于目标受众定位和广告形式选择，制定具体的定向投放策略，包括设定广告投放的地域范围、投放时间段、投放频次等，以确保广告能够准确地达到目标受众。

（5）广告投放与监测　根据定向投放策略，将广告投放给目标受众群体。同时，系统会对广告进行监测，包括广告的曝光量、点击量、转化率等指标的监测。这有助于了解广告的投放情况和效果，及时调整和优化广告投放策略。

（6）广告效果评估与优化　通过对广告的监测和数据分析，对广告的效果进行评估。系统可以分析广告的点击率、转化率、互动程度等指标，评估广告的投放效果。同时，根据用户的反馈和行为数据，对广告进行优化和调整，以提高广告的效果和用户满意度。

（7）成效报告和反馈　通过生成广告的成效报告，向广告主提供详细的数据和分析结果。报告包括广告的曝光量、点击量、转化率等指标，以及用户的互动行为和反馈。这些报告帮助广告主评估广告的效果和回报率，并提供改进和优化的建议。

（8）数据驱动的优化　抖音基于广告效果评估和反馈，采用数据驱动的方法不断优化广告投放策略。通过分析用户行为和趋势，调整广告的定位、形式和内容，以提高广告的吸引力和效果。

（9）A/B测试与实验　进行A/B测试和实验，比较不同广告投放策略和创意的效果。通过对比不同投放方式和变量的数据，确定最佳的广告策略和投放组合。

（10）持续优化与精进　智能推荐系统不断学习和改进，通过不断优化算法和模型，提高广告推荐的精准度和效果。同时，抖音也与广告主紧密合作，根据反馈和市场需求进行持续的广告优化和精进。

通过广告投放策略的精准定位和广告效果的评估，抖音智能推荐系统能够提高广告的曝光和转化效果，为广告主带来更高的回报率和更好的营销效果。同时，用户也能够获得更加个性化的广告体验，提高用户对广告的关注度和购买积极性。

用户反馈与优化：在抖音智能推荐的精准营销应用中，用户反馈与优化是非常重要的环节。通过收集用户的反馈和意见，抖音可以不断改进和优化推荐系统，提升用户体验和广告效果。以下是用户反馈与优化的具体应用。

（1）用户反馈渠道　抖音提供了多种用户反馈渠道，如意见反馈、举报功能等。用户可以通过这些渠道向抖音提供关于广告内容、推荐算法、用户体验等方面的反馈。抖音需要积极回应用户反馈，及时处理用户的投诉和建议。

（2）用户偏好调查　抖音定期进行用户偏好调查，了解用户对广告内容、推荐算法和广告投放策略的看法。通过调查问卷、用户访谈等方式，抖音可以获取用户的意见和需求，为优化精准营销提供参考。

（3）A/B测试和数据分析　抖音采用A/B测试的方法，将不同的广告内容、推荐策略等应用于不同的用户群体，然后比较不同组的广告效果。通过对比分析和数据统计，抖音可以评估不同策略的效果，并选择最佳的优化方案。

（4）广告反馈和屏蔽功能　抖音提供广告反馈和屏蔽功能，让用户主动参与广告优化过程。用户可以选择屏蔽某些广告类型或广告主，或者提供反馈关于广告的不适内容或体验，这些反馈可以帮助抖音识别和改进问题广告。

（5）持续的算法和模型优化　抖音通过不断改进推荐算法和模型，提高广告推荐的精准度和个性化程度。通过分析用户行为数据和广告效果数据，可以发现算法和模型存在的问题，并针对性地进行优化和调整，以提升用户满意度和广告投放效果。

用户反馈与优化是一个循环的过程，抖音需要持续关注用户的反馈，积极采取行动进行优化，并及时与用户沟通和互动。通过与广告主和用户的紧密合作，抖音可以不断提升精准营销的效果，并为用户提供更好的广告体验。

8.5 精准营销的挑战与未来展望

8.5.1 数据隐私与安全问题

精准营销是一种基于大数据分析和个人化定制的营销策略，旨在通过准确了解用户的需求和兴趣，提供定制化的产品和服务，以增加市场竞争力和销售效果。然而，精准营销涉及用户的数据隐私和安全问题，这是需要特别关注的方面。

数据隐私是指个人信息在收集、存储、处理和使用过程中的保护问题。在精准营销中，企业需要收集和分析用户的个人数据，如姓名、年龄、性别、购买历史、浏览习惯等，以便更好地理解用户需求并提供个性化的推荐。然而，如果这些数据未经妥善保护或未经用户同意，就可能导致用户的隐私泄露和滥用。

为了解决数据隐私问题，企业需要采取一系列措施。

（1）合规性　企业应确保自身符合相关的隐私法规和政策，如欧洲通用数据保护条例（GDPR）。

（2）透明度　企业应向用户清楚地说明收集哪些数据，以及如何使用和保护这些数据。用户应该知道这些数据将用于什么目的，并有权选择是否提供数据或取消授权。

（3）匿名化和脱敏　企业可以采取措施对用户数据进行匿名化和脱敏处理，以降低个人身份的可识别性。这可以减少数据泄露的风险，并保护用户的隐私。

（4）安全保护　企业应采取必要的技术和组织措施来保护用户数据的安全性，包括加密、访问控制、安全审计等，以防止未经授权的访问、泄露或滥用。

（5）用户控制权　企业应该给予用户对其个人数据的控制权，例如，提供访问、更正、删除数据的机制。用户应该能够随时撤销授权或选择不参与个性化推荐。

此外，政府和监管机构也扮演着重要角色，制定和执行相关的数据保护法规，确保企业遵守隐私规范，保护用户的权益。

综上所述，精准营销在数据隐私和安全问题上需要企业尽责，并采取适当的措施保护用户的隐私权，建立用户信任，从而实现可持续经营并建立长期的良好关系。除了上述提到的措施，以下是进一步的建议。

（1）数据最小化原则　企业应该只收集和使用必要的用户数据，避免过度收集和保留用户信息。只有在为用户提供个性化服务所必需的情况下，才应该收集相关数据。

（2）数据安全评估　定期进行数据安全评估和风险评估，以识别潜在的数据泄露和安全漏洞，并采取相应的措施予以解决。

（3）培训和教育　员工应接受数据隐私和安全培训，了解如何正确处理和保护用户数据。时刻维持对数据隐私的敏感性。

（4）合作伙伴管理　如果企业与第三方合作伙伴共享用户数据，应该进行严格的合作伙伴选择和审核，确保符合相同的数据隐私和安全标准。

（5）用户教育和知情同意　企业应该通过清晰的隐私政策和用户协议向用户解释数据收集和使用的目的，并获得明确的知情同意。用户应该有权选择是否参与精准营销，并能够随时撤回同意。

最重要的是企业需要建立一个文化，将数据隐私和安全作为首要任务，并确保整个组织都遵循相关要求和法律法规。

综合来说,精准营销在数据隐私和安全问题上需要企业采取一系列措施,包括合规性、透明度、匿名化和脱敏、安全保护、用户控制权等,以确保用户数据得到妥善保护。只有通过建立信任和保护用户隐私,企业才能在精准营销中取得成功,并获得用户的支持和忠诚。

8.5.2 技术创新与发展趋势

精准营销在技术创新和发展方面有许多趋势和变化。以下是当前的技术创新和发展趋势。

(1)人工智能和机器学习 人工智能(AI)和机器学习(ML)技术的发展为精准营销提供了强大的工具。通过分析大规模的用户数据,AI 和 ML 可以自动识别用户行为模式,推断用户偏好,并根据这些信息提供个性化的推荐和营销内容。

(2)数据分析和预测模型 随着数据处理和分析技术的不断进步,企业可以更好地理解用户行为和市场趋势。数据分析和预测模型可以帮助企业识别潜在的目标用户,预测用户需求和购买意向,从而更好地定位和推广产品。

(3)跨渠道和跨设备的营销 现代消费者在多个渠道和设备上进行购物和娱乐活动。精准营销需要跨越这些渠道和设备,以提供一致的个性化体验。跨渠道和跨设备的数据整合和分析技术将成为关键,以确保用户在不同平台上都能收到相应的营销内容。

(4)实时营销和个性化推送 实时营销可以根据用户的实时行为和位置信息提供即时的个性化推送。通过结合位置数据和上下文信息,企业可以向用户发送针对性的优惠、活动或产品推荐,增强用户参与度和购买意愿。

(5)社交媒体和影响营销 社交媒体平台成为用户交流和信息获取的重要渠道。通过与社交媒体和影响者(Influencers)的合作,企业可以利用他们的影响力和粉丝基础进行精准营销。定位特定的受众群体,并通过社交媒体平台传播定制化的内容,企业可以提高品牌知名度和销售机会。

(6)隐私保护和数据伦理 随着用户对数据隐私的关注增加,保护用户数据和遵守数据伦理成为精准营销的重要议题。技术创新需要与隐私保护和数据伦理原则相结合,确保用户数据的合法使用和保护。

总的来说,精准营销的技术创新和发展趋势主要集中在数据分析和个性化推荐、跨渠道和实时营销、社交媒体和影响营销等方面。随着技术的不断进步和用户需求的变化,精准营销将继续受到更多创新和发展的推动。

未来可以期待以下进一步的技术创新和发展趋势。

(1)增强现实(AR)和虚拟现实(VR) AR 和 VR 技术提供了全新的营销和消费体验。通过 AR 和 VR 技术,企业可以创造沉浸式的互动环境,使用户能够亲身体验产品或服务,从而增强品牌认知度和消费决策。

(2)区块链技术 区块链技术具有去中心化、安全可信的特点,可以用于数据的安全存储和验证。在精准营销中,区块链技术可以提供更高的数据安全性和隐私保护,同时为用户提供对自己数据的控制权。

(3)智能物联网 物联网技术将更多的设备和对象连接到互联网,提供了丰富的用户数据来源。通过物联网技术,企业可以收集和分析用户的实时行为数据,从而更准确地了解用户需求,并提供个性化的产品和服务。

（4）个体化营销与共享经济　个体化营销将越来越重视个人的独特需求和偏好，而不仅仅是群体统计数据。同时，共享经济模式的兴起也将对精准营销产生影响。通过共享经济平台，企业可以更好地定位和满足用户的需求，同时提供个性化的推荐和服务。

综上所述，精准营销在技术创新和发展方面将继续迎来新的趋势。人工智能、数据分析、实时营销、社交媒体和影响营销等技术将持续演进和应用，同时新兴技术如增强现实、区块链和物联网等也将为精准营销带来新的机会和挑战。企业需要密切关注这些趋势并灵活应对，以保持竞争优势并提供卓越的用户体验。

8.5.3　可持续发展与社会责任

精准营销与可持续发展和社会责任密切相关。在追求商业利益的同时，企业应积极考虑社会、环境和道德因素，以确保可持续发展并履行社会责任。以下是精准营销与可持续发展和社会责任之间的关联。

（1）用户体验与满意度　精准营销通过提供个性化的产品和服务，提升用户体验和满意度。满意的用户更有可能成为忠实的顾客，减少了资源和能源的浪费，促进了可持续发展。

（2）资源优化　精准营销可以准确预测用户需求，避免了不必要的资源浪费。通过精确的定位和个性化推荐，企业可以更好地管理库存、供应链和生产流程，减少能源消耗和对环境的影响。

（3）社会影响　精准营销应该关注产品和服务对社会的积极影响。企业可以利用个性化推荐来促进可持续生活方式，例如，推广环保产品、鼓励健康生活方式等，从而对社会产生正面影响。

（4）数据隐私和安全　精准营销需要合理处理用户数据，并确保数据隐私和安全。通过保护用户数据，企业表现出对用户隐私的尊重，并增强用户信任和忠诚度。

（5）社区参与和公益活动　精准营销可以与社区参与和公益活动相结合，以回馈社会并推动可持续发展。企业可以利用个性化的营销渠道，将公益信息传达给特定的受众群体，促进社会责任意识和行动。

（6）透明度和可追溯性　精准营销需要企业与用户建立透明的沟通和关系。企业应提供有关数据收集和使用的清晰信息，让用户知情并有权选择参与精准营销活动。

总的来说，精准营销在可持续发展和社会责任方面需要企业综合考虑商业目标和社会利益。通过注重用户体验、资源优化、社会影响、数据隐私和安全、社区参与以及透明度和可追溯性，企业可以在精准营销中实现商业成功的同时，推动可持续发展并履行社会责任。

8.6　本章小结

本章深入探讨了精准营销的概念、原理、实践方法以及应用场景。首先，阐述了精准营销的定义，即利用大数据、人工智能等技术手段，通过对用户行为和偏好的深度分析，精准地投放个性化的营销内容，以提高营销效果和用户满意度。其次，介绍了精准营销的核心原理，包括数据驱动、个性化定制、实时响应等，强调了其与传统营销的区别和优势。然后，详细讨论了精准营销的实践方法，包括目标设定、数据收集与分析、内容制作、渠道选择和效果评估等，为读者提供了实操指南。最后，指出了精准营销面临的挑战，如隐私保护、数据安全等，以及未来发展的机遇，如技术进步、消费者需求变化等。通过本章的学习，读者对精准营销的理论基础、实践方法和发展趋势有了全面的了解，为应用营销实践提供了指导和启示。

8.7 习 题

一、选择题

1. 精准营销的主要目标是（　　）。

A. 随意投放广告

B. 提高营销效果和用户满意度

C. 扩大市场覆盖面

D. 忽视用户需求

2. 精准营销的核心原理之一是（　　）。

A. 随机选择目标受众

B. 数据驱动

C. 不考虑用户行为和偏好

D. 手工制作广告内容

3. 下列（　　）不是精准营销的实践方法？

A. 目标设定和用户分析

B. 数据收集与分析

C. 广告随机投放

D. 渠道选择和内容制作

4. 精准营销在（　　）领域有着广泛的应用？

A. 玩具制造业

B. 餐饮业

C. 电子商务

D. 农业

5. 精准营销面临的挑战之一是（　　）。

A. 用户需求的快速变化

B. 数据分析的简单易行

C. 广告投放的随机性

D. 忽视用户隐私保护

二、问答题

1. 请简要解释精准营销的概念和主要目标。

2. 精准营销的核心原理是什么？它与传统营销有何区别？

3. 请列举精准营销的实践方法，并简要描述每种方法的作用。

4. 精准营销在哪些行业中有广泛的应用？请举例说明。

5. 精准营销面临的主要挑战是什么？如何应对这些挑战？

第 9 章 工 业 智 能

人工智能自诞生以来，经历了从早期的专家系统、机器学习，到当前持续火热的深度学习等多次技术变革与规模化应用的浪潮。随着硬件计算能力、软件算法、解决方案的快速进步与不断成熟，人工智能技术与社会各领域深度融合已经成为大势所趋，正逐步改变现有的产业形态、商业模式和生活方式，成为助推工业智能化转型升级的关键因素。

在经过蒸汽技术革命、电力技术革命、计算机及信息技术革命三次工业革命后，工业经济数字化、网络化、智能化发展成为第四次工业革命的核心内容。"中国制造 2025""德国工业 4.0""美国工业互联网"等制造业国家战略，均旨在构建自身的智能制造体系，特别是新一代人工智能技术与制造业的深度融合，带来了制造模式、生产组织方式和产业形态的深刻变革，改变了全球制造业的发展格局。

9.1 工业智能内涵

工业智能是人工智能技术与工业融合发展形成的产物，要求在工业设计、生产、管理和服务等环节，实现智能感知与分析的技术、方法、产品及应用系统。工业智能的本质是人工智能通用技术与工业场景、机理、知识结合，实现设计模式、生产决策、资源优化等智能应用，需要具备自感知、自决策、自学习、自适应、自执行等能力，适应动态变化的工业环境，完成定制化工业任务，达到提升企业洞察力、提高工业生产效率和产品性能等目的。

9.1.1 工业智能背景

近年来，智能制造是工业发达国家积极推进和重点发展的领域，欧美等国家都将目光转向人工智能等核心技术以提升制造业整体竞争力，并提出不同方法实现智能制造，保持在高端制造业的竞争优势。美国 2012 年率先提出"工业互联网"，2013 年德国提出"工业 4.0"。我国正从制造大国迈向制造强国，政府先规划"中国制造 2025"，再提出"互联网+先进制造业"，意在提升制造业竞争力。无论是"工业互联网"还是"工业 4.0"，都离不开人工智能关键技术的支撑和赋能。

世界主要发达国家政府及组织高度重视人工智能技术，积极出台相关战略政策，提升工业智能化水平成为全球共识与趋势。截至 2019 年底，在全球 20 多个经济体近三年发布的 100 份人工智能方面的战略规划或政策文件中，涉及与工业结合的超过一半，重点提及产品全生命周期优化、先进机器人、自动驾驶、大数据挖掘等在工业领域的应用。2016 年 10 月，美国国家技术委员会提出《国家人工智能研究与发展战略计划》，明确了 AI 在制造过程中的作用，包括改进制造过程调度、增强制造过程的柔性、改进产品质量并降低成本。2018 年 5 月，美国白宫举办"美国工业人工智能峰会"，发表声明，重点发展具有高影响力、面向特定领域的 AI，用于增强美国劳动力素质，提高他们的工作效率并更好地服务客户。美国科学基金会也发表声明，指出人工智能可能改变美国工业的各个环节，为先进制造创造新的希望。2019 年，美国工业互联网联盟为了促进人工智能技术与工业领域的融合，将其工业分析任务组更名为工业人工智能任务组。美国政府在 2020 年和 2021 年的财务预算中，计划优先支持智能和数字化制造领域，尤其是基于工业物联网、机器学习和 AI 的制造系统。在提出"工业 4.0"平台之后，德国在 2017 年 9 月启动了名为"学习系统"的计划，旨在使未来的工作和生产更加灵活和节省资源。德国 2018 年的人工智能战略指出了促进面向经济的 AI 发展和应用。2018 年，欧盟发布《人工智能协调计划》，制定了投资、研究应用、人才、数据、伦理、公用和合作等 7 项具体行动，希望使欧洲成为人工智能开发与应用的领先者。日本在人工智能发展规划方面相对滞后，由人工智能技术战略委员会、总务省、文部科学省以及经济产业省负责人工智能规划，2017—2019 年相继出台《人工智能技术战略》《人工智能技术战略执行计划》《人工智能战略 2019》等战略计划，以本国优势及社会问题为导向的发展思路，主要集中在工业、医疗和交通三大领域。

工业是我国国民经济的主导，我国积极抢抓以人工智能为驱动的新一轮科技产业变革的机遇，工业智能成为了国家及业界高度重视的领域方向。2017 年，我国发布《新一代人工智能发展规划》，提出了面向 2030 年我国新一代人工智能发展的指导思想、战略目标、重点任务和保障措施，部署科技创新体系、产业、社会、军民融合、基础设施和重点科技项目六项重点工作，投资 1500 亿发展人工智能产业，加快建设创新型国家和世界科技强国。随后发布《促进新一代人工智能产业发展三年行动计划（2018—2020 年）》，并在《"十三五"国家科技创新规划》《"十三五"国家战略性新兴产业发展规划》以及"科技创新 2030—重大项目"等规划文件中，将人工智能列入发展重点，充分体现了我国政府发展人工智能的决心和魄力。中国工程院制造强国战略研究（三期）的《新一代人工智能引领下的智能制造研究报告》提出：新一代智能制造作为我国智能制造的第二阶段（2025—2035 年）的战略目标，意在使我国智能制造技术和应用水平走在世界前列。

9.1.2 工业智能发展历程

工业智能的发展与人工智能技术的演进密切相关，从人工智能概念诞生至今，工业智能历经了三个发展阶段。

（1）基于规则的专家系统时代　20 世纪 80 年代开始，规则型专家系统逐渐成熟，通过归纳已有知识形成规则解决问题，并成功应用于工业企业管控系统中，如美国车间调度专家系统 ISIS，日本新日铁 FAIN 专家系统等，实质上就是领域专家知识的固化和程序化执行。

（2）基于统计的传统机器学习时代　20 世纪 90 年代至 21 世纪初可概括为基于统计的传统机器学习时代。该时期统计学派、机器学习和神经网络等概念盛行，人工智能基于传统机器学习、模式识别系统等统计学方法能够解决机理相对模糊的问题，包括以模糊控制、神经网络控制和专家系统控制为代表的智能控制理论在工业过程控制和机器人领域的应用。将图像处理方法应用于产品视觉质量检测，使用机器学习进行工业数据的建模分析，形成工业数据模型并指导优化制造过程。然而以神经网络为主的机器学习方法大多是黑箱方法，其可靠性和可解释性问题限制了此类实际应用的深入推进。

（3）基于复杂计算的深度学习时代　21 世纪至今可以概括为基于复杂计算的深度学习时代。深度学习、知识图谱等更加复杂多元的技术出现，新型的算法对于复杂问题的可解度有了显著提升，人工智能技术逐渐发展到可以解决实际问题并完全超越人类的程度。这一时期的典型代表有基于数据驱动的优化与决策、深度视觉质量检测；工业知识图谱解决全局性、行业性问题；人机协作等智能工业机器人蓬勃发展并广泛应用。

工业智能经历了基于规则、基于统计和基于复杂计算的三大阶段。一方面，三大阶段并不是相互替代的关系，专家系统、传统机器学习、知识图谱、前沿机器学习四类技术同时共存，并不断交织融合互补长短。另一方面，技术演进脉络日益清晰，逐步形成了以知识图谱为代表的知识工程和以深度学习为代表的数据科学两大方向。

9.1.3 工业智能发展趋势

当前，部分制造企业仍处于自动化、数字化阶段，部分龙头企业和智能制造试点示范企业逐步开展智能化应用，人工智能与制造业融合还处于起步阶段。随着工业智能的进一步推广与应用，人工智能在制造业中呈现六个应用趋势。

1) 基于深度学习的机器视觉缺陷检测，可以通过单目和双目的 2D、3D 视觉检测，分析辨别物体属性、表面特征、立体特征、运动趋势等。

2) 通过机器学习预测设备故障。采用预测剩余使用寿命模型、预定时间段内预测故障的分类模型、异常检测模型可以标记设备等方式进行预测。

3) 生产过程的数字孪生技术，生产过程的实时诊断和评估，产品性能的预测和可视化等。可以设计未来产品、模拟其性能。

4) 智能制造的生成设计，其思想是基于机器学习，针对给定产品的所有可能设计选项，根据约束条件生成独特设计思想的新产品。具有人工智能的设计生成器和鉴别器，其中生成器网络为给定产品生成新设计，而鉴别器网络对真实产品的设计和生成产品进行分类和区分。

5) 基于人工智能的能耗预测与优化。制造商可以估算能源账单，了解能源的消耗方式，由数据驱动优化生产过程的能源消耗。

6) 智能供应链。采用机器学习驱动的认知供应链管理系统，自动分析库存、装运、市场趋势、消费者情绪和天气等数据，具有需求预测、运输优化、物流路线优化、仓库控制、人力资源规划、供应链安全、端到端的透明度等功能。

9.2 工业智能关键技术

在实际工业中，完整的工业过程是一个复杂的系统工程，涉及产品类（包括设计、生产、工艺、装配、仓储物流、销售等）、设备类（包括传感器、制造设备、产线、车间、工厂等）、相关类（包括运维、售后、市场、排放、能耗、环境等）等方面的生产、决策和服务。而人工智能基于数据，利用机器学习、深度学习等算法，研究计算机视觉、语音工程、自然语言处理以及规划决策等问题。工业智能综合工业大数据和工业运行中的知识经验，利用人工智能技术，通过自感知、自比较、自预测、自优化和自适应，实现工业生产过程的优质、高效、安全、可靠和低耗的多目标优化运行。围绕上述目标，工业智能主要包含如下几个关键技术。

9.2.1 多模态融合感知

工业智能场景中需面对多种多样的数据和技术，其中大部分数据由传感器采集。传感器能将被测量的各种信息转变成数字信号，通常需要对电量、物理量、生物量、视觉、味觉、听觉等进行感知，涉及感知的精度、速度等。传感器分为常规传感器和智能传感器：常规传感器可以直接采集转换处理压力、温度、流量、电压等信号；智能传感器是具有信息处理功能的传感器。智能传感器带有微处理机,具有采集、处理、交换信息的能力,是传感器集成化与微处理机相结合的产物。与一般传感器相比,智能传感器通过软件技术可以实现低成本、高精度的信息采集,具有编程自动化、功能多样化等显著特点,已广泛应用于各种视觉、听觉、物理量和电量等多模态感知场景中。

多模态融合感知利用部署在工业环境中的多种传感器采集数据并进行融合,能够提高工业智能系统对工厂环境的理解和感知能力。通过同时使用视觉、声音、运动等多种传感器,多模态融合感知技术可以提供更全面、准确和可靠的信息,从而更好地帮助计算机理解和感知工厂生产环境。

多模态融合感知技术通常需要处理多种类型和来源的传感器数据,并将它们融合在一起以获得更完整和准确的信息。多模态融合感知技术的实现可以采用不同的方法和技术,包括传感器融合、特征融合、决策融合等。

传感器融合是将来自多个传感器的原始数据融合在一起以提供更全面的信息。例如,将摄像头、麦克风、加速度计等传感器数据融合起来,可以更好地识别行为和活动。

特征融合是将多种类型的传感器数据转换为相同类型的特征向量,以便进行比较和融合。例如,可以将摄像头的图像特征与麦克风的声音特征相结合,以提供更准确的场景识别。

决策融合是将多个模态的数据集成在一起,以产生最终的决策结果。例如,可以将多个传感器数据的结果进行集成,以确定最可能的场景或事件。

9.2.2 异常检测

工业异常检测是监控和分析工业环境中的设备、系统和产品,以识别出与正常模式不符的异常或故障。这些异常可能是由于设备故障、环境变化、操作失误或外部干扰等多种因素引起的。异常检测技术的核心目标是提前发现这些异常情况,以便及时采取应对措施,避免或减少生产中断、设备损坏和安全事故带来的损失。

异常检测通常基于大量的实时数据流,这些数据来自于各种传感器、执行器和控制器等,它们共同构成了工业环境的感知层。通过这些感知层传感器实时广泛采集关键设备、生产线运行以及产品质量检测获得的图像、视频以及时序等多元异构数据,利用大数据分析、机器学习、深度学习等方法进行有监督或无监督的分类和聚类,实现工业生产过程的智能在线异常检测、诊断以及溯源。

工业环境中的异常检测通常还需考虑实时性、准确性、可靠性和扩展性等多方面的要求。同时,由于工业环境中的设备数量众多,数据类型复杂且数据量庞大,工业智能的异常检测模型需具备高效的数据处理能力,以确保实时性;异常检测模型也需具备较高的准确性和可靠性,以避免误报和漏报;随着工业环境的不断扩展和升级,异常检测模型还需具备在线学习能力,以适应新的设备和数据类型的加入。

9.2.3 时间序列预测

预测对工业生产具有重要的促进作用,大数据技术、云服务技术和人工智能技术的快速发展促进了预测效果的不断提高。预测技术分为模型方法和数据驱动方法,在预测性维护、需求预测、质量预测等方面应用广泛。预测大多用于智能制造中的设备维护,但是预测对工业生产整体或者其他关键环节的作用更加重要,如产品成本价格和质量的趋势、产品原材料成本和质量的趋势、产品销售方式和市场趋势等,这些相比设备维护的预测可能更加重要。

大数据技术、云服务技术和人工智能技术的快速发展促进了预测技术的不断提升。

工业设备在长期运行中，其性能和健康状态的下降不可避免。同时，随着大型设备的组成部件增多、运行的环境更加复杂多样，设备发生退化的概率逐渐增大。预测性维护利用工业设备运行监测数据和退化机理经验知识，利用人工智能技术，及时检测到异常并预测设备剩余使用寿命，设计合理的最优维修方案，能有效地保障设备运行的安全性和可靠性。基于寿命预测和维修决策的预测性维护技术是实现以上功能的一项关键技术，它综合利用人工智能、大数据、工业互联网、云计算等技术，主要流程包括基于多设备监测的多模态数据，利用人工智能方法训练分类和预测模型，一旦设备异常，及时检测其异常并进行溯源，识别设备的健康等级并预测剩余使用寿命，根据工厂的人、财、物等资源，供应链情况以及工厂的实际情况，利用智能优化算法实现高效的预测性维护，进而降本、增效、提质和保障安全。

需求预测则依据制造商基于历史订单数据、流程以及生产线的运行状况，调节原料库存，指导生产出货进度，进行风险管理并减少生产浪费。

质量预测通过产线、原料状态及相关生产数据分析预测出产品质量，并将生产流程调整为最佳产出状态以避免产生残次品，数字孪生技术的发展大大促进了质量预测技术的应用。

9.3 工业智能应用场景

智能制造作为工业智能的主要应用场景，人工智能的应用贯穿于产品设计、制造、服务等各个环节，表现为人工智能技术与先进制造技术的深度融合，不断提升企业的产品质量、效益、服务水平，减少资源能耗。

9.3.1 滚珠丝杠寿命预测

滚珠丝杠是制造系统里需要高准确性的关键部件，任何潜在的损坏或退化都会影响其效率和位置精度，甚至会影响到机床的控制精度或造成机床损坏，而其复杂的运动轨迹及安装位置的空间限制，让数据采集与分析变得非常困难。

在滚珠丝杠的衰退分析中，预载损失是一种最常被观察到的现象，分析方法分为两大类：一类为基于物理模型的分析法；另一类为数据驱动分析法。物理模型利用其损坏机理来推算滚珠丝杠内环轨道损坏频率，但至今仍没有公认的公式可以用来分析，而数据驱动则是利用测量数据本身来预测其健康度，因此可以较为有效地应用于实际场景。

在应用中，制造商通过搭建工业人工智能系统来预测滚珠丝杠的使用寿命，如图 9-1 所示。在数据技术上，数据来源通常来自加装的加速度传感器与其内部的控制器，控制器本身可以提供转速和力矩数据等有用信息以供分析。在分析技术上会全面比较不同的信号来源所产生的特征，并对特征进行系统性的筛选提取，在模型建立上则是运用几种常见的算法，如支持向量机、线性回归和高斯过程等，来解决不同的任务，而为了实现早期诊断机床故障的目标，常用分类模型来对不同的衰退情况进行分类，将衰退情况分为三大类：无衰退、轻微衰退与完全衰退，接着再将三种不同的分类转换为健康指标，最后再依此指标预测寿命。

在平台技术上采用云计算系统，用户将可通过手机应用程序线上读取当前滚珠丝杠的健康状态，查看剩余寿命预测、润滑油量诊断和温度诊断等关键指标，进而通过运筹技术来进行决策。

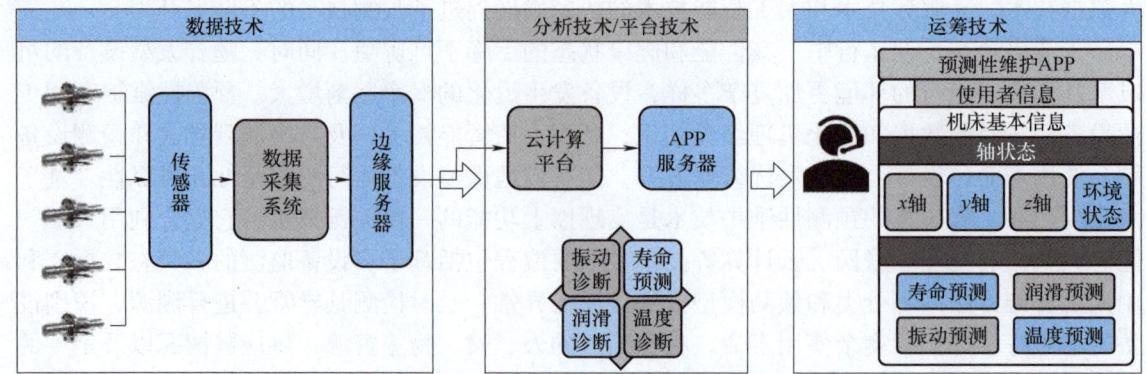

图 9-1　滚珠丝杠寿命预测

9.3.2　数控机床主轴健康检测

数控机床主轴的健康监测和维护是工业人工智能在设备级别应用的范例。主轴是数控机床中最为关键的组件之一，不可预测的主轴故障会对经济成本和作业时间造成显著的影响。通常，工厂不会储备主轴备件，因为主轴是机床中最为昂贵的部件并且故障率比较低。这就导致更换主轴的周期偏长。因此，主轴的生产商高度重视在客户端随时监测主轴的健康，并在主轴产生故障前邮寄主轴备件。自我意识、自我配置和自我预测是主轴智能化的三个标准，并对主轴厂家的高收益提供保证。

通过在主轴的智能系统中安装数据采集模块，可以采集到高质量的振动数据以及电流监测数据等。数据采集是通过固定工况特征测试的方法，让系统定周期重复在固定工况下运行并采集相应数据。在数据采集的过程中机床会进行恒速运行以及变速运行。采集到的数据会通过通信模块和机床控制器的"握手"进行整理。机床和数据采集单元的交流会提前让系统为固定工况特征测试做准备，并通知数据采集系统采集数据的时间。

数据的分析技术由两个部分组成：①前端的信号处理与特征提取部分；②服务器上的数据驱动建模与学习部分。信号处理的专用特征是基于轴承的几何形态、电动机的型号以及传动轴的转速提取的。特征随后会同其他车间相同规格的机器一起储存在数据库中。机床的健康模型会通过服务器的机器学习算法来合成。当系统检测到一个偏差，人工智能技术会与资料库中的数据进行比对，推理出故障种类以及预测下一次零件质量偏差发生的时间。

智能主轴的平台技术由前端处理单元 Cyber-box 组成。前端处理单元 Cyber-box 包含内置数据采集器、通信模块以及计算处理器，是平台技术里重要的组成部分。当一个固定工况特征测试周期完成采样后，系统会将数据按照机床运行速度进行划分，然后对时间和频率的域特征进行提取，提取出的特征会发送到服务器的数据库中进行进一步的处理。人工智能技术会提取机床健康信息，然后与机床信息以及时间戳一起储存到服务器的数据库中，同时会生产一个含有机床实时健康状态和诊断信息的网页界面。健康评估的分析结果可以让机床对本身的健康状态有自我意识的能力；同时，机床可以通过检测到的故障对主轴进行剩余寿命预测，给予机床自我预测的能力；最后，主轴可以在运行中完成自我配置运行参数，进而避免故障，同时延长寿命。

如图 9-2 所示为在数控机床维护网络中的 5C 架构，其中 5C 分别代表 Conversion（智能分析层）、Connection（智能感知层）、Cyber（网络层）、Cognition（智能决策层）、Configuration（智能执行层）。在零件级别，主轴的传感器数据会被转化成信息，数字孪生技术会对未来进行规划，使得每个零部件实现自我意识和自我预测。在第二层，更高级别的机床数据（如控制器参数）会被整合在零部件信息中用来检测机床状态以及生成每个设备的数字孪生系统。这些物理信息系统（CPS）设备中的数字孪生还会提供额外的自我比对能力。在第三层（生产系统），通过对零部件和设备级别的知识整合，可以实现工厂的自我配置和自我维护。这个级别的知识不仅可以保证无忧虑和"近零故障"的生产，同时还可以提供工厂管理生产规划和库存管理规划。最后，CPS 的智能体系架构可以部署在云端平台并应用于全世界各地的工厂。

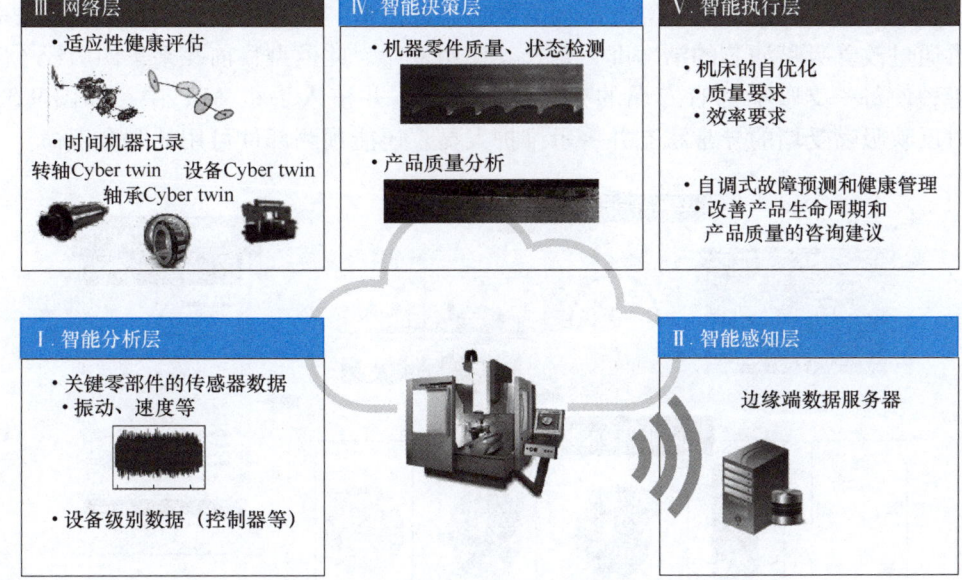

图 9-2　工业智能生产线机床智能系统

9.3.3　贴片机吸嘴健康管理

SMT（Surface Mount Technology）是一种表面贴焊（装）工艺，在工厂内是比较成熟且自动化程度相当高的一项工艺过程。这项工艺主要是将电子元件焊接在电路板表面上的一种组装技术。该流程在电路板（Printed Circuit Board，PCB）上通过锡膏印刷机（Printer）印上锡膏后，使用贴片机（IC Mounter）执行打件处理（如电阻、电容、二极管、晶体管和集成电路等），再经回焊炉（Reflow Oven）工站的热风使锡膏熔融，由此使得电子元件与电路板结合，完成元件的装配与焊接，之后再通过 AOI 光学检测仪器来检测生产的质量。

SMT 制程中的贴片机台通过使用真空吸力技术来搬运电子零件，通过吸嘴滤芯传输真空来吸取元件，如 BGA IC、联接器（Connector）等，将这些电子元件放置到电路板正确的位置上。在实际生产中，吸嘴滤芯的使用寿命和使用程度将会影响到生产中的良率、吸嘴维护、更换工时和抛料成本，如果可以提前预测吸嘴的健康状态，就能够提升生产率及稳定性，进而提升公司的竞争力。传统的吸嘴一般没有标记编号，且无法进行有效地搜集和追踪吸嘴滤芯的健康状态，需通过人工目检的手段来检验滤芯脏污情形进行预测，然而这样会造成人工作业时间成本增加。同时，检验人员的判断标准不一致，一般会导致漏检。在设备生产端进行数据采集，找出影响吸嘴的寿命的主要影响因素。通过收集生产一定时间内的数据，分析吸嘴吸料次数和真空值有明显的相关性，因此将真空值视为一个主要失效关键测量值。在以数据为基础进行分析后，设计基于机器学习的预测算法构架并建立吸嘴健康预测模型。

通过实时收集吸料次数、抛料率、置件良率等数据建立模型来评价滤芯脏污面积并检测吸嘴健康程度，在吸嘴衰退老化程度达到预警程度前及时进行滤芯清洗或自动更换，以实现降低抛料率、漏检率的效果，同时缩短人员的手工作业时间。在数据平台采集数据的过程中，为每个吸嘴分配独立的 ID，并采用 IoT 技术与机床连接，采集吸嘴持续使用至设备真空门阈值或吸嘴失效的数据，利用分布概要图可以分析出失效区间的相关性。在收集有效数据后，分析技术方面通过机器学习等方法训练数据驱动模型，让设备能自动判断吸嘴滤芯脏污区域，再通过改善吸嘴滤芯的洁净度，延长其使用寿命。此模型目前在某集团历经了多次优化及改善，使每一支吸嘴都有专属的独立健康模型，并植入手机 APP 中，如图 9-3 所示，可以及时反映吸嘴受堵的异常状态并警示维护人员，还能预测部件可用的剩余寿命。

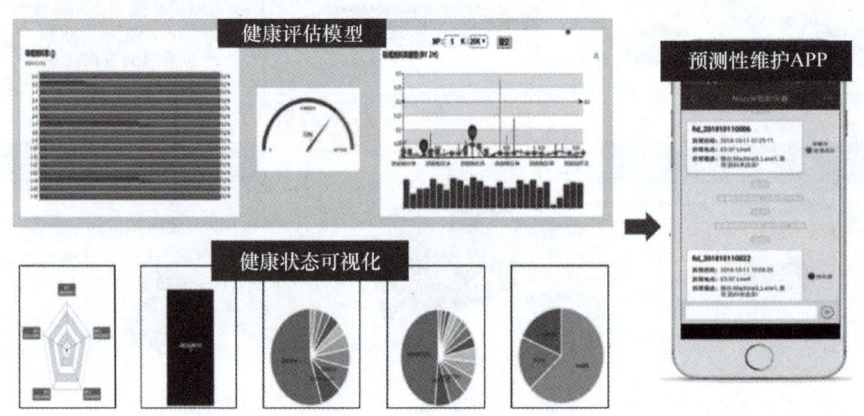

图 9-3　SMT 吸嘴预测性维护

9.3.4　智能化风力发电场

风电行业正在高速发展，近十年我国在这方面保持着飞速发展的趋势，并且成为风电行业装机规模增速最快的国家。市场需求对风机的性能提出了更高的要求。风机设备制造商在降低风机成本方面投入人力物力，随着风机制造技术的不断完善，改进空间较小。相对而言，风机的运营管理处于起步阶段，风机的故障诊断和健康管理尚未良好地利用起来。当前，智能化风机系统需具备以下几个关键功能：

1）风机及其关键零部件的健康管理与衰退的精确化和透明化分析。
2）风机及其关键零部件的健康趋势分析和剩余寿命预测。
3）风机发电性能的实时监测和风场级别的风机性能分类。
4）风力发电场基于风资源预测技术的智能调度管理。
5）风力发电场基于风机以及其关键零部件性能检测的运维优化调度。

智能化风机健康维护系统的核心是基于风机关键设备状态的精准评估、环境情况的精准预测以及运维任务状态的精准分析，对风机运维的调度、排程和执行进行管理决策方面的优化。风机所处的周围环境比较复杂，风机的运行机制多样，风机内部的关键零部件较多，同时运维任务的流程和涉及的情况比较复杂,这就需要在 CPS 的框架构造基础上对系统的功能层级以及顺序进行分析。图 9-4 所示为智能化风机健康维护的 CPS 功能结构以及每一层的要求和机制。

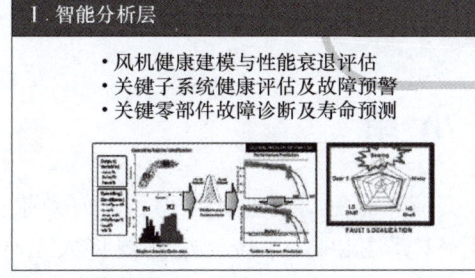
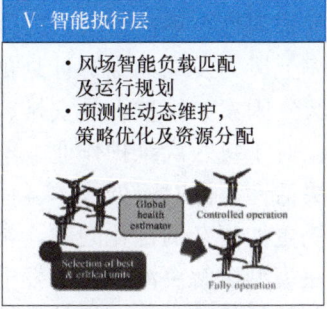

图 9-4　基于 CPS 的 5C 架构体系的智能化风力发电场

风力发电场具有一个典型多源异构体的数据类型。其数据主要来源于监控和数据采集系统和状态监测系统。这些信息资源提供了环境信息、工作状态信息、控制变量、状态变量、关键零部件的振动信号,以及一些其他数据。额外的数据资源包括电网调度信息、工单系统信息、人事管理信息以及资源状态维护信息等。采用基于人工智能的大数据分析工具包能够对以上各种数据资源进行综合分析,对风机进行建模以及可视化,形成一个可以广泛应用的风机性能评估、剩余寿命预测和风力发电场运行维护管理系统。

智能化风力发电场的健康管理和运行维护包括两部分:风机性能的预测分析和维护排程的优化。首先,通过对实时数据的分析,可实现对工作环境的有效路径识别和风资源的状态评估。其次,提取的有效的健康特征可以建立风机以及关键零部件的健康模型,当前的风机衰退状况也会得到评估和分析。通过对风机以及关键零部件的健康评估,潜在的运营风险和仪器的可能失效模式可以被进一步判断,而且剩余的有效寿命也可以被预判。这些都可以作为最大化风机发电能力的保障,同时尽可能地减少系统的停机时间,避免重大停机问题的发生。

智能风机系统采用模块化设计,具有较高的可伸缩性。例如,部署云端服务器可以提供更多的风力发电场定制化服务的同时完成风机的智能化升级。通过对风机的数据进行处理,提取的特征和模型能够上传到云端服务平台来实现统一化管理。用户也可通过平台实现多个风力发电场风机的远端实时监测和历史性能的追踪。

风力发电场动态运营维护的优化需要对每一个风机进行精准的健康状态评估,以及同步目前风机的健康信息、环境信息以及维护资源信息。其中，风资源的预测也是风机调度优化的一个重要方面。风机的维护需要在风力资源贫乏的时候进行，这样可以尽可能地减少由于停机维护而造成的发电影响。在海上风力发电场的中短期运行维护计划优化模型中，基于风力发电场的真实情况和优化设计方案以及非线性的约束条件，来确保实际维护实施拥有最大限度的扩展性，还能为用户提供最优决策。

海上风力发电场维护计划的优化基于海上风力发电场维护工作的特性而定，船只的使用、天气因素、维护人员安排、维护订单安排、风机的健康状态以及导航的费用都需要进行考虑。对于每一次维护作业，不同的维护团队可以被安排在不同的维护船只，以提高维护计划的灵活性，同时降低成本。但是这样一来就增加了可行性的搜索范围，需要增加优化要求来解决更加复杂的优化问题，常用的优化软件很难在合理的时间内解决。通过设计两层的遗传算法模型以解决海上风力发电场的运行维护优化。两层遗传算法有着强大的扩展性，与商用优化软件相比具有更好的计算能力以及可以更好地满足风力发电场的智能化实施。以海上风力发电场的维护任务为例，与传统调度计划相比，优化后的智能调度计划可降低25%的维护成本，显著提升了风力发电场运行维护的效率。

9.4 本章小结

传统人工智能技术较多应用于日常生活、社会交流、金融等行业，取得了良好效果。工业人工智能用于解决特定工业问题，不仅需要采用 AI 算法和 AI 系统，还需要将人工智能、自动化、工业互联网与各种制造领域知识紧密融合。当前人工智能技术正在飞速发展，也体现出强大的生命力，但是工业人工智能的整体水平、关键技术仍处于起步阶段，工业和工程界的许多实际难题还没有得到有效解决，根据社会发展需求、科技创新发展方向，未来研究方向是将工业人工智能方法体系服务于实际工业生产并创造更多价值。

9.5 习题

1. 简述什么是工业智能？
2. 简述人工智能在制造业中的应用趋势。
3. 什么是异常检测？
4. 工业智能的关键技术包括哪些？

第10章 智能医疗

人口老龄化、慢性病、新发突发传染病等因素给我国人民健康带来了巨大挑战。利用人工智能、大数据、5G等前沿科学技术赋能医疗健康，构建最优化的大健康生态体系，提供优质、高效、经济的新型医疗服务，成为解决我国医疗供需矛盾，推动医学发展的有效技术手段。

当前，人工智能发展已进入新阶段，正加快与经济社会各领域渗透融合，人工智能在健康医疗领域的应用也呈现出快速发展的景象。人工智能在健康医疗领域的应用涉及医疗决策、影像诊断等医疗服务核心，是医疗服务的"供给侧"改革的重要方向。通过"人工智能+健康医疗"，有助于降低医疗服务成本，提升医疗服务效率，提高基层医疗服务能力，有助于缓解医疗资源总量不足的问题。

10.1 智能医疗概述

10.1.1 智能医疗定义

随着大数据、云计算、人工智能等新兴技术蓬勃发展，现代医学、生命科学、工程科学高度交叉融合，促使医学模式从传统医疗模式演进到智能医疗模式。国外学者 Topol 将智能医疗定义为将 AI 与医学融合，利用大数据和机器学习等技术实现精准的个体化医疗，以提供更好的疾病预防、诊断、治疗和管理。Rajkomar 认为智能医疗是指利用机器学习和深度学习等技术，从大规模医疗数据中提取知识和模式，用于诊断、预测和个性化治疗。国内学者则认为智能医疗是建立在现代医学基础之上，融合了医疗大数据、AI 和元宇宙等前沿技术，旨在挖掘生命的本质以及疾病发生、发展与演变的规律，并探索智能化疾病诊疗方法及其临床实践应用的新兴交叉学科。

大数据的积累和多样性为 AI 的训练和学习提供了更广泛的资源，AI 的引导和优化有助于实现医疗大数据的智能化利用，改善决策效果并提供个性化服务。大数据、AI、远程通信技术与智能医疗的发展相互依赖、相互促进。大数据和 AI 为智能医疗提供数据分析和决策支持的基础和能力，而远程通信技术则为远程医疗提供创新解决方案，为智能医疗带来更加沉浸式和个性化的医疗体验。

10.1.2 智能医疗应用模式

人工智能技术在医疗领域的融合应用对医疗行业产生了深刻影响。根据医疗产业的产业链结构，可将人工智能的应用场景划分为诊断阶段、治疗阶段、康复及健康管理阶段。例如，基于机器学习模型构建的应用程序可利用大量潜在的医疗数据，帮助识别疾病并提供疾病辅助诊断和双重检查，进行人类基因测序、临床试验、药物发现和研发以及流行病暴发的预测。人工智能系统还可帮助医院改善其运营工作流程和数据管理效率。

（1）诊断阶段 人工智能在诊断阶段的应用场景包括医学影像诊断、辅助诊断、医疗虚拟助理等，是人工智能技术在医疗产业中应用较为成熟的部分。目前，将利用计算机视觉技术实现的医疗影像辅助诊断与病理分析结合后，其诊断准确率高达 99.5%，大大缓解了放射科医生的工作强度。

（2）治疗阶段　人工智能在治疗阶段的应用场景包括药物研发、智能医疗机器人等，目前医疗机器人的代表是达芬奇机器人。人工智能算法在靶点寻找、化合物数据质量把控等药物研发的关键环节也可发挥作用，有望成为 AI 技术与医疗行业未来深度融合的新方向。

（3）康复及健康管理阶段　人工智能在康复及健康管理阶段的应用场景具有覆盖范围广、应用场景多等特点，涉及智能健康管理、医疗可穿戴设备、疾病风险预测、信息化和数据管理等诸多领域。

10.2　智能医疗发展及现状

近半个世纪，医疗与科技的发展在很大程度上促进了人工智能技术在医疗领域的广泛应用。当今，人工智能在医学领域的应用范围进一步拓宽，不仅是单一的病情诊断，还包括健康管理、疾病预测、药物研发等一系列新兴应用。应用的智能化程度需求升高，不仅要对治疗的病人进行模拟，还需要对整个治疗过程中可能出现的问题有精准的预测并提出相应的治疗方案。

10.2.1　国外智能医疗发展

1968 年，美国斯坦福大学成功研发出 Dendral 专家系统，这可被视为人工智能在医疗领域的最初开端。虽然该系统是为有机化学的应用而设计的，用于协助化学家判断某待定物质的分子结构，但它为后续的 MYCIN 医疗专家系统提供了研发依据。1972 年，利兹大学研发的 AAPHelp 能根据病人的症状计算出产生剧烈腹痛可能的原因。1974 年，资深医生诊断的准确率已经不如该系统。尽管 AAPHelp 的运行耗时较久，但在 20 世纪 70 年代的计算机硬件条件下，AAPHelp 的产生仍具有突破性意义。

在随后的几年内，不少新的人工智能医疗产品成果出现在公众视野中。1974 年，匹兹堡大学研发出 INTERNISTI，它主要用于辅助诊断内科复杂疾病。1976 年，斯坦福大学研发出 MYCIN 系统，它能诊断出感染病患者并提供抗生素处方。MYCIN 系统的内部共有五百条原则，只要按照 MYCIN 系统的提问依次进行回答，就能自动判断出患者所感染细菌的类别并开出相应处方。

此外，还有斯坦福大学开发的 ONCOCIN，MIT 开发的 PIP、ABEL，罗格斯大学开发的 CASNET/Glaucoma 等。

20 世纪 80 年代，一些商业化应用系统开始出现，如 QMR（Quick Medical Reference）和 DXplain，其主要是依据临床表现提供诊断方案。

20 世纪 90 年代，计算机辅助诊断（Computer Aided Diagnosis，CAD）系统问世，它是比较成熟的医学图像计算机辅助应用，包括乳腺 X 射线 CAD 系统等。

进入 21 世纪，IBM Watson 是人工智能医疗领域最知名的系统，并且已经取得了非凡的成绩。例如，在肿瘤治疗方面，Watson 能够在几秒内对数十年癌症治疗历史中的 150 万份患者记录进行筛选，并提出循证治疗方案供医生选择。目前癌症治疗领域排名前三的医院都在使用 Watson，我国也正式引进了 Watson。

2016 年 2 月，谷歌 DeepMind 宣布成立 DeepMind Health 部门，并与英国国家健康体系

（NHS）合作，辅助他们进行决策。DeepMind 还参与 NHS 的一项利用深度学习开展头颈癌患者放疗疗法设计的研究。同时，DeepMind 与 Moorfields 眼科医院开展将人工智能技术应用于及早发现和治疗威胁视力的眼部疾病的合作。

成立于 2023 年 5 月的 Hippocratic AI，是一家生成式人工智能公司，专注于开发最安全的、非诊断性的、面向患者的通用健康人工智能，以显著改善医疗保健的可及性和效果。

10.2.2 国内智能医疗发展

20 世纪 80 年代初，我国开始进行人工智能医疗领域的开发研究，虽然起步落后于发达国家，但是发展迅猛。

1978 年，北京中医医院关幼波教授与计算机科学领域的专家合作开发了"关幼波肝病诊疗程序"，第一次将医学专家系统应用到我国传统中医领域。此后，我国加快开展了人工智能医疗产品的研发，具有代表性的产品有"中国中医治疗专家系统""林如高骨伤计算机诊疗系统"以及具有咨询和辅助诊断性质的"中医计算机辅助诊疗系统"等。

进入 21 世纪，我国人工智能在医疗的更多细分领域都取得了长足的发展。

2016 年 10 月，百度发布百度医疗大脑，对标谷歌和 IBM 的同类产品。百度医疗大脑作为百度大脑在医疗领域的具体应用，大量采集与分析医学专业文献和医疗数据，通过模拟问诊流程，基于用户症状给出诊疗的最终建议。2018 年 11 月，百度发布人工智能医疗品牌"百度灵医"，目前已有"智能分导诊""AI 眼底筛查一体机""临床辅助决策支持系统"等产品问世。

2017 年 7 月，阿里健康发布医疗 AI 系统"Doctor You"，包括临床医学科研诊断平台、医疗辅助检测引擎等。此外，阿里健康还与政府、医院、科研院校等外部机构合作，开发了针对 20 种常见、多发疾病的智能诊断引擎，包括糖尿病诊断、肺癌预测诊断、眼底筛查等智能诊断引擎。2018 年 9 月，阿里健康和阿里云联合宣布阿里医疗人工智能系统"ET 医疗大脑" 2.0 版本问世。

2017 年 11 月，腾讯自建的首款 AI 医学影像产品"腾讯觅影"入选国家首批人工智能开放创新平台。通过图像识别和深度学习，"腾讯觅影"对各类医学影像（内窥镜、CT、眼底照相、病理、超声、MRI 等）进行训练学习，最终实现对病灶的智能识别，用于辅助医生开展临床诊断，以及食管癌、肺癌、糖网病变等疾病的早期筛查。2018 年 11 月，腾讯牵头承担的"数字诊疗装备研发专项"启动，该项目作为国家重点研发计划首批启动的 6 个试点专项之一，基于"AI+CDSS"（人工智能的临床辅助决策支持技术）探索，助力医疗服务升级。

讯飞晓医 APP 是讯飞医疗科技股份有限公司旗下一款面向 C 端用户的 AI 健康助手产品，于 2023 年 10 月 24 日在科大讯飞全球 1024 开发者节正式发布。讯飞晓医依托讯飞医疗多年行业知识积累和讯飞星火医疗大模型技术赋能，集成健康自查、报告解读、药物查询、医疗信息快速查询、健康档案管理等功能，为居民提供健康咨询，可以理解并回答全年龄段、全健康周期的健康咨询，提供个性、科学、系统的健康方案。

10.2.3 智能医疗发展困境

目前人工智能以数据、算法和算力为三大核心，以海量医疗数据、成熟的深度学习算法和 GPU 算力作为支撑，在多个病种诊疗过程中均有突破性进展。但同时也面临算法理论待突破、数据标准化程度低、产学研差异化显著和政策监管不完善等多方面的问题，导致了目前人工智能并未真正融入到临床业务流程中。

医疗海量数据不断产生和硬件算力的提升，使得基于数据驱动的深度学习模型在疾病的早期筛查、精确诊断、疗效预测和预后评估等方面的效果逼近甚至超过临床专家。但与此同时也应认识到，AI 目前以数据为核心，其内涵的"黑盒"机制一直无法得到解决，甚至无法被解释，导致 AI 虽然有很好的预测效果但无法形成因果结论。因此，目前 AI 应用局限于具有海量、高质量数据的病种，而罕见病等小样本疾病的应用一直无法得到有效开展。

医疗机构缺乏有效的数据共享、互通机制，医疗数据的生产、收集和标注缺乏统一标准。在数据生产和收集方面，电子病历数据存在缺失、规范性不足和差异性明显等问题，不同地区、不同医院的信息化程度、诊疗依据和标准不同；生理信号的数据主要面临不同设备厂家之间的差异性，问题相对较小；医学影像面临仪器、检查参数、检查场景和影像质量等诸多问题，以标准化程度相对较高的放射影像为例，存在设备品牌众多，不同医院检查参数与扫描技术存在差异，门诊与住院检查侧重点不同等问题。在数据标注方面，除病理、免疫组化、疾病复发、生存等金标准外，临床分期、评级、评分和病灶分割等结果的标注，由于疾病的诊疗标准和指南存在多样化、差异化和不断演变与更新，容易掺杂医生的主观因素，尚未形成统一体系。

由于以深度学习为代表的人工智能算法在理论上遭遇无法解释的瓶颈，企业、科研院所和医疗机构的发展内涵也发生了变化。企业以高质量大数据为核心，结合成熟的 AI 模型形成产品级别的解决方案，通过与更多的医疗机构合作获取更多疾病的诊疗数据，完善产品的丰富度；科研院所从理论和应用两个方面发展，理论研究聚焦于可解释性和隐私计算，应用研究聚焦于修改、优化和训练成熟的模型，以适应特有疾病的应用场景；医疗机构在人工智能发展初期以提供临床思路和数据为主，但随着人工智能技术的普及，临床专家们不再仅仅关注疾病的预测效能，希望结合人工智能技术探索疾病进展过程中机制、分子和基因等更深层次的知识。

随着医疗人工智能的快速发展，可信度、责任分担机制和伦理等政策监管方面的问题日益凸显。医疗人工智能研究和应用因缺少严格的随机双盲对照实验和多中心、前瞻性验证，可信度有待加强；针对患者的诊断，企业、医院和临床医生的责任分担机制暂不明确，导致目前的医疗 AI 产品收费缺乏依据，且聚焦于定量分析任务，如病灶区域分割与检测、临床辅助决策系统，医生可根据经验对结果进行复核和确认，而更重要的定性分析任务更多停留在科研层面，如患病风险、进展的预测等；基于数据驱动的医疗人工智能，涉及大量不同人群的全生命周期信息，隐私保护和种族歧视等伦理问题面临严峻挑战，相关政策法规有待陆续出台。

10.3 智能医疗应用场景

10.3.1 远程眼科

人工智能在远程医疗领域应用最广泛、最深入的学科是眼科，眼科疾病诊断越来越依赖于各种形式的图像捕获设备，眼部图像检查具有图像精细、信息量大的特点，大部分疾病可依据医学图像做出诊断，因此眼科是特别适合深度学习技术应用的专业之一。将深度学习应用于眼科图像分析，可以实现对常见眼科疾病的自动筛查和诊断，如糖尿病视网膜病变、青光眼、年龄相关性黄斑变性、早产儿视网膜病变等疾病，可明确预防患者视力下降。基于深度学习的人工智能分析光学相干断层扫描（OCT）图像，可提高疾病早期阶段检出敏感性，改善疾病的临床转归。

通过眼底照相技术获取眼底图像，借助互联网数字传输视网膜图像，并进行数字X射线摄影（DR）诊断及分级，应用于远程筛查中，非眼科专业医生可独立完成DR筛查并提出建议，同时利用筛查过程中生成的数据进一步论证现有算法并迭代新算法。图10-1所示为远程眼科诊断。远程人工智能筛查系统可极大简化患者就诊过程，实现从患者信息注册到电子病历建档再到图像管理的各个步骤的数字化集成，目前已有多个深度学习系统用于DR的临床诊断。基于远程医疗的DR筛查计划在英国和新加坡等发达国家发展较为成熟。澳大利亚、美国、赞比亚、印度、南非、坦桑尼亚等国家也开展了不同规模的DR远程筛查。新加坡于2010年成立了一项基于远程医疗的全国性DR筛查项目，累计筛查约20万例糖尿病患者，与医生面对面的评估模式相比，每人次直接节省费用144新元。远程筛查解决了远距离和医疗资源分布不均问题，提升了筛查覆盖率，减少了患者医疗花费。

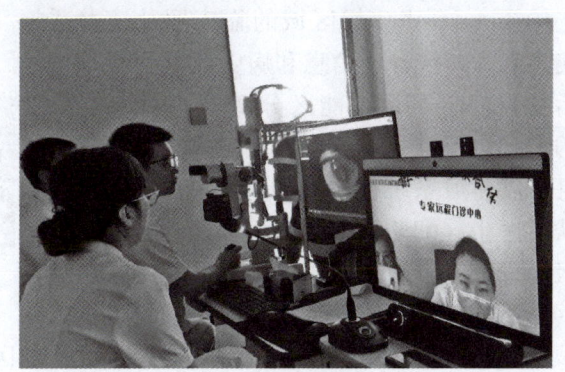

图10-1　远程眼科诊断

近年来，我国也在不同地区开展了具有一定影响力的"健康DR筛查工程"和"中国糖网筛防工程"。专业阅片医师是影响DR筛查项目规模的重要因素，而人工智能成为解决这一矛盾的有效途径。随着人工智能诊断性能的不断提高，DR筛查对专业阅片医师的需求逐渐降低，临床医生在其中仅起到监督和仲裁作用。视网膜激光治疗也已引入计算机导航辅助系统，目前视网膜导航激光除了用于增殖性糖尿病视网膜病变，主要用于糖尿病性黄斑水肿的治疗。数据表明，抗血管内皮生长因子联合导航激光治疗黄斑水肿，能够以最少的干预次数维持治疗效果，且视网膜激光导航治疗应用于远程诊疗，具有安全性和可行性。

人工智能技术和远程医学技术在早产婴儿视网膜病变（ROP）也有广泛应用，因ROP为婴幼儿视力受损的主要病因，且其诊断治疗需要较强的专业性，故ROP是小儿眼科中最受关注的人工智能研究和应用领域。在ROP筛查方面，基于深度学习的智能诊断与专家临床诊断对比，发现算法诊断准确率可与专家媲美。基于深度学习的ROP远程筛查与医生现场诊断具有相同效果，在提高医生诊断效率的同时带给患者更多便利，且远程医疗比传统眼科检查更具成本效益。

10.3.2　远程皮肤科

皮肤病学是比较依赖形态学特征的学科，皮肤影像是皮肤病诊断的重要手段。皮肤影像诊断由最初的望诊，发展到放大镜和显微镜辅助诊断，再到近年来数字影像学技术和智能分析。目前以皮肤镜、皮肤超声、皮肤CT为代表的皮肤影像技术已成为临床皮肤病诊断的重要工具，人工智能和远程医疗在这种大数据影像属性中具有显著优势。例如，黑色素瘤的诊断准确性主要取决于医生临床经验，然而最近研究表明，卷积神经网络在分类黑色素瘤及其他常见皮肤癌的任务中的表现与皮肤专科医生水平相当。皮肤科医生借助皮肤影像设备进行辅助诊断，极大地提高了疾病诊断的准确率。远程皮肤镜检查使用表皮发光显微镜来提高诊断准确性，与面对面诊断相比一致性高，只有 3.491% 的病变存在差异，74% 的病变经筛查可由全科医生管理，不需要由皮肤科医生面对面诊断。远程皮肤镜缩短患者预约等待时间，提升医疗服务覆盖率。远程皮肤病学能有效促进转诊，减少等待时间，增加患者就诊率。远程皮肤科诊断如图 10-2 所示。

有学者收集过来自美国 2 个州 17 个初级保健或专科医院的远程皮肤科患者的病历资料，每个病例由医疗助理或受过培训的护士拍摄 1～6 张皮损区域的临床照片，并采集患者人口统计学信息和病史数据，经训练后的深度学习系统能区分 26 种皮肤状态，约占初级保健机构常见皮肤病总量的 80%，且深度学习系统准确率最高（67%），与皮肤科医生（63%）准确率相当，并且高于初级保健医生（45%）和相关专业护士（41%）。人工智能与远程皮肤科的集成极大

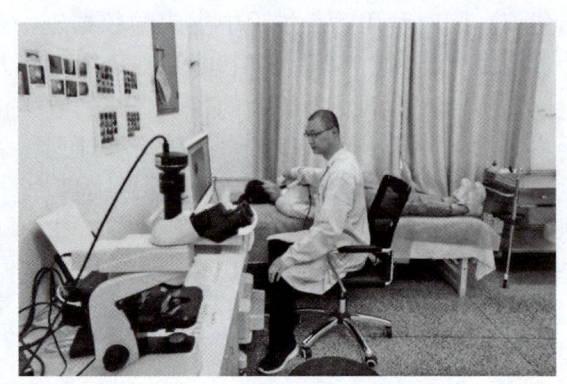

图 10-2 远程皮肤科诊断

减轻了皮肤科医生的诊疗压力，辅助初级保健医生完成常见皮肤病的分类及转诊工作，增加医疗服务的广泛可及性。

人工智能还可集成到智能手机应用程序中，拍摄皮肤病变，收集相关临床信息，并在适当情况下生成转诊建议。人工智能还可以辅助自动跟踪和监测皮肤病变，不常见皮肤病变因数据量少，难以满足人工智能模型的训练和学习需要，无法有效形成报告描述，需要前瞻性研究采集大型数据集，以实现不常见皮肤病变的自动跟踪和监测。

2017 年 5 月，中日友好医院崔勇教授牵头，联合全国皮肤影像领域权威专家，共同发起成立"中国人群皮肤影像资源库项目（Chinese Skin Image Database，CSID）"。CSID 致力于构建皮肤影像与人工智能的完整体系，利用数万份皮肤肿瘤多维度皮肤影像数据，研发了我国首款黄色人种皮肤肿瘤人工智能辅助决策系统——优智 AI-1.0。后续专家组迭代开发优智 AI-2.0，该系统对皮肤肿瘤良恶性的识别率提升至 91.2%，对疾病类型的识别率提升至 81.4%。中日友好医院联合中国人民解放军空军总医院，研发基于 CSID 的多维度皮肤影像分析管理系统（云 MIIS 系统），除了实现皮肤图像的采集、传输、管理、储存归档等功能，还可整合多维度、多时空数据资源，以"1+N"模式运行，实现"基层检查，上级诊断"，并提供规范化描述报告。2018 年 6 月，复旦大学附属华山医院联合多家医疗机构针对老年皮肤肿瘤，发布了基于 CSID 的老年皮肤肿瘤 AI 远程诊疗工具，该工具承担着老年皮肤肿瘤诊断和筛查的任务，并在复旦大学附属华山医院医联体内的 200 余家基层医疗机构推广使用，取得了良好的经济效益和社会效益。

10.3.3 远程心电监测

院前早期心电图快速诊断是预警急性冠脉综合征和恶性心律失常的有效手段，智能化的远程心电监测（图 10-3）能实时采集、自动分析全导联心电图，远距离传输心电数据，自动报警危急值，早期发现心律失常并辅助防治心血管相关疾病。智能化远程心电监护能突破时间与地域限制，具备数据传输速度快，经海量心电数据训练后的识别准确率高，误报率低

等优势。

可穿戴便携式设备集成人工智能，构建远程心电监测终端和数据云端平台，能够实现全天候实时监测。国外学者通过采集生活中常用肢体 6 导联心电图或可穿戴设备数据，基于深度学习开发了一种人工智能算法，并根据肢体导联数据研发了一种变分自编码器（Variational Auto Encoder，VAE），使用肢体导联心电图重建心前区 6 导联心电图。用于远程监测、心血管意外预警，但用于日常生活场景下，还需要更多研究来明确家庭环境和其他生活环境中的心电图表现，以优化误报和漏报管理策略。

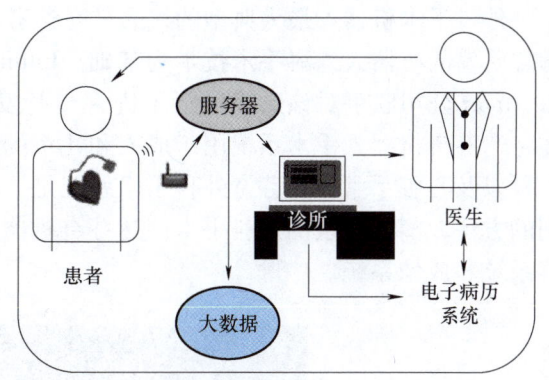

图 10-3　远程心电监测

2017 年上海市第十人民医院依托国家"数字化诊疗装备研发"项目，研发了可穿戴远程心电设备，将数据实时传输至云平台并进行 AI 分析，早期预警疑似 ST 段抬高型心肌梗死（ST-elevated myocardial infarction，STEMI），结合远程会诊系统缩短患者救治时间。2017 年度，系统自动识别 1043 万次异常报警，并筛选出符合危机预警标准的案例进行电话预警，涉及患者 38 万人次。其中，危急值预警总数为 38080 例，共抢救了 218 例患者。预警室性心动过速 6337 例（占 16.6%），成功抢救了室性心动过速、心室扑动、心室颤动共 120 例，各类停搏 33 例。随着移动设备的创新、研究，以及智能手机的应用程序、全球定位系统、数据传输与通信技术的发展，心血管疾病的预警将进一步提高精准度，扩大应用范围，使更多人从中获益。

10.3.4　手术机器人

手术机器人最早应用于 20 世纪 80 年代后期，从第一个机械手到今天使用的现代多臂平台，手术机器人趋向于更小、更便携，并且可以为外科医师提供可视化的、增强的模拟视野。手术机器人的应用已越来越广泛，截至 2017 年底，全球共安装达芬奇机器人控制台 4666 台，其手术量已超 75 万台。目前机器人手术技术已逐渐被临床工作者掌握，整个操作系统较为完善，整体手术流程较为规范，这为开展远程手术提供了技术支持。

远程手术发展的过程是科技与临床技术发展整合的过程。远程手术机器人依托 5G 通信、虚拟现实（Virtual Reality，VR）、增强现实（Augmented Reality，AR）、人工智能等高新技术，为医生对远距离患者进行手术提供了可能。2001 年，美国纽约的一个外科团队使用 ZEUS 机器人系统完成了全球最早的远程手术。此次手术是在法国斯特拉斯堡的一家医院完成的，患者是一名女性，手术术式为腹腔镜胆囊切除术，患者术后恢复平稳。国内远程手术起步较晚，但发展迅速，低延时、高带宽、高移动性的 5G 网络商业化，使国内远程手术进入全新发展阶段。2019 年，全军肝胆外科研究所完成全球首例多点协同 5G 远程多学科动物实验，由位于北京及苏州的两位医师通过远程操控机械臂对实验动物实施了胃肠切除和肝切除手术，本项研究的成功标志着远程手术模式由"一对一"单点远程控制，发展为"多对一"的多点远程协同模式，实现了远程手术的多学科合作创新。目前国内远程手术不仅应用于动物实验，2019 年，中国人民解放军总医院完成了首例 5G 远程"脑起搏器"植入手术，此后国内远程手术发展迅速，由单中心、单样本逐渐向多中心、多样本探索。

外科手术机器人最为典型的代表就是达芬奇机器人手术系统（图 10-4），是以麻省理工学院研发的机器人外科手术技术为基础。Intuitive Surgical 公司随后与 IBM、麻省理工学院和 Heartport 公司联手对该系统进行了进一步开发。美国食品药品监督管理局（FDA）已经批准将达芬奇机器人手术系统用于成人和儿童的普通外科、胸外科、泌尿外科、妇产科、头颈外科以及心脏手术。达芬奇外科手术系统是一种高级机器人平台，其设计理念是通过使用微创的方法，实施复杂的外科手术。达芬奇机器人由三部分组成：外科医生控制台、床旁机械臂系统、成像系统。

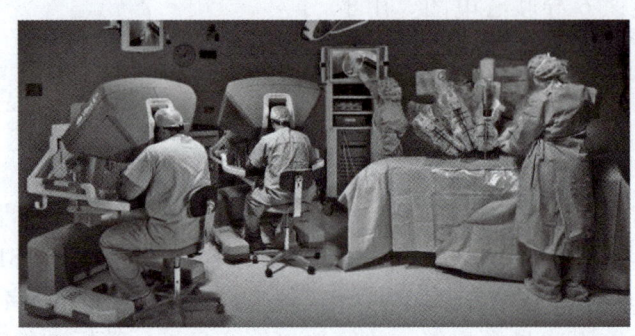

图 10-4 达芬奇机器人手术系统

1）外科医生控制台：主刀医生坐在控制台中，位于手术室无菌区之外，使用双手（通过操作两个主控制器）及脚（通过脚踏板）来控制器械和一个三维高清内窥镜。在手术中，手术器械尖端与外科医生的双手同步运动。

2）床旁机械臂系统：作为外科手术机器人的操作部件，其主要功能是为器械臂和摄像臂提供支撑。助手医生在无菌区内的床旁机械臂系统边工作，负责更换器械和内窥镜，协助主刀医生完成手术。为了确保患者安全，助手医生比主刀医生对于床旁机械臂系统的运动具有更高优先控制权。

3）成像系统：装有外科手术机器人的核心处理器以及图像处理设备，在手术过程中位于无菌区外，可由巡回护士操作，并可放置各类辅助手术设备。外科手术机器人的内窥镜配置高分辨率三维（3D）镜头，对手术视野具有 10 倍以上的放大倍数，能为主刀医生提供患者体腔内三维立体高清影像，使主刀医生较普通腹腔镜手术更易把握操作距离，更能辨认解剖结构，提升了手术精准度。

在达芬奇机器人手术系统中，人工智能可辅佐主刀医生，包括 R0 切除场景下，依赖影像-实时病理-预后模型完成最优切缘的划分，以期最大程度地保留患者肺功能；结合术中超声，AI 展示病灶周围血管、支气管的毗邻关系；虚拟展示不同切割边界时肺残气量容积；利用靶段温度区分法判断段间平面；为主刀医生挑选最合适的切割吻合器与钉仓。

达芬奇机器人成像系统的人工智能化也改变了传统外科手术方式。增强现实（Augmented Reality，AR）技术将虚拟图像融入现实，目前 AR 依靠 AI 强大的解析能力，可以在机器人辅助胸腔镜手术（RATS）上实现三维虚拟现实模型的呈现，术中应用于实时视频图像的叠加，"透视"解剖结构。采集并数字化每例患者的 CT 数据，构建基于生物力学模型的器官变形预测，可以在手术操作时和呼吸运动过程中提供肺部的实时三维图像，个性化呈现气管、动静脉等解剖结构。叠加在 RATS 主刀医生视野上的 AR 解剖图像,能在主刀医生提拉器官等操作时,遵循组织形态变化而动态改变。基于图像特征的形态变化检测与力检测功能,也同时弥补了达芬奇机器人手术系统没有力反馈的缺陷。

10.3.5 康复和护理机器人

康复和护理机器人最早应用于医疗、军事、工业等领域,逐渐聚焦于残疾人、患者、老年人的生活需求。与各国基本国情和社会需求相适应,不同国家研发的康复和护理机器人各具特色和差异性;更多国家加大了对护理机器人的支持力度,推动了康复和护理机器人的种类细化,实现从临床应用走进家庭应用。

20 世纪 80 年代,最具代表性的康复机器人(图 10-5)是英国 Mike Topping 公司研制的 Handy1 康复机器人;2000 年,瑞士 HOCOMA 公司研发了 Lokomat 机器人。各国对康复医疗的重视程度逐渐提高,消费者对轻型康复医疗设备的需求稳步增长,驱动了可穿戴康复+辅助行走的外骨骼机器人的出现;以色列外骨骼机器人公司在 2012 年推出的 Rewalk 系列机器人具有代表性。2015 年,大艾机器人公司研制了"艾康"机器人,用于各类型下肢功能障碍患者的早中期康复训练,可实现原地步行、步态训练、功能评估等功能。2016 年,上海傅利叶智能科技有限公司发布了 Fourier-M2 上肢协作型康复机器人。

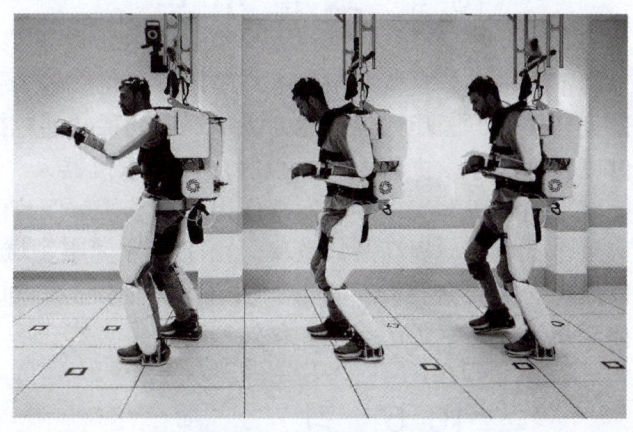

图 10-5　康复机器人

2020 年,北京软体机器人科技公司在手部康复领域引入软体机器人技术,研发了 SRT 软甲手部康复机器人;对患者患肢进行主被动组合训练,刺激患者的神经、肌肉以协助患肢恢复功能。2020 年,新西兰 Rex Bionics 公司瞄准专业康复诊所、个人家庭护理需求开发了 Rex 系列外骨骼康复机器人,成为市场上唯一不需要拐杖支持的外骨骼康复机器人。

护理机器人发展于 20 世纪 80 年代。如美国 Tingley Rubber 公司研发了 HelpMate 护理机器人,具有导航及避障能力,可在医院行走并替代护士发放食物和药物。德国 Stuttgart 自动化研究院设计了 Care-OBot 家庭护理机器人、ARTOS 自主移动护理机器人。从 20 世纪 90 年代起,护理机器人的服务对象聚焦于家庭。日本八乐梦公司、美国 Hill-Rom 公司分别推出了护理床式机器人。日本企业开发了 Paro 陪护机器人,帮助老年人降低孤独感、提高社交能力,在部分养老机构获得应用。日本 NEC 公司推出了 PaPeRo 机器人,可进行面部识别并通知用户收取即时信息,还可发送视频消息、表演跳舞、玩游戏、遥控其他电子设备。2017

年，日本松下公司研发了 Resyone 机器床椅，可将病人在病床和轮椅之间进行位置交换。2021 年，广东铱鸣智能医疗科技有限公司发布了 YMFJ-B2 电动护理床，可满足患者翻身、洗澡等日常生活需求。

康复和护理机器人为身体不便的患者提供康复训练、行动辅助、日常护理，与人类进行密切的互动。以人为本突出人机互动性和舒适性，以人为本的康复和护理机器人是未来需求的重点，发展的必然趋势。

在人机交互过程中，康复和护理机器人既可被动接受指令，更需基于语音识别、面部表情识别、手势识别等技术来主动识别患者的行为意图，从而以更加智能化的方式与人类进行互动。在康复机器人中，对传感器采集到的物理信号或生物电信号采用人工智能技术进行特征提取和分类，建立分类模型并将模型用于机器人的实时控制中，实现了康复和护理过程中对患者运动意图、运动趋势的智能判断，进而控制机器更好地配合患者完成相应的康复训练。在人机交互过程中，康复和护理机器人通过人工智能技术对环境和人类进行精准感知，使得机器人在智能化、交互性、有效性等方面都有了显著地提升，推动了康复和护理机器人在康复治疗中更加广泛地应用和机器人技术本身的进一步发展。

10.4 本章小结

随着人工智能技术的不断进步，其所适用的医疗应用场景将会越来越多。作为医疗领域一项极具前景的颠覆性创新技术，医疗人工智能为医疗资源的稀缺问题提供了新的技术性赋能。医疗人工智能在健康管理、导诊机器人、远程医疗、手术机器人、康复和护理机器人、合理用药、医疗影像筛查、药物研发等多方面发挥作用，能够缓解医疗资源紧缺的压力，简化就诊模式，减轻医务工作者负担，提高医疗效率。由于医疗健康领域的特殊性和复杂性，医疗健康人工智能的发展仍面临数据获取、安全、法规等方面挑战。加速高质量、高水平、高效率的个性化医疗体系建设，是推进医疗智能化转型的发展必然。

10.5 习题

1. 什么是智能医疗？
2. 人工智能在医疗领域的应用存在哪些问题？
3. 达芬奇机器人手术系统由哪几部分组成？每部分功能是什么？

第 11 章　智 慧 农 业

农业作为人类社会最基础的产业之一，在人们的生活中扮演着不可或缺的角色。然而，随着人口的不断增长，粮食供给的压力日益加重，传统农业已经难以满足当前社会的需求。同时，气候变化、土地退化、水资源短缺等诸多因素也给农业的可持续发展带来了挑战。在这样的背景下，如何提高农业生产率、降低资源消耗、维护生态环境，成为摆在人类面前的重要课题。

人工智能技术的蓬勃发展为解决这一问题提供了新的思路和解决方案。通过将人工智能融入到农业生产的各个环节，可以实现对农业活动的全面感知、精准决策和智能控制，从而推动农业生产模式的变革，引导农业向着更加智能化、精准化和可持续的方向发展。这种融合人工智能技术的现代化农业，即被称为"智慧农业"。

11.1　智慧农业概述

11.1.1　智慧农业定义

智慧农业是一种整合了先进信息技术的农业新模式，旨在通过物联网、大数据分析、人工智能等技术手段，实现对农业生产全流程的数字化、智能化管理，以提高农业生产率、资源利用率和产品质量，降低生产成本，推动农业可持续发展。智慧农业的关键在于通过传感器、智能设备等技术手段，对农田、作物、畜禽、农机等进行实时监测与数据采集，将这些数据通过物联网传输到云端进行集中处理和分析。基于大数据分析和人工智能算法，可以预测病虫害发生、精准施肥、智能灌溉等，实现农业生产的精准管理与智能决策。此外，智慧农业还包括了农产品质量安全的追溯体系建设，通过二维码等技术，可以实现从源头到终端的农产品全程追溯，提升消费者对产品的信任度。

智慧农业还推动了农业结构的优化升级，向着数字化、智能化、绿色化方向迈进，带来一系列新技术、新模式和新业态，为农业现代化注入了新活力。通过智慧农业，农民可以更科学合理地管理农田、养殖场，提高农作物和畜禽的产量质量，降低生产成本，拓展农产品市场，实现农业增效、增收和可持续发展。智慧农业不仅是农业现代化的必然趋势，也是推动我国农业由大到强的关键路径之一，对促进农民增收，打造美丽乡村，保障国家粮食安全和推动农业绿色发展具有重要意义。

11.1.2　智慧农业应用模式

智慧农业的应用模式主要体现在以下几个方面。

（1）精准种植模式　精准种植是智慧农业的核心应用之一。利用 GPS、GIS、遥感等技术，可以对土地资源进行精细化调查和分析，根据不同土壤特性、地形地貌等因素制定精准的种植方案。同时，利用物联网技术布设各种传感器，实时监测土壤墒情、气温、光照等关键参数，并将数据上传到云平台进行智能分析。根据分析结果，农户可以采取精准灌溉、施肥、喷药等措施，大幅提高资源利用率和农产品产量。

此外，采用无人机航拍技术可以对农田进行立体化监测，结合机器视觉分析技术，可以及时发现病虫害、长势异常等问题，从而采取针对性的治理措施，提高农作物的健康状况。

（2）智能养殖模式　在畜牧养殖领域，智慧农业同样发挥着重要作用。通过在养殖场布设温湿度、饮食、活动等各类传感器，实时监测畜牧的健康状况。利用大数据分析技术，可以发现异常情况并及时预警，为防疫、用药等提供依据。同时，还可以采用自动化喂养、清粪等设备，提高养殖场的管理效率。

此外，利用视频监控等技术，可以随时掌握畜牧的生长情况，分析行为特征，优化饲养管理措施，提高养殖效率。一些养殖场还开始尝试使用机器学习技术，根据历史数据预测畜牧的生长规律，为精准育种提供依据。

（3）农产品溯源模式　农产品质量安全一直是社会广泛关注的焦点问题。基于物联网和大数据技术，智慧农业可以实现对农产品全生命周期的追溯管理。在种植、养殖、运输、加工等各个环节，通过二维码、RFID 标签等技术对产品进行标识和数据记录，建立完整的溯源链条。消费者只需扫描产品上的二维码，即可查询到该产品的种植地、施药情况、运输路径等全过程信息，从而提高食品安全性。

同时，企业还可以利用大数据分析，根据不同销售区域、消费群体的特点，优化产品种类和营销策略，提高产品的市场竞争力。

（4）智能农机模式　智慧农业在农机装备领域有广泛应用。一方面，利用无人机、自动驾驶拖拉机等智能农机设备，可以实现农业生产的自动化和无人化，大幅提高作业效率。另一方面，通过在农机上安装物联网传感器，可以实时监测油耗、故障情况等状态，并通过大数据分析提出维修保养建议，延长设备使用寿命。此外，一些农机设备还实现了与农场管理系统的对接，可以根据气象数据、作物长势等信息自动规划最佳作业时间和路径，大幅减少人工参与，提高作业精度。

总的来说，智慧农业正在颠覆传统农业生产模式，通过智能感知技术、智能管控装备、大数据分析等手段，有效提高了农业生产率和质量，为实现农业可持续发展注入了新的动力。未来，随着技术的不断进步，智慧农业必将成为推动农业现代化的重要驱动力。

11.2　智慧农业发展现状

当前，智慧农业在国内外均呈现蓬勃发展态势。在发达国家，智慧农业已成为农业现代化的主要方向。美国、德国、日本等国家高度重视智慧农业发展，大规模应用物联网、大数据、人工智能等先进技术，提高农业生产率和资源利用率。同时，这些国家还建立了完善的农业数据采集、分析及应用体系，为决策支持和精准服务提供有力支撑。在发展中国家，智慧农业也呈现快速发展态势。中国、印度、巴西等国政府出台了多项支持政策，大力推动智慧农业应用。我国在农业物联网、精准灌溉等领域取得了显著进展，智慧农业覆盖面不断扩大。印度则重点发展移动互联网应用，帮助农民获取农业信息、远程诊断病虫害等。总的来说，发展中国家正在加快缩小与发达国家在智慧农业方面的差距。

11.2.1　国外智慧农业发展现状

智慧农业在国外已经得到广泛应用和发展，成为推动农业现代化的重要引擎。在世界各国，智慧农业的发展呈现出不同特点和趋势。

在美国，智慧农业应用的规模和程度较高。美国农业智慧化的先进程度体现在多个领域。农场主在种植、灌溉、施肥等方面，利用现代信息技术进行精细化管理，提高了生产率和产品质量。美国农业部对农业数据的收集、分析和分享也比较完善，促进了农业技术的创新和应用。此外，美国农业企业还在农产品质量安全追溯、农机装备智能化等方面取得了显著进展，不断推动农业现代化发展。

在欧洲，各国也积极推动智慧农业发展。例如，荷兰作为世界领先的农业创新中心，荷兰的智慧农业在精准农业机械、智能温室技术等领域处于领先地位。荷兰农业创新中心CRV正在研发智慧奶牛管理系统，利用传感器监测奶牛健康和生长状况，提高奶牛养殖效率。另外，欧盟的智慧农业研究与发展项目也层出不穷，促进了智慧农业技术的跨国合作和交流。

在亚洲，日本以农业智能化技术为重点，推动智慧农业的发展。日本智慧农业主要集中在农田管理、施肥、种植作业等领域。日本推广使用无人机、自动化播种机、智能灌溉等设备，提高了作业效率和精准度。此外，日本还在追溯体系建设中投入大量资金，加强农产品溯源管理，提高了食品安全保障水平。

澳大利亚作为一个农业大国，也在智慧农业领域取得了一定成就。澳大利亚在农业信息化、农机智能化、精准农业等方面进行了大量探索和应用。澳大利亚的农业技术研究机构和企业不断推出新产品、新技术，支持农民提高生产率和经济效益。

总的来说，国外智慧农业的发展现状表明：智慧农业不仅是一种理念，更是一种实际应用。各国在智慧农业领域投入了大量资金和人力，促进智慧农业技术的创新、推广和应用。在全球范围内，农业现代化需要依托现代人工智能技术进行升级和转型，智慧农业正成为推动世界农业可持续发展的重要引擎。未来，随着技术的不断发展和应用，智慧农业将在全球范围内继续发挥重要作用，为农业生产提供更加科学、智能、高效的解决方案，实现可持续发展的目标。

11.2.2 国内智慧农业发展现状

近年来，我国智慧农业建设不断推进，取得了显著成就。

首先，在政策层面，我国政府高度重视智慧农业发展，出台了一系列支持政策。2015年，国务院发布《关于加快推进农业现代化建设的意见》，将智慧农业列为农业现代化的重点任务。2017年，农业农村部发布《"十三五"现代农业发展规划》，明确提出要推动智慧农业发展。近年来，各地方政府也出台了相关的政策措施，为智慧农业的推广应用提供了政策支持。

其次，在技术应用方面，我国取得了明显进步。在传感技术、大数据分析、人工智能等方面的应用不断深入。大型农业企业和科研机构纷纷开展智慧农业示范项目，涉及农田监测、精准施肥、智能灌溉、病虫害预警等多个环节。一些地区还建立了农产品溯源系统，应用二维码、RFID等技术实现对农产品的全程监控。此外，无人机、智能农机等精准农业装备也得到广泛应用，提高了农业生产率。

再次，在产业发展层面，我国智慧农业呈现蓬勃发展态势。一些大型互联网科技公司和农业企业纷纷进军智慧农业领域，提供创新的解决方案。例如，阿里巴巴、百度、腾讯等企业纷纷布局智慧农业业务，应用大数据、云计算、人工智能等技术为农民提供精准决策支持。同时，一批具有自主知识产权的智慧农业装备和服务企业也不断崛起，为产业发展注入新的活力。

此外，在人才培养和示范推广等方面，我国也在不断加强。许多高校和科研院所开设了智慧农业相关专业，培养专业人才。同时，各地积极建立智慧农业示范基地，展示新技术应用成果，促进新模式在更广范围内复制推广。

虽然我国智慧农业取得了积极进展，但仍面临一些挑战。例如，农业生产数据采集与共享不足、技术应用成本高、农民信息化意识薄弱等。未来，我国将持续加大政策支持力度，鼓励科技企业参与，加快基础设施建设，提高农民信息化应用水平，推动智慧农业在更广范围内的应用，不断提高农业生产率和产品质量，满足人民日益增长的美好生活需求，为乡村振兴战略贡献力量。

总的来说，在国家政策引导和企业技术创新的驱动下，我国智慧农业建设取得了长足进步，正逐步成为现代农业发展的新引擎。未来，随着技术创新和应用水平的不断提高，我国智慧农业必将进入快速发展期，为实现农业可持续发展注入新的活力。

11.2.3 智慧农业发展困境

智慧农业作为现代农业发展的重要方向，在国内外都正面临着一系列困境和瓶颈。

（1）**基础设施建设不足**　智慧农业的发展有赖于完善的基础设施支撑，包括农村信息通信网络、物联网传感设备等。但目前，发达国家农村地区的网络覆盖率和带宽水平仍存在差距，发展中国家的农村网络基础设施更是薄弱，制约了农业物联网、大数据等新技术的应用。同时，农业生产环境复杂，缺乏适合农业场景的低成本传感器，成本较高也限制了智能设备的推广。

（2）**技术应用水平有待提升**　虽然各类智慧农业技术不断创新，但实际应用水平仍较低。多数农民对新技术了解不足，缺乏使用培训，难以独立应用，技术接受程度不高。此外，一些新技术本身也存在不够成熟、兼容性较差等问题，需要进一步优化升级。

（3）**数据管理和隐私保护困难**　智慧农业高度依赖数据，但在数据采集、存储、分析、应用等环节面临着诸多挑战，例如，缺乏统一的数据标准、数据质量问题、隐私安全隐患等。数据所有权和使用权界定不清晰，制约了跨部门、跨领域的数据共享与深度应用。

（4）**产业链条不完善**　智慧农业涉及硬件设备、软件系统、服务集成等多个环节，但目前产业链不够健全，上下游衔接不畅，缺乏核心技术突破、整体解决方案、标准化服务等。同时，一些中小企业资金实力有限，难以持续跟进技术更新，阻碍了产业化推进。

（5）**政策支持相对不足**　发达国家普遍高度重视智慧农业发展，出台了相关政策法规、财政补贴等支持措施。但在很多国家和地区，政策支持仍相对滞后，难以满足产业需求，缺乏长期、系统的政策保障，导致投资动力不足。

（6）**人才培养供给不足**　智慧农业涉及多学科融合，需要复合型人才，但目前专业人才储备较为缺乏。一方面农业院校和科研院所的课程设置与实践培养还不够贴近行业需求；另一方面农村地区缺乏网络信息技术人才，难以支撑智慧农业推广。

这些共性困境，加之区域发展差异，造成了全球智慧农业发展的不平衡。一些发达国家虽在智慧农业上取得一定进展，但整体发展水平还未完全满足需求。而在发展中国家，智慧农业建设仍面临诸多瓶颈。

总之，无论是国内还是国际，智慧农业的发展都还存在诸多挑战，需要政府、企业、科研机构等多方共同努力，在政策、资金、人才、技术等方面持续加大投入和支持力度，推动智慧农业产业链的优化升级，才能更好地服务于农业现代化和乡村振兴的目标。

11.3 智慧农业应用场景

在智慧农业场景下，智能感知技术能用于作物信息的快速获取与解析，进而为大田环境的精准管控提供决策依据。

11.3.1 基于无人机遥感的棉花红蜘蛛虫害监测及精准施药研究

（1）研究背景及意义　棉花种植的田间管理中，缺乏作物生长信息和病虫害信息的有效监测，不能高效和有效配置利用生产要素。特别是棉花的病虫害防控和脱叶作业较为粗放，不仅导致药剂农药利用率低下，而且也增加了生产成本，造成了环境污染。可以采用遥感技术分析棉花的长势和病虫害等农情信息，指导棉花的田间管理，实现规模化生产模式下精细化的生产与管理，降低种植和劳动成本，提升植棉效益，从田间管理的环节为棉花生产持续增产增效提供技术支持。

（2）数据采集　例如使用大疆 Matrice 100 与 ADC-Lite 农业多光谱相机进行无人机多光谱遥感数据采集。大疆 Matrice 100 无人机可以通过遥控或预设航线自主飞行，飞行过程中始终保持 ADC-Lite 相机垂直向下。每个试验田设置了一个 100m×60m 的航拍区域。调研区域的概况如图 11-1 所示，数据采集期间规划的航拍区域用黑色虚线标出。4 个角点的坐标被记录并导入无人机软件，用于自动任务规划。田间布设了 4 个地面控制点，并记录其坐标用于影像的地理配准。飞行高度设置为 60m，侧重和纵重分别设为 40% 和 60%。在整个飞行过程中，无人机保持 60m 高度飞行，所采集影像的空间分辨率为 2.4cm。

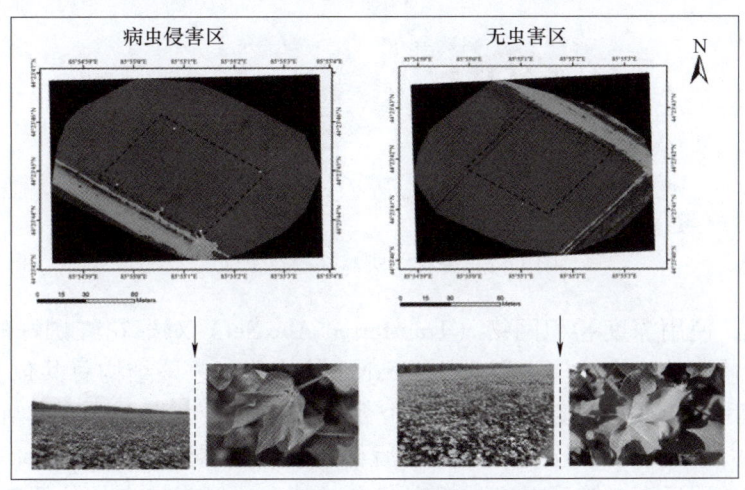

图 11-1　所调研棉花田块的多光谱影像

针对所有感染棉花红蜘蛛的地点，可记录其 GPS 位置和红蜘蛛感染的严重程度。棉花的感染严重程度需在农艺专家的指导下由人工评判获得的。此外，还可记录下无虫害胁迫的位置。根据农艺专家的建议，棉花红蜘蛛感染严重程度与叶片受害程度成正比。因此根据叶片受害程度可将农田划分为四个感染严重程度级别（正常、轻度、中度、重度），具体见表 11-1。

表 11-1 红蜘蛛虫害分级标准

病虫害类型	等级	症状表现
红蜘蛛	正常	无虫害，叶片呈绿色
	轻度	树冠 15% 左右的叶片颜色为浅绿，并带有许多针尖样的红点
	中度	树冠 30% 左右的叶片颜色为浅绿中泛红，并带有少许绿豆大小的红色斑块
	重度	树冠 30% 以上的叶片颜色呈红褐色，且棉花叶片带有卷叶的症状

（3）基于无人机遥感的棉花虫害检测方法　按照面向对象图像分析（OBIA）的思想，采取先分割，再分类的方法进行红蜘蛛虫害识别，棉花红蜘蛛检测技术路线如图 11-2 所示。在分割阶段我们对图像使用 SVM 进行像素级的分类，每一个像素被分为三类：棉花、阴影和其他。经过统计，此方法的分割精度达到 97%，能够满足图像分割的要求。

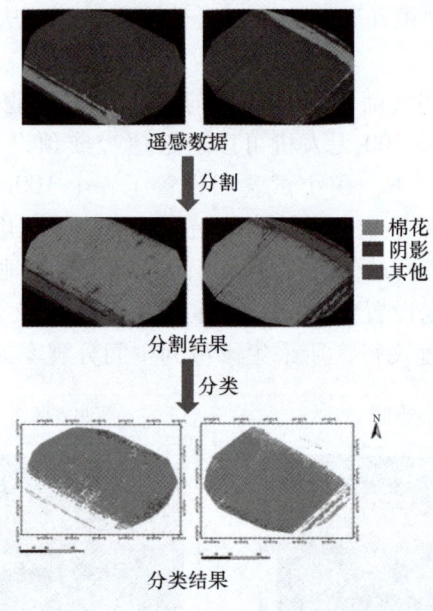

图 11-2　棉花红蜘蛛检测技术路线

在分类阶段，使用深度卷积网络（Transferred AlexNet）对棉花红蜘蛛的遥感图像进行分类识别。本次使用的网络结构为经典的 AlexNet 的修改版，该结构总共包含 8 层结构：前 5 层为卷积层，后 3 层为全连接层。对于每个数据样本（大小为 21×21），我们使用图像缩放的操作，将其归一化为 51×51 的尺寸，然后再送入分类器进行训练。SoftMax 分类器被放在最后一个全连接层后面，输出对应的概率分布。其中，概率最大的位置对应于预测结果。基于深度卷积网络的棉花红蜘蛛分类模型如图 11-3 所示。

除了使用深度卷积网络，还可使用传统的人工设计特征+分类识别的方法进行棉花红蜘蛛的检测。表 11-2 中使用的 SB 特征为样本的光谱值，VI 特征为植被指数，LBPH 特征为基于局部二值直方图的纹理特征。由于每个样本为一个图像区域，因此光谱特征和植被指数取这个区域的平均值。分类器为 SVM 和 CNN。在将特征向量（266 个特征）送入分类器之前，可使用 PCA 算法提取原特征向量空间差异最大的 20 个维度，再将新的特征向量（20 个特

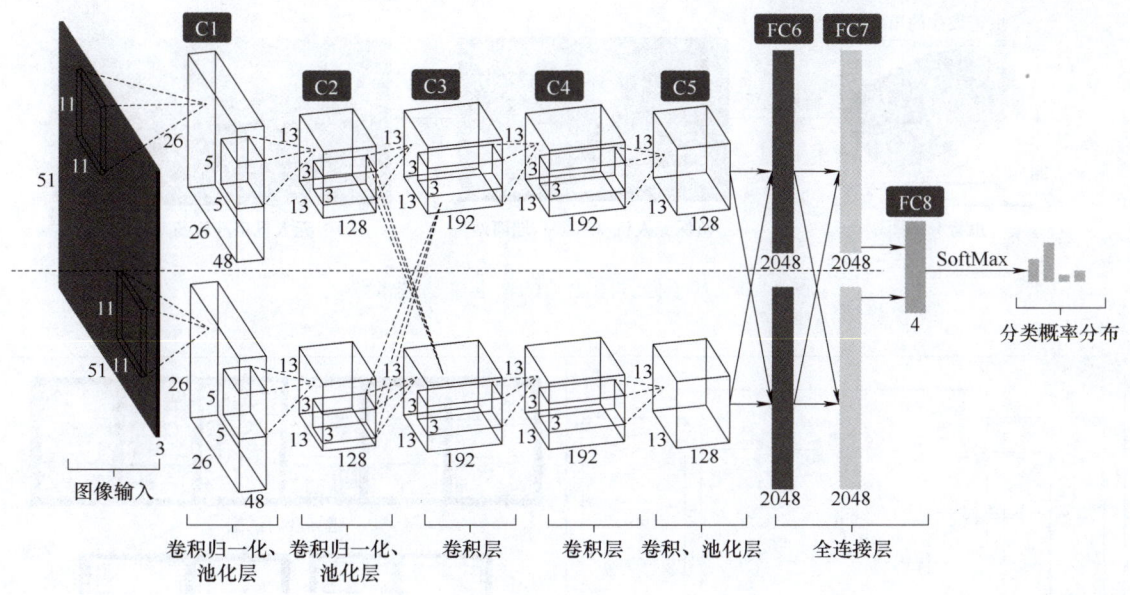

图 11-3 基于深度卷积网络的棉花红蜘蛛分类模型

征)送入分类器。通过准确率的统计和对比,可以看出卷积神经网络的准确率高于传统的分类方法。同时,针对传统的人工设计特征结合分类识别方法,使用 PCA 进行特征降维能够有效提高分类器的准确率。

表 11-2 棉花红蜘蛛虫害分类对比结果

方法	准确率
SB+VI+LBPH+SVM	0.9085
SB+VI+LBPH+CNN	0.7547
SB+VI+LBPH+PCA+SVM	0.9272
SB+VI+LBPH+PCA+CNN	0.9002
深度卷积网路	0.9605

(4)基于处方图驱动的棉花虫害精准施药研究 根据分析结果,定位出虫害区域,将该区域的位置输入植保无人机作为靶标区,无人机则根据输入的位置进行精准施药,具体技术路线如图 11-4 所示。

试验之前,在虫害区内(靶标区)和虫害区外 5m(非靶标区)内布置了试纸,测试无人机施药的雾滴沉积情况。通过试纸扫描图(图 11-5)可以看出,靶标区内有较多的雾滴沉积,而非靶标区几乎没有雾滴分布。说明无人机能够根据输入的位置进行精准施药,并且没有误施到周围区域。

表 11-3 对试纸扫描结果进行了统计,根据统计结果,可以得出:①靶标区内雾滴的沉积粒径为 99.3~235μm,覆盖率为 3.5%~23.8%,沉积密度为 198.8~402.6 个/cm^2,每平方厘米雾滴沉积量为 0.085~1.05μL;②靶标区域内的雾滴密度远大于 10 个/cm^2,雾滴分布均匀度<70%,符合国家 MH/T 1002.1—2016《农业航空作业质量技术指标 第 1 部分:喷

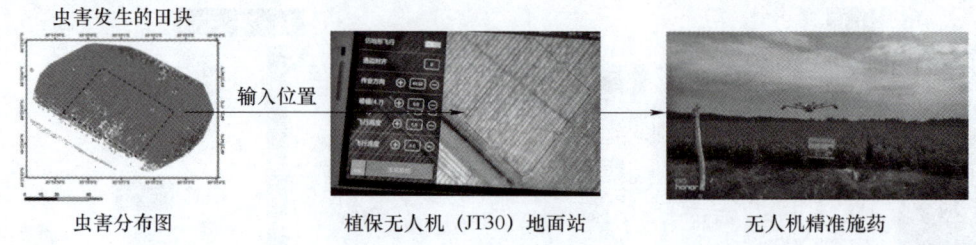

图 11-4　基于处方图驱动的精准施药技术路线

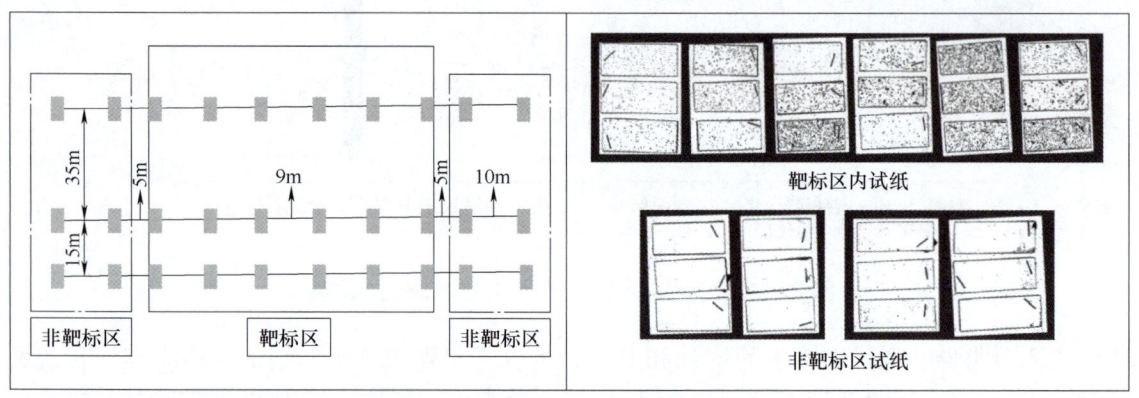

图 11-5　试纸布置示意图与试纸扫描结果

洒作业》；③非靶标区域内沉积量和雾滴覆盖密度基本为零，说明无人机的施药没有扩散到虫害区外部。总体来说，利用遥感图像识别虫害区域，匹配空间位置信息，对虫害区域进行定点的精准施药，在保证药效的前提下减少了农药排放，初步实现了精准农业航空的作业理念。

表 11-3　试纸统计指数

指数	非靶标区		虫害区						非靶标区	
沉积粒径/μm	98.6	110.3	99.3	149	181.3	186.6	235	209.7	104.6	107
覆盖率	0.22	0.21	3.5	8.3	14.4	9.6	23.8	14.9	0.6	0.32
沉积密度（个/cm²）	11.3	9.3	198.8	230.8	258.2	202.4	402.6	311.6	31.6	15.3
沉积量（μL/cm²）	0.005	0.005	0.085	0.26	0.6	0.39	1.05	0.62	0.015	0.008

11.3.2　基于全卷积网络的水稻杂草识别研究

（1）研究背景及意义　水稻是世界上最重要的粮食作物，杂草防治对保证水稻生产至关重要。目前，化学防治由于效果好和使用效率高，是使用最广泛的杂草防治手段。与传统的均匀喷洒相比，差异化杂草管理（SSWM）可以有效减少化学药剂的负面影响，是一种更好的解决方案。在 SSWM 的背景下，杂草分布为化学药剂的精准喷施提供可靠且重要的决策依据。通过生成杂草分布图，可以根据每个地点的杂草密度自适应调整化学剂量，从而减少除草剂的使用，同时增强农药的效果。

（2）数据采集　例如在广东省的两个稻田中进行实验，相关研究地点分别编码为 F1 和 F2。这两个地点都是地势平坦的矩形区域，且采用华航 31 水稻进行播种和耕种。两个研究地点都主要感染了千金子和碎米莎草。此外，稻田中还分布有马塘和稗草。田间杂草的照片如图 11-6 所示。

图 11-6　田间杂草图像示例
a）千金子　b）碎米莎草　c）马塘　d）稗草

试验在作物早期的四个不同时期进行，原因是作物生长早期是除草的最佳时间。田块 F1 的数据收集于 2017 年 10 月 2 日和 2017 年 10 月 10 日，当时水稻处于分蘖期。其他试验分别于 2017 年 11 月 10 日和 2017 年 11 月 18 日在田块 F2 开展，此时水稻处于幼苗期。在水稻种植中，一般在水稻出苗后几周（幼苗期和分蘖期）进行除草。因此，这些时期的实验可以为杂草田间管理提供实际支持。每次试验的田间图像如图 11-7 所示。

图 11-7　实验田间图像
a）2017 年 10 月 2 日　b）2017 年 10 月 10 日　c）2017 年 11 月 10 日　d）2017 年 11 月 18 日

采用多旋翼无人机进行数据采集。在数据采集过程中，无人机飞行高度为 10m，对应分辨率为 0.5cm。航向重叠率和旁向重叠率分别设置为 70% 和 60%。在四个不同的日期收集实验数据，将其命名为 D1~D4，见表 11-4。图像拼接使用 Photoscan 软件完成。因为正射影像的尺寸已经超过了 12000×12000 像素，直接处理正射影像容易造成 CPU 和 GPU 资源耗尽。为了解决这个问题并以无人机图像原始分辨率进行数据解译，将正射影像分割成互不重叠的小块区域（1000×1000 像素）。每个图像块通过人工进行像素级标记，从而生成相应的标签图像。因此，D1~D4 的数据集被划分为若干个 1000×1000 像素的样本，每个样本包含一个图像和一个对应的标签图像。数据预处理流程如图 11-8 所示，数据集样本见表 11-4。

表 11-4 数据集样本

名称	样本数量	生长阶段	数据采集时间
D1	182	分蘖期	2017 年 10 月 2 日
D2	182	分蘖期	2017 年 10 月 10 日
D3	120	幼苗期	2017 年 11 月 10 日
D4	120	幼苗期	2017 年 11 月 18 日

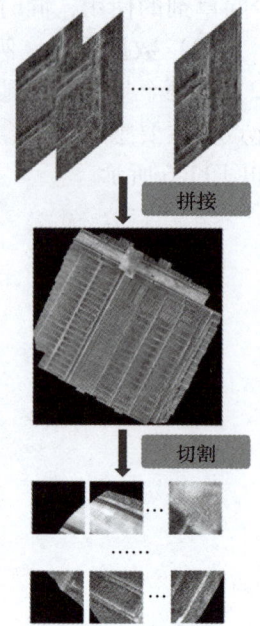

图 11-8 数据预处理流程

将数据集（D1~D4）分为训练集、验证集和测试集。具体方案：数据集 D1 和 D3 中的 60% 样本随机选择作为训练集；数据集 D1 和 D3 中剩余的 40% 样本作为验证集；数据集 D2 和 D4 用作测试集。测试集的采集日期与训练集和验证集不同，因此可以使用测试集的性能来评估预测模型的泛化能力。可采用平均交并比（MIU）和整体准确性（OA）作为验证指标。由于本项目目的是为稻田生成杂草分布图，属于语义分割研究范畴，因此采用 MIU 作为准确度的主要指标。

（3）实验方法　基于全卷积网络实现水稻杂草的像素级识别，采用跳跃结构提高全卷积网络的识别精度，基于条件随机场补充下采样所造成的细节损失。传统的条件随机场认为，图像单个像素与所有其他像素均存在联系。每个像素对之间的关系，通过两个像素的颜色和位置信息确定。但是，这种密集连接的方式提高了算法的计算复杂度，极大降低了模型的运行效率。针对该问题，可使用基于局部连接的条件随机场（图 11-9）。局部连接认为图像中单个像素仅与周围像素存在联系，该假设降低了像素对数量，降低了运算量，提高了运行速度。

（4）实验结果　在 FCN 基本架构中，连续的下采样操作会丢失空间细节信息，尤其是在边界区域周围。尽管 FCN 应用了网络内反卷积层将特征图恢复为全分辨率，但这种上采样操作无法完全恢复空间细节。本节通过以下方法寻求准确性的提高：跳跃架构、全连接 CRF（Full CRF）和局部连接 CRF（Part CRF）。总体来说，改进方法可以总结为两个方向：内部架构改进和后处理。跳跃架构是内部架构的改进方法，CRF 策略属于后处理方法。FCN 使用不同改进方法的分类结果见表 11-5。

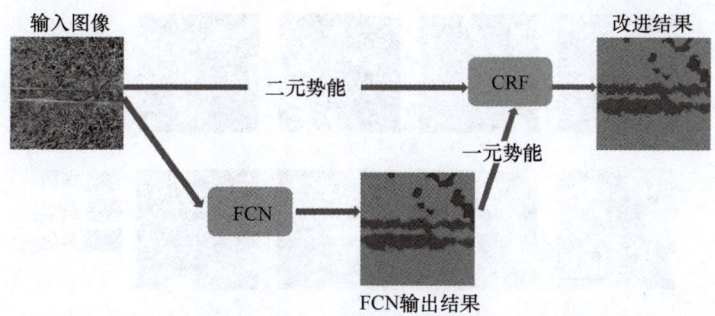

图 11-9 基于局部连接条件随机场的水稻杂草识别技术路线

表 11-5 不同改进方法下 FCN 的分类结果

改进方法	OA（%）	MIU（%）	执行时间/ms
FCN	88.4	77.2	67.5
FCN +跳跃架构	89.5	78.8	68.5
FCN + Full CRF	88.9	78.1	1820.0
FCN + Part CRF	89.4	79.0	325.8
FCN +跳跃架构+ Full CRF	89.9	79.5	1821.0
FCN +跳跃架构+ Part CRF	90.3	80.2	326.8

图 11-10 所示为各种改进方法在若干个测试集样本上的识别结果。从图 11-10 的第一个样本的识别结果可以看出，引入跳跃架构的 FCN（FCN-8s）及其改进结构能够准确识别出分布于水稻中的小块杂草（黑色方框），而普通 FCN（FCN-32s）及其改进结构均无法识别该块区域。从 FCN 的识别结果来看，该方法对大片杂草的识别率较高（图 11-10 的第二个样本），但是识别出分布在水稻中的小块杂草仍有难度。跳跃架构由于引入了浅层网络的特征信息，保留了较为完整的作物分布信息，因此对小块杂草的识别准确度较高。从图 11-10 的第四个样本的识别结果也能得出类似的结论。引入跳跃架构的 FCN（FCN-8s）及其改进结构能够得到作物的准确轮廓信息，而普通的 FCN（FCN-32s）及其改进结构识别效果欠佳。在跳跃架构的基础上，FCN-8s 仍存在部分误判（如黄色方框区域内将水稻判别为杂草），而 Part CRF 的引入有效修正了这个错误。从图 11-10 的第二个样本的识别结果来看，对于大片杂草的识别结果（白色方框区域），基于跳跃架构和 Part CRF 后处理操作的识别结果最好。这是因为该算法结合了浅层网络的特征信息，同时统计了每个像素和周围像素在分类上的相关关系（以二元势能定义），因此获得了更加精准的识别结果。

（5）小结　本实验探讨了无人机图像在杂草识别任务中的潜力以及用于数据解译的不同算法。首先，基于全卷积网络实现了水稻杂草的像素级识别。接着，采用跳跃架构、全连接条件随机场、局部连接条件随机场作为改进方法，探索 FCN 在单一改进方法和混合改进方法下的分类性能。试验结果证明，对于单一改进方法，跳跃架构和局部连接条件随机场均

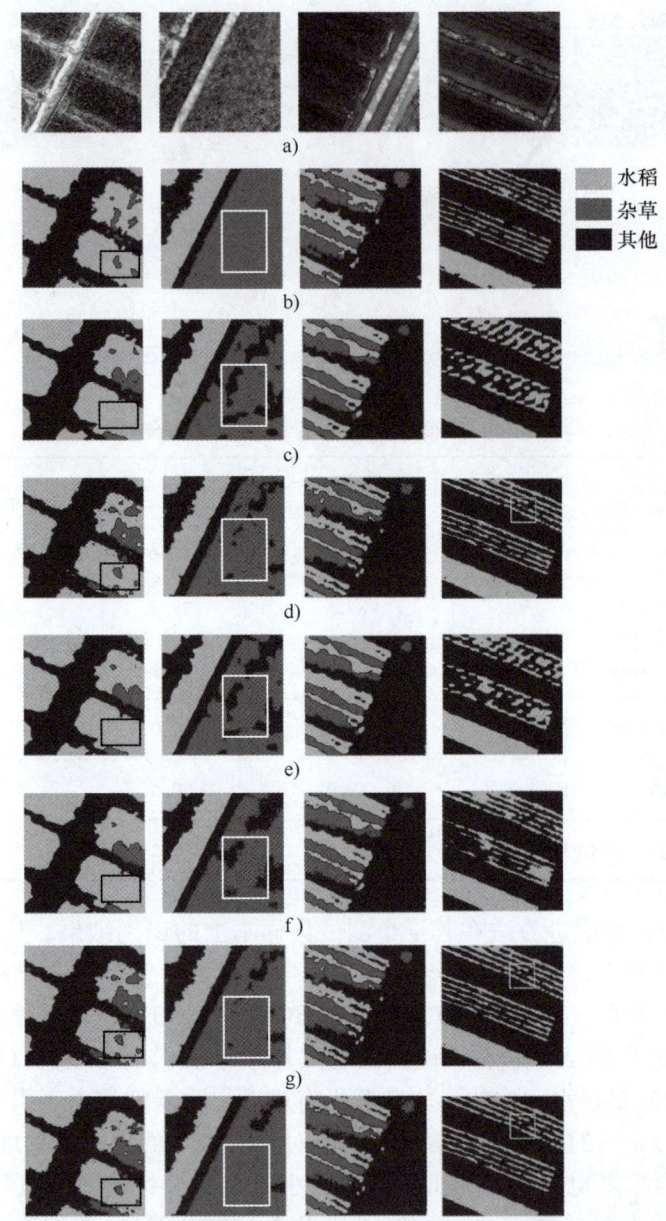

图 11-10 基于不同改进方法的识别结果

a）输入图像　b）标记图像　c）FCN-32s 识别结果　d）FCN-8s 识别结果　e）FCN-32s+Full CRF 识别结果
f）FCN-32s+Part CRF 识别结果　g）FCN-8s+Full CRF 识别结果　h）FCN-8s+Part CRF 识别结果

能有效提高识别率；采用混合改进方法（跳跃架构和局部连接条件随机场），能进一步提高 FCN 的分类精度。其中，采用跳跃架构和局部连接条件随机场之后，FCN 在测试集上的准确率高达 80.2% MIU，执行速度为 326.8ms。

11.4 本章小结

  智慧农业是利用人工智能等新兴技术来提高农业生产效率、降低资源消耗、维护生态环境的现代化农业模式。本章首先介绍了智慧农业的发展背景和意义。其次，分析了智慧农业的典型应用场景。最后介绍了基于无人机低空遥感的作物虫害与草害监测及其精准施药研究。总的来说，本章系统地介绍了智慧农业的发展现状、典型应用场景和面临的挑战。通过具体的技术案例分析，展示了人工智能在提高农业生产率、降低资源消耗、维护生态环境等方面的巨大潜力。未来，随着相关技术的进一步发展和产业链的不断完善，智慧农业必将成为推动农业现代化的重要引擎，为实现可持续发展做出重要贡献。

11.5 习题

一、判断题

  1. 智慧农业是利用人工智能等新兴技术来提高农业生产率、降低资源消耗、维护生态环境的现代化农业模式。（　　）

  2. 推动智慧农业发展需要政府、企业、科研机构等多方共同努力，在政策、资金、人才、技术等方面持续加大投入和支持力度。（　　）

  3. 基于无人机遥感的棉花红蜘蛛虫害监测及精准施药技术无法实现对虫害区域的精准定位和施药。（　　）

  4. 智慧农业发展中面临的主要挑战包括数据管理和隐私保护，但不涉及产业链条不完善和政策支持相对不足。（　　）

二、问答题

  1. 简述智慧农业的发展背景和意义。

  2. 简述基于无人机遥感的棉花红蜘蛛虫害监测及精准施药技术的关键步骤。

  3. 简述智慧农业发展中面临的主要挑战。

  4. 针对智慧农业发展面临的挑战，有哪些应对措施？

第 12 章　智 能 翻 译

语言交流是人类社会得以运转的基础，是文化传播、信息共享的重要载体。然而，由于语言的多样性，跨语言交流一直是人类面临的重大挑战。在全球化和信息化的背景下，如何实现高效的跨语言沟通，已成为各领域亟待解决的迫切需求。正是在这一背景下，智能翻译技术应运而生，并成为人工智能领域的一大前沿方向。这种技术通过模拟人类的语言理解和生成能力，实现了计算机辅助的高质量翻译，大幅提升了人类之间的跨语言交流效率。本章将重点介绍智能翻译技术的原理及其在各类应用场景中的具体实现方式，帮助读者全面认知这一前沿技术的发展现状与未来趋势。通过学习本章内容，读者将对智能翻译技术及其在实际应用中的价值有深入的了解。

12.1　智能翻译概述

12.1.1　智能翻译定义

智能翻译是利用计算机技术实现人类语言之间自动翻译的一种技术。它通过对输入的文本或语音进行识别、分析和转换，最终输出目标语言的内容。这种跨语言的文本和语音翻译技术，大大提高了人与人之间的沟通效率，广泛应用于国际商务、教育、旅游等领域。

智能翻译系统涉及语音识别、自然语言处理、机器学习等多项前沿技术。首先，语音识别模块将输入的语音转换为文字；然后，自然语言处理模块分析文本的语义和语法结构；接下来，基于海量的语料库和机器学习算法，翻译模块将源语言内容转换为目标语言；最后，合成模块会将翻译结果输出为流畅自然的文字或语音。这一系列工作流程，使得智能翻译系统能够高效地进行跨语言的信息交互。

随着自然语言处理和机器学习技术的不断进步，智能翻译系统的性能和质量也在不断提升。一方面，深度学习等先进算法可以更准确地捕捉语言之间的复杂对应关系，提高翻译的准确性和流畅性。另一方面，海量多语言数据的积累，为训练更加强大的翻译模型提供了有力支撑。此外，跨模态融合技术的发展，使得智能翻译系统能够处理文本、语音、图像等多种输入形式，进一步扩展了应用场景。

目前，智能翻译已经在很多领域得到广泛应用。在国际商务中，它帮助企业与海外客户进行高效沟通，促进了跨国交流与合作。在教育领域，它为外语学习者提供了即时的语言辅助，大大降低了语言障碍。在旅游场景，智能翻译可以帮助游客获取当地信息，与当地人交流，提升了旅行体验。此外，它还在医疗、法律、科研等领域发挥着重要作用，为不同背景的人员提供着语言服务。

随着5G、物联网等新一代信息技术的发展，智能翻译的应用前景将更加广阔。以语音交互为代表的跨语言对话，将成为人机协作的重要方式。同时，基于翻译技术的多语言内容生产和自动字幕生成，也将大大提高信息传播的效率。此外，智能翻译还可以与机器人、增强现实等技术融合，实现更智能化的跨语言交互。

总的来说，智能翻译作为一项前沿的计算机技术，正在深入人类生活的方方面面。它不仅提高了人与人之间的交流效率，也为各行各业带来了新的发展机遇。随着相关技术的不断创新，智能翻译必将在未来的数字化转型中扮演更加重要的角色，为构建人类命运共同体做出积极贡献。

12.1.2　智能翻译应用模式

随着人工智能技术的不断进步，智能翻译的应用范围也越来越广泛，主要体现在以下几种典型模式：

（1）辅助翻译模式　在这种模式下，智能翻译技术主要作为专业翻译人员的辅助工具，帮助提高工作效率。翻译人员可以利用智能翻译系统快速生成初步译文，再进行人工校对和润色，从而大幅缩短整个翻译流程。这种模式广泛应用于企业内部的文档翻译、合同谈判、会议记录等场景。

（2）自助翻译模式　在这种模式下，用户可以直接使用智能翻译工具进行快捷的即时翻译。应用场景包括在线聊天、网页浏览、移动 App 使用等。这种模式通常不追求专业级别的翻译质量，而是注重为用户提供便捷的语言交流体验。大型互联网公司开发的在线翻译服务，如谷歌翻译、百度翻译等，都属于这种自助翻译模式。

（3）机器翻译后编辑模式　在这种模式下，智能翻译系统首先自动生成初步译文，然后由专业翻译人员进行二次编辑和优化。与辅助翻译模式相比，这种做法更注重最终译文的质量，适用于重要文件的正式翻译，如政府公文、法律合同、医疗报告等。这种模式要求翻译人员具备专业水平，能够对机器生成的译文进行深入校正和润色。

（4）多语种内容生产模式　这种模式主要应用于跨国企业、国际组织等场景，通过智能翻译技术高效地将原创内容快速转换成多种语言版本。典型应用包括企业官网、营销文案、用户手册等内容的本地化。此外，在在线教育、新闻传播等领域，智能翻译也能支持大规模的跨语种内容生产。这种模式注重提高多语种内容创作的效率和覆盖面，而非追求最高的翻译质量。

总的来说，随着智能翻译技术的不断进步，各种应用模式也在不断丰富和完善，为不同场景提供了有针对性的解决方案。未来，这些应用模式还将进一步深化和创新，助力建设更加包容、流畅的多语言交流环境。

12.2　智能翻译发展及现状

近年来，随着人工智能技术的快速进步，智能翻译技术也取得了长足发展。从早期基于规则的统计机器翻译，到如今基于神经网络的智能机器翻译，翻译质量和流畅度不断提升。

12.2.1　国外智能翻译发展

国外智能翻译技术的发展历程可以追溯到 20 世纪初，历经了机器翻译、基于规则的机器翻译、基于统计的机器翻译、基于神经网络的机器翻译四个主要阶段。

1947 年，美国国防部资助了第一个机器翻译项目，旨在开发可以将俄语翻译成英语的系统。1954 年，IBM 和美国国防部合作开发了第一个公开演示的机器翻译系统，使用简单的词汇表和句法规则进行翻译。1966 年，自动语言处理咨询委员会（ALPAC）发表报告，认为机器翻译无法在可预见的未来实现高质量翻译,导致美国政府停止了对机器翻译的大规模投资。

1970年代,研究者开始使用系统的语言分析方法,开发基于规则的机器翻译系统。这些系统依靠词汇表、语法规则和语义分析来执行翻译,但仍存在局限性,无法处理复杂的语言现象。

1990年代,随着计算能力的提升和大规模语料库的可用性,统计机器翻译开始崛起。这些系统通过分析大量的人工翻译语料,学习词汇、短语和句法模式之间的概率关系,实现翻译。统计机器翻译大幅提高了翻译质量,但仍存在一些问题,例如,无法很好地处理语境信息。

2010年之后,随着深度学习技术的发展,神经网络机器翻译开始兴起。这些系统使用神经网络模型端到端地学习翻译,无需依赖于复杂的语言规则和特征工程。神经网络机器翻译在准确性、流畅性和语境理解方面都有显著提升,已经接近人工翻译的水平。谷歌、微软、亚马逊等科技公司纷纷推出基于神经网络的智能翻译服务,引领了机器翻译技术的新浪潮。

总的来说,国外智能翻译技术的发展经历了从机器翻译的萌芽、基于规则的机器翻译到基于统计和神经网络的机器翻译四个阶段,不断提升翻译质量,实现了从"机械"到"智能"的转变。未来,随着人工智能技术的进一步发展,智能翻译将会在准确性、流畅性和智能化等方面取得更大突破。

12.2.2 国内智能翻译发展

国内智能翻译技术的发展历程与国外有些相似,但也有自己的特点。1956年,中国科学院成立了第一个机器翻译研究小组,开始研究基于规则的英汉机器翻译系统。1970年代,中国科学院计算所开发了一些针对特定领域的机器翻译系统,如"中俄医学翻译系统"。这些早期系统依赖于词汇表、语法规则和简单的语义分析,翻译质量较低,主要应用于专业领域。

1990年代,随着计算机性能的提升和语料库的积累,中国科学院计算所等单位开始研究基于统计的机器翻译技术。这些系统通过分析大量的双语语料,学习词汇、短语和句法模式之间的概率关系,实现翻译。相比于早期的规则系统,统计机器翻译在翻译质量和适用范围上有了明显改善。

2010年之后,随着深度学习在自然语言处理领域的兴起,国内企业和研究机构开始研发基于神经网络的智能翻译系统。例如,2017年,百度发布了基于深度学习的"DuerTranslate"系统,在英中互译等任务上取得了较好的效果。2019年,腾讯发布了基于深度学习的"腾讯AI Lab翻译"系统,支持40多种语言之间的互译。此外,中国科学院、哈尔滨工业大学等单位也开发了自己的神经网络机器翻译系统,不断提升翻译质量。

总的来说,国内智能翻译技术的发展经历了从早期机器翻译到基于统计的机器翻译,再到基于深度学习的智能翻译的历程。近年来,随着人工智能技术的持续进步,国内企业和研究机构在智能翻译领域取得了快速发展,智能翻译服务也逐步渗透到各个应用场景中,为用户提供了更加智能高效的跨语言交流体验。

12.2.3 智能翻译发展困境

尽管国内外智能翻译技术取得了长足进步,但目前仍然面临着一些发展困境。

智能翻译面临的主要问题是语料数据的局限性。训练高质量的智能翻译模型需要大量高质量的双语语料数据，但这些语料数据的获取和标注成本较高。某些语言和领域的双语语料较为匮乏，这限制了模型在这些语言和领域的性能提升。其次，智能翻译也面临语言理解的挑战。翻译不仅需要理解词汇和语法，还需要对语境、隐喻、歧义等进行深入理解。当前的智能翻译系统在处理这些复杂的语言现象方面仍存在一定的局限性，翻译质量难以做到与人工翻译媲美。再次，智能翻译发展中也面临低资源语言的障碍。许多世界语言被归类为"低资源语言"，缺乏足够的训练数据和支持。这些语言的智能翻译性能普遍较差，很难为这些语言使用者提供高质量的翻译服务。另外，智能翻译还需满足不同行业应用的特殊需求。不同行业对于翻译的要求各不相同，例如，法律、医疗等领域对于准确性和专业性的需求更高。目前的通用智能翻译系统难以满足这些行业的特殊需求，需要进一步的定制和优化。同时，智能翻译模型需要大量数据进行训练及模型更新，不可避免存在隐私和安全问题。智能翻译服务需要将用户的文本输入提交到云端服务器进行处理，存在隐私和安全方面的风险。一些关键领域或个人用户对于隐私和安全的要求较高，需要针对性的解决方案。最后，智能翻译仍需要人工干预和监督。即使智能翻译质量不断提高，人工干预和监督仍然是必要的，尤其是在关键和敏感的应用场景中。完全自动化的智能翻译系统可能无法满足某些特殊需求，需要人工编辑和校正。

总的来说，国内外智能翻译技术的发展仍面临着语料数据、语言理解、低资源语言、行业应用、隐私安全以及人工监督等多方面的挑战，需要相关企业和研究机构持续投入，不断探索创新性的解决方案。

12.3 智能翻译应用场景

12.3.1 移动端翻译应用

随着移动互联网技术的快速发展，智能手机已成为人们日常生活中不可或缺的工具。移动端智能翻译软件应运而生，为广大用户提供了高效便捷的跨语言交流体验。

在早期阶段（2000年代初期），移动端翻译软件主要依赖于简单的词典查询和短语匹配，翻译质量和功能较为有限。代表性产品有掌中宝、金山词霸等。随着机器翻译技术的发展，一些主流翻译服务商开始将机器翻译引入移动端。例如，谷歌翻译、百度翻译等推出了基于云端机器翻译的移动应用。这些应用不仅提供词语查询，还支持文本、语音、图片等多种输入方式的翻译，并支持离线使用。进入2010年代，移动端翻译软件开始向智能化和个性化方向发展。应用采用基于深度学习的神经网络机器翻译技术，在翻译质量、理解能力等方面不断提升。同时，通过用户画像、个性化推荐等功能，为用户提供更加贴合需求的翻译服务。近年来，移动端翻译软件正向多功能集成的方向发展。除了基本的翻译功能，还逐步集成了词典查询、在线学习、旅游指南等更丰富的功能，成为用户综合性的语言学习和交流工具。

在当前主要的移动端翻译软件中，谷歌翻译是全球最知名的翻译软件之一，提供约110种语言之间的互译功能。支持文本、语音、图片等多种输入方式，并提供离线翻译功能。利用神经网络机器翻译技术，翻译质量较为出色，并在持续优化改进中。作为国内领先的翻译服务商，百度翻译在移动端也有强大的表现，支持70多种语言的互译，涵盖文本、语音、图片、手写等多种输入方式。依托百度强大的自然语言处理能力，在中文翻译等方面表现优异。有道翻译是网易公司旗下的翻译产品，主打专业化和个性化的特点。支持文本、语音、图像等多种输入，同时提供专业领域的定制翻译服务。结合有道词典等产品，为用户提供更加丰富的语言学习和交流功能。微软翻译是微软公司基于 Neural Machine Translation（NMT）技术开发的翻译应用。支持 60 多种语言的互译，可在对话、文档等场景下提供实时翻译服务。与微软其他办公软件深度集成，为企业用户提供便捷的多语言协作解决方案。微信、WhatsApp、Facebook Messenger 等即时通信应用纷纷在内置聊天框中集成了翻译功能。用户在聊天时可以即时将消息翻译成对方的母语，提高跨语言沟通的效率。图 12-1 所示为主要的移动端翻译软件。

图 12-1　主要的移动端翻译软件
a）谷歌翻译　b）百度翻译　c）有道翻译

移动端翻译软件可以帮助用户在旅行、就医、购物等日常场景中实现与外国人的高效沟通。利用语音、图片等输入方式，克服语言障碍，提高沟通的便捷性和准确性。同时，移动端翻译软件可以辅助语言学习者进行单词查询、句子翻译等练习，也可以为多语种培训课程提供实时字幕翻译，提高课程的可理解性。在商务应用方面，移动端翻译软件可以帮助跨国企业的员工进行文档翻译、会议交流等工作。同时，也可以为电商平台的买家和卖家提供便捷的沟通工具，促进跨境贸易。在信息传播方面，移动端翻译软件可以帮助新闻、视频等内容提供商实现快速的多语种发布，提高内容的传播覆盖面，同时也为用户提供即时的信息获取和理解服务。

随着深度学习等 AI 技术的不断进步，移动端翻译软件的翻译质量将进一步提高，逼近人工翻译水平。移动端翻译软件将向更加集成化和个性化的方向发展，满足用户在学习、工作、生活等各方面的需求。在跨设备协作方面，移动端翻译软件将与 PC 端、智能硬件等设备深度融合，形成跨设备的翻译协作体系。随着用户隐私保护意识的提高，移动端翻译软件将更加注重用户隐私和数据安全的保护。总的来说，移动端智能翻译软件正在快速发展，为人们的日常生活、学习、工作等带来了巨大便利。未来，这一领域将呈现出更加智能化、个性化和安全可靠的特点，成为用户不可或缺的工具。

12.3.2　实时语音翻译

实时语音翻译是近年来快速发展的技术，它利用语音识别、自然语言处理和机器翻译等技术，实现不同语种的人之间的即时语音沟通。这一技术大大提高了跨语言交流的效率，在国际商务、旅游、医疗等多个领域都有广泛应用。

实时语音翻译技术的发展可以追溯到 20 世纪 50 年代，当时美国国防部资助了第一个自动语音翻译系统的研究，但由于技术水平限制，效果并不理想。随后几十年里，相关技术虽有一定进步，但仍存在准确性低、响应速度慢等问题，难以实现实际应用。进入21世纪，随着人工智能和机器学习技术的快速发展，语音识别、自然语言处理和机器翻译等核心技术都有了质的飞跃，为实时语音翻译的实现奠定了基础。2010年左右，各大科技公司和研究机构开始推出实用的实时语音翻译产品和服务，标志着这一技术进入了快速发展期。近年来，随着神经网络等先进算法的广泛应用，以及云计算和大数据的支持，实时语音翻译的性能不断提升，翻译质量和响应速度都有了显著改善。同时，产品形式也从最初的专用硬件设备发展到手机APP、智能音箱等多种形式，使用范围越来越广泛。

在国际商务交流方面，实时语音翻译在跨国公司会议、商业谈判、客户服务等场景广泛应用，提高了沟通效率，降低了语言障碍带来的成本。在旅游服务方面，外国游客可以借助实时语音翻译APP，与当地人进行即时交流，顺利完成酒店预订、点餐、咨询等需求。在医疗健康方面，实时语音翻译有助于医生与外国患者的沟通，提高诊疗效果。在教育培训方面，实时语音翻译可用于远程教学、学生交流互动，突破语言限制，提升教学质量。在社交娱乐方面，实时语音翻译支持不同语言者之间的即时聊天、视频通话，增进跨文化交流。图12-2所示为实时语音翻译应用示例。

图 12-2　实时语音翻译应用示例

在当前的实时语音翻译产品中，微软公司开发的实时语音翻译服务Translator，支持60多种语言的即时双向翻译，应用于Skype、Office等产品。谷歌提供的免费翻译APP，支持实时语音翻译，覆盖100多种语言，并提供离线使用。科大讯飞翻译机是国内领先的智能硬件产品，可实现双向语音翻译，支持多种交互方式，应用范围广泛。百度公司推出的实时语音翻译服务，涵盖手机APP、小程序、智能硬件等多种形式。阿里智能语音翻译依托阿里云的AI技术，提供高质量的语音识别和机器翻译，应用于会议、旅游等场景。图12-3所示为主流的实时语音翻译软件。

随着深度学习等先进算法的不断优化，以及海量语料数据的积累，实时语音翻译的准确性和实时性将进一步提高。当前主流产品已支持100多种语言，未来这一覆盖范围将不断扩大，满足更广泛的语言需求。实时语音翻译的设备应用场景将更加丰富，其运行平台不再局限于手机APP，而是集成到智能音箱、车载系统、VR/AR设备等，为用户提供更便捷的跨语言交流体验。除了商务、旅游等传统领域，实时语音翻译技术还将在医疗、教育、司法等更多行业得到应用，服务于更广泛的社会需求。总的来说，实时语音翻译技术正在不断进化，其应用前景广阔，必将在未来对人类跨语言交流产生深远影响。

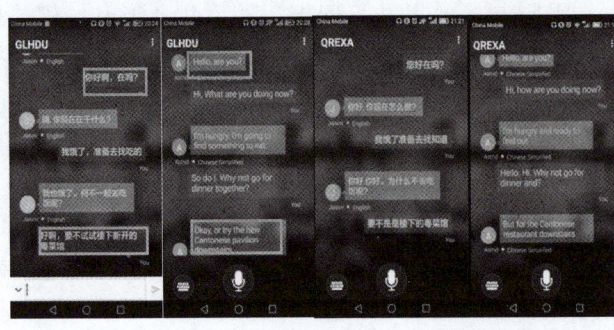
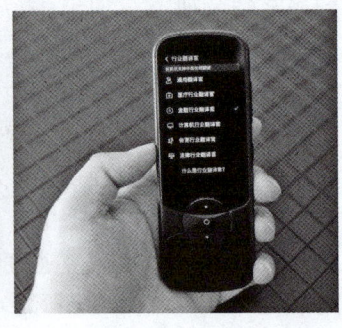

a)   b)

图 12-3 主流的实时语音翻译软件

a）微软 Translator 翻译服务   b）科大讯飞翻译机

12.3.3 智慧教育

早在 20 世纪 80 年代，计算机辅助语言学习（CALL）就开始出现在教育实践中。这些最早期的系统主要利用规则驱动的语法翻译方法，效果较为有限。进入 21 世纪，随着深度学习等新兴人工智能技术的突破，基于神经网络的机器翻译迅速发展，在准确性和流畅性方面都有了显著提升。与此同时，云计算和移动互联网技术的发展，也为智能翻译应用于教育领域提供了强大的技术支撑。

在跨语言授课与学习方面，智能翻译可以帮助师生实现即时双向翻译，突破语言障碍，提高跨语言授课和学习的效率，图 12-4 所示为基于智能翻译的跨语言教学课堂。对于远程教学交流，借助智能翻译技术，师生可以进行流畅的跨语言视频会议、在线聊天等互动，促进国际教育合作。对于教学资料本地化，智能翻译可以将教学课件、教材等内容快速翻译为多种语言版本，满足不同背景学生的需求。作为学习辅助工具，学生可以借助智能翻译 APP，实时翻译学习过程中遇到的生词、句子，提高学习效率。对于多语种考试服务，智能翻译技术可用于考试题目的翻译，为不同语言背景考生提供公平的考试环境。

Exhaustive search decoding

- Ideally we want to find a (length T) translation y that maximizes

$$P(y|x) = P(y_1|x)\, P(y_2|y_1, x)\, P(y_3|y_1, y_2, x)\dots, P(y_T|y_1,\dots,y_{T-1}, x)$$
$$= \prod_{t=1}^{T} P(y_t|y_1,\dots,y_{t-1}, x)$$

- We could try computing all possible sequences y
  - This means that on each step t of the decoder, we're tracking V^t possible partial translations, where V is vocab size
  - This $O(V^T)$ complexity is far too expensive!

穷举搜索解码

- 理想情况下，我们想要找到一个(长度为 T)的翻译 y 使其最大化
- 我们可以尝试计算所有可能的序列 y
  - 这意味着在解码器的每一步 t，我们跟踪 V^t 个可能的部分翻译，其中 V 为 vocab 大小
  - 这种 $O(V^T)$ 的复杂性太高了！

图 12-4 基于智能翻译的跨语言教学课堂

2010年以来，各大科技公司和教育机构纷纷推出面向教育应用的智能翻译产品和服务。微软推出的专为教育领域定制的智能翻译服务 Translator for Education，支持文本、语音、网页等多种形式的实时翻译。该服务广泛应用于国内外学校的跨语言授课、教学资料本地化等场景。谷歌的教育云服务套件 G Suite for Education 包含即时翻译功能，可用于学生之间的跨语言讨论、老师与家长的交流等。同时还支持文档、表格等教学资料的自动翻译。科大讯飞智能翻译笔针对教育场景进行了设计，可实现双向语音翻译，并支持离线使用，广受师生好评。百度智能教育云基于百度强大的 AI 技术，提供涵盖智能翻译、语音识别等功能的一体化解决方案，广泛应用于中小学在线教学。阿里旗下的企业协作平台钉钉内置了智能翻译功能，可实现跨语言的即时文本、语音沟通，支持师生远程交流。

随着深度学习技术的不断优化，以及海量多语料的积累，智能翻译在准确性、流畅性方面将不断提高，从而能更好地服务于教育需求。在个性化服务能力方面，基于用户行为分析和学习画像，智能翻译系统将提供更加个性化的服务，如针对学生水平的自适应翻译等。在功能集成方面，智能翻译将与智能问答、智能批改等 AI 教育技术深度融合，构建全方位的智能教学服务体系。总的来说，智能翻译技术正在不断推动教育领域的变革，为实现跨语言、跨文化的教学交流提供了强大的技术支撑。未来，这一技术必将在提高教学质量、促进国际教育合作等方面发挥越来越重要的作用。

12.3.4 法律服务

法律服务是一个对语言和文字要求极其严格的专业领域。随着全球化趋势的不断加深，多语言、跨国界的法律需求正日益增长。而智能翻译技术的发展，为法律服务业提供了崭新的突破点，带来了颠覆性的变革。智能翻译在法律服务领域可发挥多方面的作用，例如，提高跨境法律文件处理效率、优化法律咨询沟通体验、支持企业全球化法律服务、促进司法行政信息公开透明，以及提升法律知识的传播普及等。

事实上，智能翻译技术在法律服务领域的应用实践已有广泛探索。一些大型律所和企业法务部门，已广泛应用智能文档翻译技术，实现合同、判决书等法律文件的快速多语种转换。不少律所还为跨国客户提供智能翻译辅助的远程法律咨询服务，客户可以即时获得多语种翻译结果。同时，一些法律教育机构和咨询平台，利用智能翻译技术将法律课程、文章等内容进行多语种转换，实现法律知识在全球范围内的高效传播。此外，部分国家和地区的法院、司法部门也开始尝试利用智能翻译技术，为公众提供判决书、法规等司法行政信息的多语种发布服务。结合自然语言处理等技术，还出现了智能合同生成系统和基于智能翻译的法律知识问答机器人，进一步推动了法律服务的数字化转型。图 12-5 所示为智能翻译技术在法律服务领域的应用示例。

未来，智能翻译技术在法律服务领域将呈现更多发展趋势。翻译质量和专业性将不断提升，以满足法律服务对高质量翻译的需求；多语种支持范围也将进一步扩大，适应不同国家和地区的需求；跨平台应用场景也将不断拓展，为法律服务提供更便捷的跨语言交流体验。同时，数据安全性和合规性也将持续提高，保护法律文件信息的隐私。未来，智能翻译还将与知识图谱、自然语言处理等前沿技术深度融合，为法律服务提供更智能、个性化的解决方案。此外，智能翻译还将在法规解读、合同生成、法律问答等更细分的场景发挥作用，推动法律服务向更专业化发展。总的来说，智能翻译技术正在深刻改变法律服务业的工作方式和服务模式，推动着这一传统行业向数字化、智能化转型。

a) b)

图 12-5 智能翻译技术在法律服务领域的应用示例

a) 法律文书自动生成 b) 法律问答机器人

12.4 本章小结

随着全球化进程的不断加深，多语言交流和信息传播需求正日益增长。这为智能翻译技术的发展创造了广阔空间。近年来，随着机器学习、深度学习等人工智能技术的快速进步，智能翻译技术也取得了长足发展，在各行各业的应用也日渐广泛。本章首先阐述了智能翻译的定义，介绍了当前国内外的发展现状及存在的主要问题。接着，详细介绍了智能翻译技术在移动端翻译应用、实时语音翻译、智慧教育、法律服务领域的应用情况。总的来说，智能翻译技术正在不断完善，应用场景也越来越广泛，在促进全球信息交流、推动各行业数字化转型等方面发挥着重要作用。未来，随着人工智能技术的持续进步，智能翻译必将呈现出更强大的性能和更广阔的应用前景。

12.5 习题

一、判断题

1. 智能翻译技术是利用计算机技术实现人类语言之间自动翻译的一种技术。（ ）
2. 在国外智能翻译技术的发展历程中，基于神经网络的机器翻译阶段出现在 20 世纪初。（ ）
3. 移动端智能翻译软件主要依赖于简单的词典查询和短语匹配，翻译质量和功能较为有限。（ ）
4. 实时语音翻译技术的发展可以追溯到 20 世纪 50 年代。（ ）
5. 智能翻译技术在法律服务领域的应用主要体现在提高跨国企业的营销策略。（ ）

二、问答题

1. 请简要介绍智能翻译技术在移动端的应用场景。
2. 请简要描述智能翻译技术在实时语音翻译方面的发展历程。
3. 举例说明智能翻译技术在教育领域的应用。
4. 解释智能翻译技术在法律服务领域的作用。
5. 未来智能翻译技术在教育领域的发展趋势是什么？

第13章 应用案例

13.1 基于机器视觉的水稻病害识别研究

（1）研究背景及意义　水稻是最重要的粮食作物之一，是世界上一半以上人口的主食。在水稻的种植过程中，水稻叶片病害是全球水稻农业生产链中最严重的威胁之一，导致产量减少可达75%。因此，快速准确地识别水稻叶片病害的类别，并及时给予针对性的治理，对于保障世界大多数国家的粮食安全具有重要意义。目前，在实际应用中，水稻叶片病害的识别主要是通过人工调查，这对准确识别存在诸多限制。水稻的大规模种植给叶片病害的人工识别带来了巨大压力，而且有些水稻叶片病害在其初期阶段看起来非常相似，很难用肉眼检测出来。人们通过手工辨识农作物病害时，存在诸多限制。首先，这种方法非常主观，不同的观测人员具有不同的经验，这可能会导致偏差。其次，这种方法的效率较低，观测人员需要逐株逐片地检查样本的病情，既费时又费力。最后，这种方法的识别准确率不高，当人工检测作物病害时，由于环境因素的复杂性，例如，作物遮挡、病害部位隐蔽、病征不明显等，会导致检测者漏检或误判。由此可见，基于人工的作物监测费时费力且不可靠。更重要的是，由于专业人员数量有限，大多数农户由于缺乏农艺知识，很难及时邀请专家鉴定水稻病害，导致无法及时识别和防治此类病害。因此，作物病害自动识别系统对于水稻田间的日常管理具有重要意义。

（2）数据采集　本次的实验地点位于我国广州增城区朱村区域。实验地点包括26个自然条件下的不同稻田块：田块F1～田块F26。

本次实验采用小米手机10S进行数据收集。小米手机10S配备一个后置四摄像头模块，其中包括1亿像素的主摄像头、1300万像素的超广角镜头、200万像素的微距镜头和200万像素的景深镜头。手机支持微距模式，能够拍摄清晰的目标图像。采集数据时，相机模式设置为自动曝光和自动对焦，镜头距离冠层10～50cm。为避免病害叶片扭曲，拍摄设备的镜头与病害叶片保持平行。每张照片的分辨率为5792×4344像素，并且经植保专家建议对采集的病害图像进行了标注。共采集水稻叶片病害图像6046张，包括1046幅水稻白叶枯病图像、1053幅水稻稻瘟病图像、1542幅水稻褐斑病图像、823幅水稻纹枯病图像和1582幅健康叶片图像。部分水稻叶片病害图例如图13-1所示。

图像数据的采集时间为2021年8月21日～2021年9月30日，每天的采集时间段为上午7:00～11:30和下午16:00～18:30，图像在不同的天气条件下采集，如晴天、阴天和雨天。实验数据详见表13-1，其中a～e代表数据集的五个类别。实验数据分为训练集和测试集，见表13-2。从表13-2可以看出，训练集和测试集的样本采集于不同的日期和稻田块，这是为了保证网络模型的泛化能力。

图 13-1 田间条件下的水稻叶片病害图例
a）水稻白叶枯病　b）水稻稻瘟病　c）水稻褐斑病　d）水稻纹枯病　e）健康叶片

表 13-1 试验数据采集详情

采集时间	田块编号	采集数目					数据编号
		a	b	c	d	e	
2021-8-21	F1	1	76	29	0	10	D1
2021-8-22	F2	2	94	18	3	83	D2
2021-8-28	F3	153	16	4	2	41	D3
2021-8-30	F4	0	98	64	46	133	D4
2021-9-5	F5	0	9	331	30	0	D5
2021-9-11	F6	105	12	109	104	1	D6
2021-9-11	F7	5	17	16	4	186	D7
2021-9-11	F8	0	2	0	0	159	D8
2021-9-12	F9	1	5	35	21	222	D9
2021-9-12	F10	150	6	4	0	0	D10
2021-9-13	F11	46	112	54	0	0	D11
2021-9-20	F12	91	59	108	54	61	D12
2021-9-21	F13	16	71	66	32	101	D13
2021-9-25	F14	25	36	48	7	54	D14
2021-9-25	F15	61	22	5	0	38	D15
2021-9-26	F16	0	17	116	0	4	D16
2021-9-26	F17	80	19	31	2	106	D17
2021-9-26	F18	2	4	0	132	1	D18
2021-9-26	F19	6	4	0	55	45	D19
2021-9-27	F20	15	4	20	238	73	D20

(续)

采集时间	田块编号	采集数目					数据编号
		a	b	c	d	e	
2021-9-27	F21	116	84	10	1	46	D21
2021-9-28	F22	8	44	69	78	105	D22
2021-9-28	F23	139	24	14	4	26	D23
2021-9-29	F24	2	28	293	2	0	D24
2021-9-30	F25	2	96	95	0	15	D25
2021-9-30	F26	20	94	3	8	72	D26

表 13-2 训练集和测试集的数据划分

数据集	数据集划分
训练集	D1,D2,D3,D4,D5,D6,D7,D10,D12,D14,D15,D17,D20,D22,D25,D26
测试集	D8,D9,D11,D13,D16,D18,D19,D21,D23,D24

（3）实验方法　实验提出的模型总体框架如图 13-2 所示。通过对不同网络架构性能的比较，采用了 EfficientNet-b0 作为骨干网络，在分类模型中嵌入了自下而上和自上而下流程的特征金字塔，目的是在保留语义信息的同时减少细节的损失。此外，该特征金字塔有助于在特征提取阶段注意到较小的病变区域，这是水稻病害早期侵染识别的普遍特征。在此基础上，采用多尺度投票机制，以减少不同尺度间的方差，进一步细化分类精度。

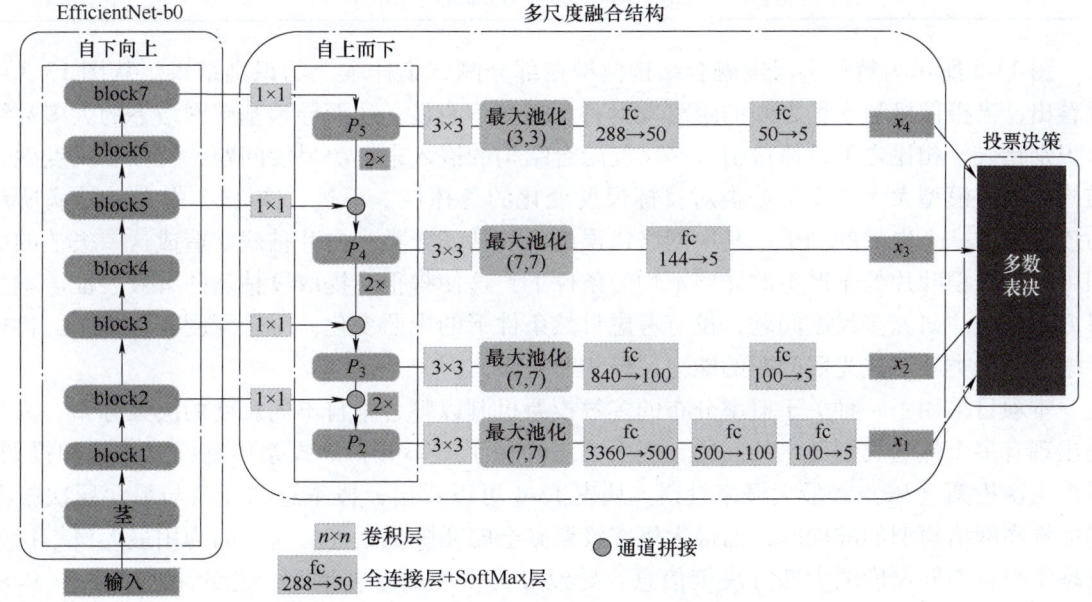

图 13-2　所提模型的整体框架

（4）实验结果　如图 13-3 所示，本实验将特征金字塔嵌入到 EfficientNet-b0 中，该金字塔具有自上而下的路径和不同特征层之间的横向连接。从表 13-3 中可以看出，多尺度融合结构的嵌入极大地提高了所有指标的预测精度，总体上和每个类别的性能提升都很明显，在模型的三个评价指标精确率、查全率、F1 Score 上均有明显提升。具体来说，所有类别的整体准确率提高了 3.45%。从效率上说，与基础网络相比，多尺度融合结构的嵌入使每幅图像消耗更多的计算时间（0.14 ms），其中额外的计算来自于特征融合。值得一提的是，无论网络模型有无特征多尺度融合，水稻纹枯病的分类识别精确率都相对较低。一个可能的原因是纹枯病的症状与背景相似，这使它难以与其他类别一样容易区分开来。然而，多尺度融合结构的嵌入仍然提高了识别准确率，其中精确率提升了 3.2%，查全率提升了 2.4%，F1 Score 提升了 2.8%。

表 13-3 多尺度模型的识别结果

模型	水稻病害	精确率	查全率	F1 Score	准确率（%）	实验时间/ms
基础模型	白叶枯病	0.895	0.912	0.903	85.79	3.91
	稻瘟病	0.727	0.621	0.670		
	褐斑病	0.822	0.830	0.826		
	纹枯病	0.819	0.879	0.848		
	健康叶片	0.950	0.983	0.966		
特征多尺度融合结构模型	白叶枯病	0.929	0.954	0.941	89.24	4.05
	稻瘟病	0.814	0.672	0.736		
	褐斑病	0.858	0.884	0.871		
	纹枯病	0.851	0.903	0.876		
	健康叶片	0.960	0.990	0.975		

图 13-3 所示为特征多尺度融合结构模型在部分测试集样本上的识别结果。从图 13-3 可以看出，当摄像机与水稻之间的距离较大时，病变不明显，从而导致基础网络下的大多数结果识别错误。相比之下，通过引入多尺度融合结构的嵌入来解决尺度问题，特征多尺度融合结构的网络模型大大提高了分类对目标尺度变化的鲁棒性。不过，图 13-3 中白叶枯病所示为该方法的一个失败的例子，其中网络错误地将纹枯病分类为白叶枯病。造成这一失败的原因可能是水稻叶片处于严重的光照不均匀条件下，这使得很难提取纹枯病的有效表征。本项目方案只关注研究多尺度问题，没有考虑自然条件下的光照变化。尽管深度表示带来的鲁棒性增强了分类器对抗光照问题的能力，但相对有限。

本项目采用了一种关于概率分布的多数投票机制以整合来自不同尺度的决策分布。为解决出现有多个候选类别胜出的问题，提出了三种基于概率分布的投票机制：概率总和投票、最深层次投票（P_2）和最大概率投票。从表 13-4 可以看出，概率总和投票与最深层次投票都能提高网络模型的准确率，而最大概率投票则会略微降低性能。这是因为用最大概率投票忽略了来自不同尺度的大部分决策信息，导致分类器中的方差增大。总的来说，由于 P_2 特征层具有最高分辨率、强语义特征映射，因此最深层次投票的决策方法在准确率方面得到巨大提升。对于网络模型的效率，表 13-4 显示投票机制的加入略微提高了推理速度（0.36ms）。这可能是由于大部分决策可以通过多数投票的方式进行，在实际上可以节省不同尺度的概率总和来进行决策的时间。由此可见，采用不同概率的多尺度投票机制可以有效地提高网络模型的准确性和效率。

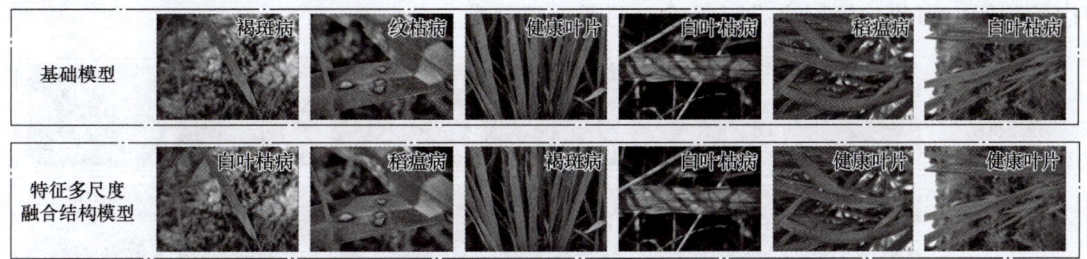

图13-3　基础模型与特征多尺度融合结构模型的分类结果
（其中红色表示错误分类的样本，黄色表示正确识别的样本）

彩图

表13-4　多尺度投票机制的结果分析

模型	水稻病害	精确率	查全率	F1 Score	准确率（%）	实验时间/ms
未使用多尺度投票机制	白叶枯病	0.929	0.954	0.941	89.24	4.05
	稻瘟病	0.814	0.672	0.736		
	褐斑病	0.858	0.884	0.871		
	纹枯病	0.851	0.903	0.876		
	健康叶片	0.960	0.990	0.975		
概率总和投票	白叶枯病	0.955	0.963	0.959	89.66	3.74
	稻瘟病	0.793	0.687	0.736		
	褐斑病	0.861	0.883	0.872		
	纹枯病	0.857	0.899	0.877		
	健康叶片	0.968	0.995	0.981		
最深层次投票	白叶枯病	0.952	0.960	0.956	90.27	3.69
	稻瘟病	0.817	0.698	0.753		
	褐斑病	0.859	0.891	0.875		
	纹枯病	0.891	0.923	0.907		
	健康叶片	0.966	0.993	0.979		
最大概率投票	白叶枯病	0.946	0.960	0.953	88.67	3.60
	稻瘟病	0.804	0.632	0.708		
	褐斑病	0.842	0.879	0.860		
	纹枯病	0.849	0.911	0.879		
	健康叶片	0.951	0.992	0.971		

图13-4所示为不同多尺度投票策略对部分测试样本的识别结果。可以看出，不同的投票策略可以在一定程度上纠正基础模型的错误分类。总的来说，用最深层次投票的策略在大多数情况下都能得到正确的结果。然而，所有投票策略方法仍然不能有效区分白叶枯病和健

康叶片类别。这可能是由于健康水稻叶片在不同角度下呈现不同的光照反射，这与白叶枯病的症状相似。因此，该算法难以正确对两者进行分类。

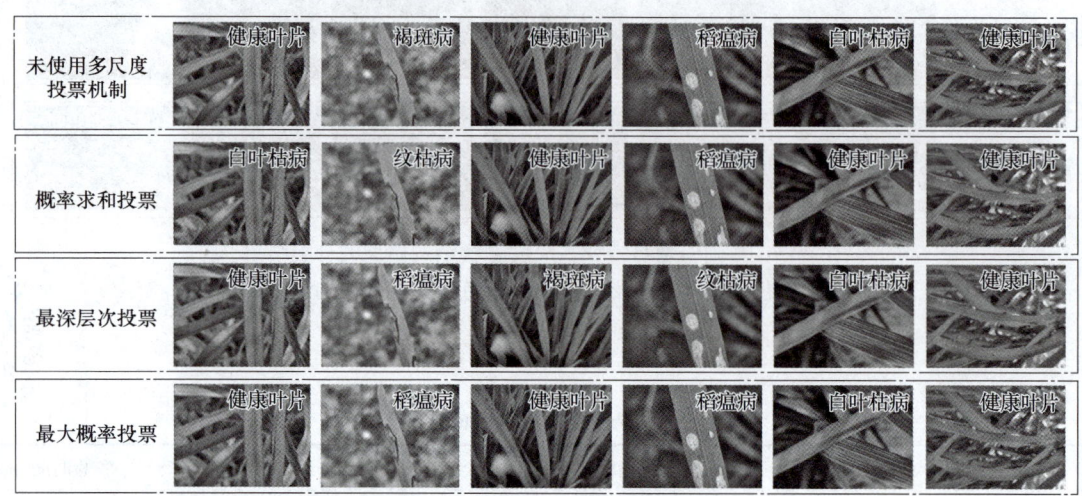

图 13-4　不同多尺度特征投票机制的分类结果
（其中红色表示错误分类的样本，黄色表示正确识别的样本）

彩图

（5）小结　水稻是最重要的粮食作物之一，水稻叶片病害会影响水稻的正常生长从而导致其严重减产。因此，水稻叶片病害的早期发现和治理对保障世界大多数国家的粮食安全至关重要。然而，不同于在实验室条件下的结构化环境，网络模型在田间环境下进行病害识别会受到诸多方面的影响，例如，目标尺度不一致、复杂背景干扰等。为此，本项目采用了一种用于自然野外条件下水稻叶片病害识别的数据集，本数据集包含 6046 张图像，涵盖 4 种主要水稻叶片病害。同时，应用基于多尺度投票策略的 RLD 分类模型，以解决真实田间环境下水稻叶片病害识别存在的尺度变化问题，配合定向自注意力机制，以解决复杂背景对水稻叶片病害精准识别造成的干扰。

通过解决尺度变化与复杂背景对分类精度的负面影响，可为水稻叶片病害的自动识别奠定基础，从而为水稻生产的精准管控提供决策信息。其不仅具有产业上的应用意义，亦有望拓展识别模型在非结构复杂环境下的适应性，因此也具有积极的科学研究价值。

13.2　基于面向对象注意力机制的无人机农情图像颜色校正算法研究

（1）研究背景及意义　大田环境下剧烈变化的温度和光照条件产生的颜色偏差，是无人机遥感应用中需要解决的普遍问题。在作物监测场景下，作物健康状况及胁迫信息主要通过颜色信息反映。颜色偏差的出现，一定程度降低了作物冠层纹理细节的清晰度，对于正确评估作物的健康状况及胁迫信息造成极大干扰。因此，研究具有通用性的无人机图像颜色校正算法，对于准确获取作物的生长信息具有重要意义。

（2）数据采集　本研究所涉及作物类型包括水稻、豆类和棉花。实验使用大疆精灵 4 无人机进行数据采集。数据采集大小为 3000×4000 像素的影像，拍摄过程中镜头垂直向下。

在飞行过程中，无人机保持在较低高度以捕获高分辨率图像。前向重叠率和旁向重叠率设置为 70% 和 60%，以保证后续图像拼接能正常完成。飞行采集过程中，使用大疆 GS Pro 地面站软件来保证图像序列之间的重叠率精度。从表 13-5 可以看出，数据是在不同地点及不同高度收集的，其中每个无人机架次构成一个数据集。每个实验地点的现场照片如图 13-5 所示。

表 13-5 试验田块与数据采集

作物类型	田块编号	面积	飞行高度/m	生长阶段	数据集编号
水稻	Rice-F1	70m×60m	10	分蘖期	Rice-D1
			15	分蘖期	Rice-D2
大豆	Bean-F1	60m×80m	15	幼苗期	Bean-D1
	Bean-F2	35m×80m	10	幼苗期	Bean-D2
棉花	Cotton-F1	70m×90m	30	幼苗期	Cotton-D1
	Cotton-F2	50m×60m	40	幼苗期	Cotton-D2
	Cotton-F3	50m×60m	40	幼苗期	Cotton-D3

图 13-5 每个实验地点的现场照片
a) Rice-F1 b) Bean-F1 c) Bean-F2 d) Cotton-F1 e) Cotton-F2 f) Cotton-F3

数据采集的原始图像大小为 3000×4000 像素，该图像尺度较大，直接处理容易导致 CPU 和 GPU 耗尽。因此，将无人机图像分割成互不重叠的 600×800 像素的图像。实验数据集划分见表 13-6。因为训练集和验证集是在不同日期或不同地点收集的，因此测试集上的实验结果可以证明算法的泛化能力。

表 13-6 实验数据集划分

作物类别	数据集划分	数据集名称	样本数量
水稻	训练集	Rice-D1	2050
	测试集	Rice-D2	1500

（续）

作物类别	数据集划分	数据集名称	样本数量
大豆	训练集	Bean-D1	4200
	测试集	Bean-D2	2075
棉花	训练集	Cotton-D1	2600
	测试集	Cotton-D2	3250
		Cotton-D3	

（3）研究方法　针对大田环境下光照等因素对水稻冠层颜色纹理表型获取所造成的干扰，需要一种基于面向对象注意力机制的冠层图像颜色纹理校正算法：首先基于无监督聚类生成风格表征的语义图，然后采用互相关及非极大值抑制生成内容表征的语义图，再使用权值自适应归一化算法，最后实现语义弱响应区域的偏差估计与颜色校正。图 13-6 所示为无人机农情图像颜色校正算法整体技术路线，图 13-7 所示为面向对象注意力机制（OBAM）的技术方案。其关键是基于语义响应强度，将图片分为语义强响应（响应强度大于预设阈值）和语义弱响应（响应强度小于预设阈值）区域。

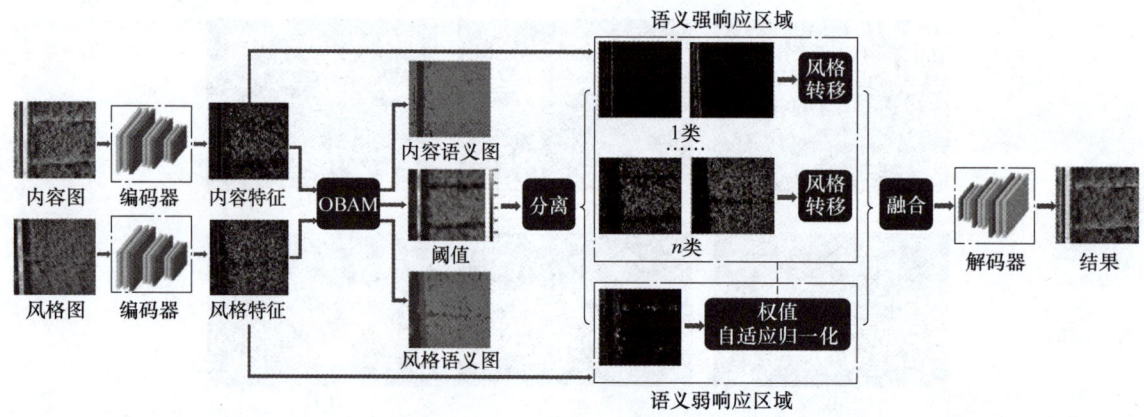

图 13-6　无人机农情图像颜色校正算法整体技术路线

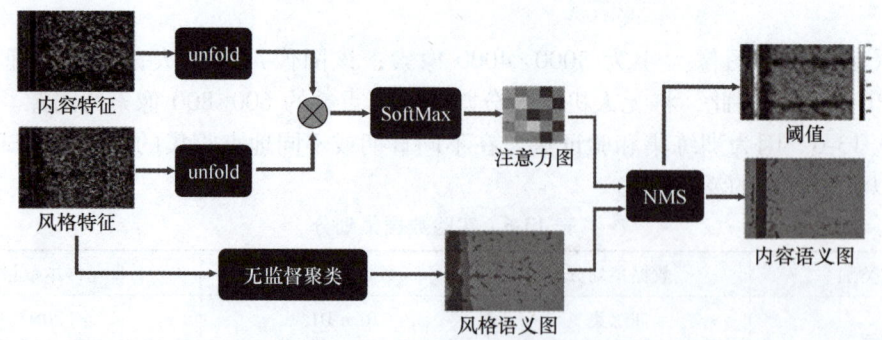

图 13-7　面向对象注意力机制（OBAM）的技术方案

对于语义强响应区域，基于小波校正的白化与彩化方法（图 13-8）进行精准颜色迁移，在校正颜色偏差的前提下改善图像的纹理细节。本研究基于编码器-解码器结构实现基于小波校正的白化与彩化过程。其中，在编码器部分，基于哈尔小波核函数提取其低频与高频信息，仅由低频信息进入下一级的特征编码；在解码器部分，基于跳跃连接融合其低频与高频信息，从而改善生成图像的细节精度。

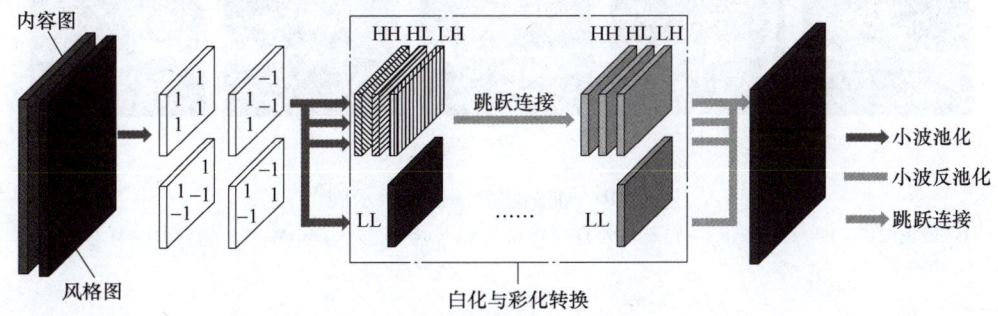

图 13-8　基于小波校正的白化与彩化方法

基于语义解耦思想，分别统计各个语义类别的统计差异；以各语义类别区域像素作为权值，进行语义弱响应区域的偏差估计，最后基于权值自适应归一化方法（图 13-9）实现其颜色校正。

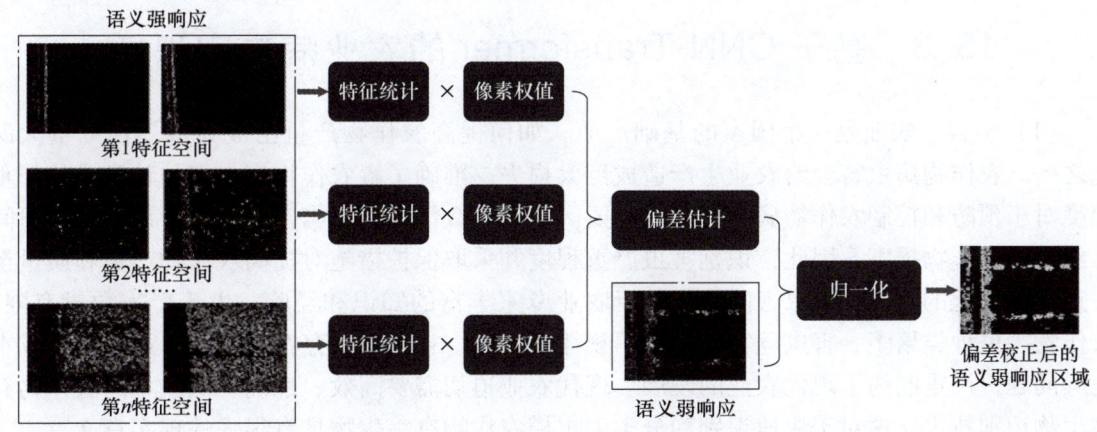

图 13-9　权值自适应归一化方法

（4）实验结果　本研究的主要创新在于针对作物表型的颜色纹理获取，采用面向对象注意力机制（OBAM）与自适应归一化方法（WAA）结合，消除了野外光照等因素对于表型获取的干扰。从消融实验结果（表 13-7 和图 13-10）可以看出，所提出方法可以有效改善水稻冠层颜色纹理获取的准确性。

表 13-7　消融实验测试结果

OBAM	WAA	KL↓	Hel↓	M_{grad}↓	HIGRADE-1↑	时间 /s↓
		0.2382	0.2129	0.0561	−0.0322	0.3564
√		0.1120	0.1487	0.0785	−0.1251	0.5228
√	√	0.1710	0.1638	0.0605	−0.0830	0.4668

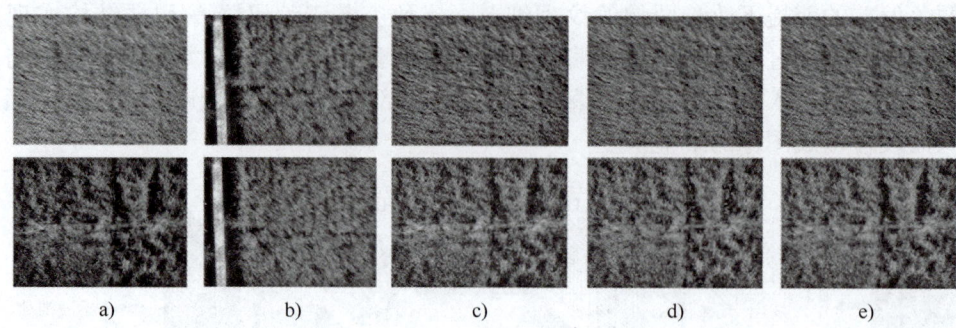

图 13-10 消融实验测试结果示例
a) 偏色图像 b) 参考图像 c) 不包含 OBAM 和 WAA d) 只包含 OBAM e) 包含 OBAM 与 WAA

（5）小结　本项目采用面向对象注意力机制，在无监督模式下搜索参考图像与待校正图像之间的语义匹配关系，解决了无人机图像语义匹配搜索中的像素孤点问题。利用权值自适应实例归一化方法，解决了语义匹配缺失下的颜色校正难题，有效改进了水稻冠层颜色纹理获取的准确度。

13.3　基于 CNN-Transformer 的农业病虫害识别

（1）引言　农业是一个国家的基础产业，如何提高农作物产量已成为世界性的重大课题之一。农作物病虫害会给农业生产造成巨大损失。准确了解农作物病虫害的种类及其严重程度对于预防和控制农作物病虫害至关重要。在大多数情况下，当害虫被正确识别时，田间已经发生了作物损害。因此，识别害虫严重程度并采取保护措施对提高农作物产量和质量至关重要。传统的农作物病虫害防控依赖于农业专家丰富的知识和经验。由于专家数量有限、农作物害虫种类繁多、害虫危害点分布不规律等原因，害虫防控存在效率低、进度慢、成本高等问题，严重制约了现代农业的发展。现代农业迫切需要高效、准确、低成本的农作物有害生物识别技术，这对于快速识别和分类大规模农作物有害生物具有很强的现实意义。

近年来，随着计算机视觉技术的飞速发展，机器学习和深度学习技术被广泛应用于农作物害虫识别。传统的机器学习方法是从农作物害虫的可见光、高光谱和近红外光谱图像中提取纹理、颜色和形状等视觉特征。然后，利用一些传统的分类算法，如支持向量机、K-近邻和人工神经网络来识别农作物害虫，这与传统的人工识别方法相比提高了效率。Larios 等人使用 Haar 随机森林提取特征，并应用带有专用非线性核的 SVM 分类器识别水生石蝇幼虫；该方法以更高的效率获得了较高的准确性。Faithpraise 等人首先利用图像的色彩空间转换结构，采用带有对应过滤器的 K-means 聚类来识别植物害虫。Kaya 和 Kayci 利用水平共现矩阵获得了纹理特征，并利用 ANN 识别了蝴蝶种类。他们的分类准确率达到了 92.85%。上述方法主要依赖于传统的机器学习方法，其识别性能过度依赖视觉特征和分类器的设计。然而，农作物害虫种类繁多，同一害虫种类在不同的生命周期中会有不同的形状、颜色和大小。因此，传统的机器学习方法存在一些缺陷，如特征参数提取复杂、泛化能力差等，导致在自然环境中的识别性能不佳。

与传统的机器学习相比，深度学习方法可以通过深度卷积神经网络逐层自动提取特征。其识别速度和准确率均优于机器学习方法，为防治农作物害虫提供了可行的路径。Cheng 等人设计了基于深度残差学习的识别模型，对 10 种农业害虫进行识别。与经典的 CNN 模型相比，复杂农田背景下的识别准确率显著提高。Alves 等人设计了一种名为 ResNet34 的深度残差网络，该网络通过一系列线性和批量归一化操作来替代 ResNet34 模型中的最后一层线性层。结合迁移学习和数据增强策略，该模型在棉花害虫分类领域取得了很高的准确率。Chen 等人创建了一个基于 MobileNet-V2 的网络，结合带有分类激活图的空间和通道注意机制，通过渐进学习策略进行训练，以在背景杂乱的情况下识别植物害虫，所提出的算法实现了高准确率和高效率。Xing 和 Lee 设计了一种名为"解耦与注意力网络"的新型 CNN 主干网，采用图像目标跟踪方法进行训练。该模型在农作物病虫害综合图像数据集中取得了很高的分类精度。除了这些针对整个农作物病虫害图像分类的研究之外，一些研究人员还专注于每种害虫的定位和识别。例如，Liu 等人提出了一种新的网络来定位和检测田间的每个害虫实例。他们将一个全局激活的特征金字塔网络和一个局部激活的区域建议网络集成到一个两级 CNN 中，以监测害虫。他们的模型可以准确有效地检测到田间的 16 种害虫。最近，基于 Transformer 的模型逐渐被应用于计算机视觉领域，这得益于 Transformer 的编码器-解码器架构在特征提取方面的优势。Visual Transformer（ViT）首次将 Transformer 架构应用于图像分类任务。当在大规模数据集上进行预训练，然后在分类任务的小规模数据集上进行微调时，ViT 模型取得了更好的结果，其性能超过了最好的 CNN 分类网络。

总之，农作物害虫识别的深度学习方法可分为粗粒度分类和细粒度分类。前者是指具有许多相似性的跨物种语义级分类，后者是指具有大量相似性的子类别分类。由于独特的生态特征，自然环境中的农作物害虫分类可以说是一项极具挑战性的细粒度图像分类（FGVC）任务。一方面，农作物害虫图像存在光照不均、遮挡密集、背景干扰等多种环境因素，使得同一类农作物害虫在不同图像中的表现各不相同。同时，同一类农作物害虫在不同生长阶段的表现也不尽相同，这就导致了类内差异的细粒度特征。另一方面，不同亚类的农作物害虫可能在形态和栖息地上有相似之处，这就产生了类间相似性这一细粒度识别问题。现有的粗粒度分类和迁移学习方法无法有效识别农业场景中具有细粒度特征的大规模多类农作物害虫，而且这些方法可能遇到识别准确率低、鲁棒性差等技术难题。因此，有必要增强模型的判别特征表示能力和精确区域定位能力，以学习不同类别农作物害虫之间的微小局部差异。常见的 FGVC 方法可分为强监督学习和弱监督学习。前者需要大量的人工标注信息，如边界框、坐标和标签信息，限制了其实际应用。弱监督学习方法只需要图像和标签信息。它无需额外的标注信息，就能通过分类任务检测出类区分区域，然后利用这些区分区域来区分对象。

项目采用卷积神经网络（CNN）与 Transformer 架构相结合的形式，开发出了农作物害虫识别模型 Pest-Conformer，以应对大规模多类农作物害虫识别问题所带来的独特而复杂的挑战。该方法将卷积神经网络中的局部性、感应偏差和移位不变性概念融入了 Transformer 模型。这使得 Transformer 能够利用其注意力机制保持对长程依赖关系的建模能力。

（2）Pest-Conformer 架构　基于自注意力机制的编码器-解码器结构在特征提取方面具有显著优势，近年来许多研究都将 Transformer 应用于计算机视觉领域。ViT 将输入图像分割成固定大小的非重叠块，Transformer 中的编码器可以捕捉长距离依赖关系，通过自注意力机制提取图像的全局特征,显著提高图像分类的准确性。掩码自动编码器(MAE)通过遮掩输入图像的随机区域,然后以自监督的方式从可见块中重建丢失的 RGB 区域,从而对 ViT 模型进行预训练。它由基于变压器的编码器和解码器组成。编码器只对可见块进行操作,解码器处理可学习的掩码标记,重建图像以学习视觉表征。它可以从数据集中学习具有区分性和可扩展性的表征。然而,原生的 ViT 模型只能捕捉单个图像样本中的块之间的相关性,导致特征提取能力不足,不利于捕捉更微小、更多尺度的细粒度判别特征,从而限制了判别特征信息的表示。将 CNN 和 Transformer 结合起来,可以继承 CNN 和 Transformer 的优点,最大限度地保留局部和全局特征。因此,通过将 MAE 应用于卷积-变换器网络,ConvMAE 架构就能通过掩码自动编码方式学习具有区分性的多尺度视觉表征。

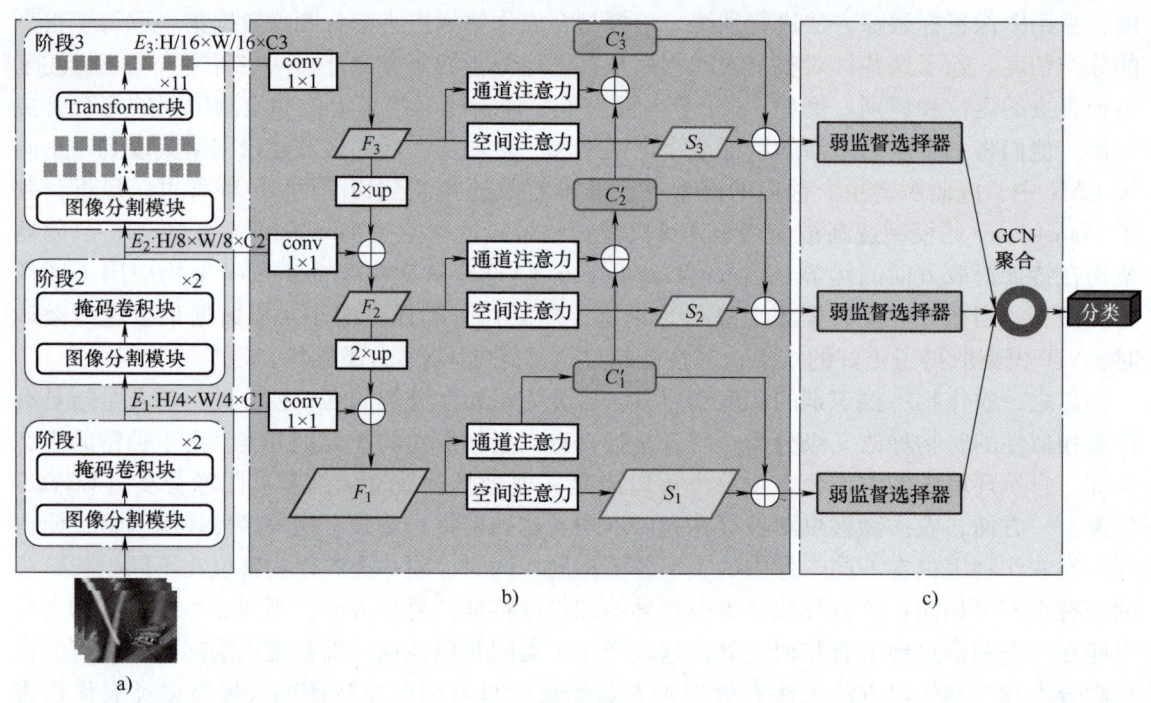

图 13-11 Pest-Conformer 模型结构
a) 混合 CNN-Transformer 主干网络　b) 双路径特征聚合模块　c) 细粒度分类模块

如图 13-11 所示,模型由主干网络、双路径特征聚合模块和细粒度分类模块组成。通过将 CNN 的局部性引入变换器,同时保留其全局性,主干网络实现了视觉特征从粗到细的级联提取。在主干网络的基础上,进一步构建双路径特征融合与选择模块,促进模型学习更全面、更精细、更多样的特征信息,从而增强模型的判别表征能力。最后,通过图卷积网络和线性分类器来识别农作物害虫。

1) 混合 CNN-Transformer 主干网络。混合 CNN-Transformer 主干网络将 CNN 的归纳偏置能力引入 Transformer 中,在视觉任务中取得了良好的性能。ConvMAE 架构对混合模型进行了简化。在早期阶段,两个卷积块用于提取高分辨率特征图的局部模式。在较深的阶段,Transformer 中的全局自注模块用于捕捉低分辨率嵌入标记的高层语义和全局关系。因此,采用混合架构的编码器可以在不同阶段学习有效的局部和全局感受野,然后生成多尺度判别特征。

在 Pest-Conformer 中，如图 13-11a 所示，以预先训练好的 CNN-Transformer 编码器架构为主干，提取多尺度特征 E_1、E_2 和 E_3，并分别捕捉粗粒度和细粒度图像信息。不同阶段输出特征的大小分别为 H/4×W/4，H/8×W/8，H/16×W/16，其中，H×W 是输入图像的分辨率。在每个阶段的开始，图像分割模块执行卷积操作，将输入图像分割成块，并对这些扁平化的块进行线性投影。在第一和第二阶段，两个堆叠掩码卷积块用于生成 Token Embeddings，$E_1 \in \mathbb{R}^{H/4 \times W/4 \times C_1}$ 和 $E_2 \in \mathbb{R}^{H/8 \times W/8 \times C_2}$。每个掩码卷积块都是通过用 5×5 深度卷积模块替换自注意力模块得到的。在第三阶段，转换块中有 11 个全局自注意力模块，用于生成 Token Embeddings，$E_3 \in \mathbb{R}^{H/16 \times W/16 \times C_3}$。前两个阶段的局部卷积层操作通过卷积操作在局部特征提取中发挥了重要作用。第三阶段的变换器模块利用自注意力机制捕捉丰富的全局上下文信息，并从粗粒度特征中学习长程依赖关系，将感受野从有限的局部区域扩展到整个图像。

2）双路径特征聚合。在 FGVC 任务中，需要的不仅仅是依靠主干网络返回的语义特征进行分类。因为这会丢失所提取特征的语义信息中的局部细节，而这对提高 FGVC 任务的识别性能至关重要。特征金字塔网络通常用于提取多层次特征。FPN 一般用来提取多尺度特征中的局部细节信息，生成多层次的细粒度特征。传统的 FPN 对深层语义信息进行上采样，并通过元素加法与浅层语义信息合并，从而获得高分辨率、强语义的图像特征。在 FPN 的基础上，PANet 通过自下而上的路径传播信息，增强了主干网的语义表示。

受 FPN、PANet 和 AP-CNN 网络的启发，本项目采用双路径特征聚合方法来提取和融合多尺度特征，如图 13-11b 所示。在自上而下的路径中，应用 FPN 结构从不同尺度的主干网中提取三尺度特征，然后再从主干网中提取多尺度特征 $\{F_1, F_2, F_3\}$，并将具有全局上下文信息的高层次特征图，从较高的金字塔层转移到较低的金字塔层，从而将低分辨率、语义稳健的特征与高分辨率、语义较弱的特征聚合在一起。在自下而上的方式中，基于注意力机制将具有细粒度特征和精确定位的低级特征传播到整个特征层次结构中。自下而上的注意力路径包括①空间注意力 $\{S_1, S_2, S_3\}$ 定位不同尺度的辨别特征区域；②通道注意力 $\{C_1, C_2, C_3\}$ 计算特征的通道权重，并通过自下而上的路径将局部和空间信息从浅层传递到深层。

① 空间注意力模型。如图 13-12 所示，空间注意力图是根据输入特征的空间关系生成的。它对于确定图像识别任务中应关注的空间位置至关重要。在卷积块注意力模型（CBAM）方法中，首先分别沿通道轴进行平均池化和最大池化，生成两个不同的二维特征。然后，通过标准的 7×7 卷积操作将这两个特征串联。Pest-Conformer 采用了改进的简单空间注意力模型（SAM），直接对输入特征 F_k 进行常规的 3×3 解卷积操作，以生成二维空间注意力图掩码。S_k 的计算方法为

$$S_k = \sigma[dconv_{3 \times 3}(F_k)] \tag{13-1}$$

② 通道注意力模型。如图 13-13 所示，通过自下而上的路径，利用输入特征的通道间非线性关系生成通道关注图。它可以计算通道重要性，根据整个特征图选择关键特征维度，并为每个通道分配权重。与 SE-Net 和 CBAM 中的通道注意力机制不同，首先利用自适应平均池化来聚合空间信息，然后将聚合的信息传递给两个全连接层，生成通道注意力图掩码

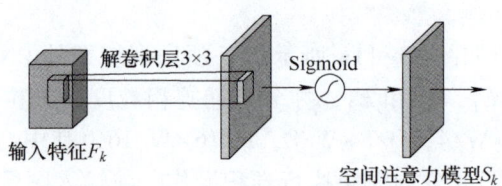

图 13-12 空间注意力模型

$C_k \in \mathbb{R}^{C \times 1 \times 1}$。在每个全连接层之后都有一个非线性函数，如 ReLU 和 Sigmoid。通道注意力图掩码可表示为

$$C_k = \sigma\{W_1 \cdot ReLU[W_2 \cdot AdAvgPool(F_k)]\} \tag{13-2}$$

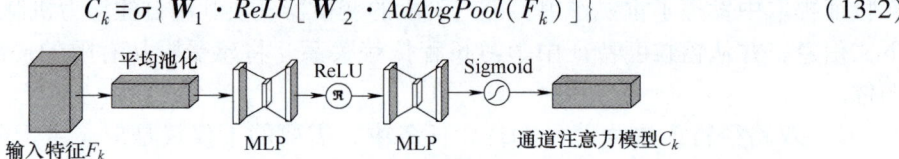

图 13-13 通道注意力模型

③ 特征聚合。对应 FPN 每一级中的特征，CBAM 和 SAM 分别在通道和空间维度上生成注意力图掩码。然后，将组合特征图掩码与输入特征 F_k 相乘，得到最终的增强特征图，从而实现特征聚焦和抑制背景噪声信息。增强特征图可以表示为

$$f_k = F_k \odot (S_k \oplus C'_k) \tag{13-3}$$

式中，$\odot$ 表示逐元素乘积，$\oplus$ 表示广播逐元素加法运算。C'_k 是通过自下而上的路径方式聚合的信道注意力图掩码。经过聚合操作后，含有更多位置信息的低层详细信息将从较低的金字塔层传输到较高的金字塔层。信道聚合操作可描述为

$$C'_k = \frac{1}{2}(C_k + C_{k-1}) \tag{13-4}$$

式中，$k \geq 2$。当 $k=1$ 时，$C'_k = C_k$。

3）细粒度分类模块。

① 判别特征选择。由于农作物病虫害分类数据集具有类间相似度高和类内变异大的特性。在深度学习提取的特征中，高级特征通常具有较丰富的上下文信息，但定位能力有限，导致无法有效定位判别区域。因此，FGVC 的关键点在于学习局部判别特征。在基于注意力的分类方法中，注意力机制通常被用来定位判别区域。然而，特征图的不同通道关注不同的模式信息，有些通道可能只关注冗余信息或背景噪声信息。本研究采用了一种基于弱监督学习的判别区域选择策略，以定位最具判别能力的区域，同时解决冗余信息的问题。受 PIM 模块的启发，Pest-Conformer 主要思路是通过三层双路径模块将从主干网络中提取的高层和低层特征进行融合，并利用信道和空间机制在不同尺度级别上增强整个特征。然后将增强后的特征发送给三个独立的分类器计算分类分数。然后根据预测分数将这些增强的特征图划分为候选区域和非判别性区域。在每个金字塔层，两个全连接层用于预测每个特征点的类别，并根据 SoftMax 函数计算预测结果的分类概率分布。然后，对预测概率进行降序排序，并在不同层级选择一定数量的概率分数较高的特征点。被选中的特征点被认为是判别特征点，可

以代表特征图中相邻区域对 FGVC 任务的重要性。相反，未被选中的特征点被认为是背景或噪声特征，对 FGVC 任务的用处较小。通过弱监督选择器使用判别特征点选择方法，可以更多地关注判别区域，过滤与作物虫害分类关系不大的区域。弱监督选择过程描述如下。

弱监督模块通常包含一个线性分类器，由两个全连接层和一个 SoftMax 函数组成。当输入到选择模块时，f_k 中的特征点先会被分类。在这里，$f'_k \in \mathbb{R}^{t \times H \times W}$ 表示通过线性分类器的特征图，其中 t 是农作物害虫类别的总数。

$$f'_k = W_4\{ReLU\{BN[W_3(f_k)]\}\} \tag{13-5}$$

式中，W_3 是全连接层的权重矩阵，W_4 是线性分类器的权重矩阵。

在特征图 f'_k 中计算出预测结果后，一个 SoftMax 层将预测结果转换为概率分布，这可视为作物虫害 FGVC 任务的弱监督分类预测。

$$P(F_k) = SoftMax(f'_k) \tag{13-6}$$

式中，$P(F_k)$ 代表这些特征点在第 k 层的预测概率。由于不同金字塔层中的不同尺度特征对最终分类结果的贡献不同，因此在不同尺度的特征层中选择一定数量的具有判别特征的特征点。

② 判别特征聚合。如图 13-14 所示，在选取不同级别的不同尺度特征的判别特征点时，利用图卷积网络（GCN）作为特征融合机制来融合这些选取的特征点。在 GCN 中，所有这些信息特征点都可以被视为图结构的节点。因此，在图结构中，节点代表不同尺度和空间位置的各种特征，而两个节点之间的边可视为两个特征点之间的相关性。首先，将所有选定的特征点输入 GCN，以学习不同节点之间的关系。然后，采用池化层将这些特征聚合成几个超级节点。选定的局部特征可与图卷积和节点聚合相互作用，实现局部信息流的整合。接着，在不破坏增强特征图的情况下，将它们有效地组合成全局判别特征点。最后，对这些超级判别点进行平均池化操作，然后通过线性分类器对这些平均节点进行分类。

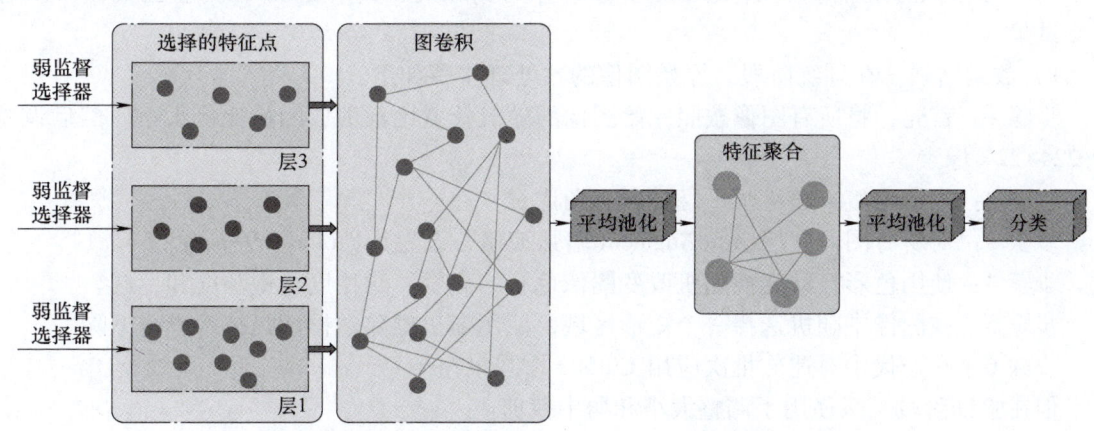

图 13-14　不同金字塔级别的图卷积和特征聚合过程

（3）实验结果及讨论　在两个数据集上对所提出的方法进行评估。第一个数据集是 IP102，这是一个用于分类和检测任务的农作物害虫公共数据集。它包含近 75000 张图片，其中有 102 种常见农作物的病虫害图像，包括紫花苜蓿、水稻、甜菜、柑橘、玉米、芒果、葡萄和小麦。该数据集主要是通过从各种搜索引擎和与农业及昆虫科学相关的网站上收集图片构建的。此外，还从视频剪辑中捕获了一些包含害虫的图像。在实验中，IP102 数据集分为三个部分：包含 45095 张图片的训练集、包含 7508 张图片的验证集和包含 22619 张图片的测试集。

该数据集存在几个实际问题：①图像涵盖害虫的整个生命周期，包括卵、幼虫、蛹和成虫四个阶段，这可能会增加预测分类的难度，尤其是早期幼虫阶段；②数据集的类数呈现自然长尾数据分布；③数据集具有突出的种内差异和广泛的种间相似性特征；④数据集中有许多质量较差的图像，例如，在噪声背景上有明显的水印和微小的害虫。由于上述原因，很难识别每种农作物害虫的类别。数据集中的样本图像如图 13-15 所示。

图 13-15　IP102 图像样本（第一行和第二行分别显示处于不同生命周期的两种作物害虫，列显示同一生命阶段不同作物害虫的形态）

第二个数据集是 D0，它涵盖了近 4500 张在田间捕捉到的属于 40 种不同害虫的图像。对于 D0，我们随机选择每种害虫图像的 70% 作为训练集，其余 30% 作为验证集，70% 作为测试集。

1）数据增强。在训练阶段，原始图像的预处理步骤如下：

步骤 1：首先，将所有图像按照原始图像的随机长宽比裁剪成随机比例大小，然后调整为 224×224 像素。

步骤 2：以给定概率随机水平翻转所有图像。

步骤 3：对所有图像应用 AutoAugment 增强策略，设置为 "rand-m9-mstd0.5-inc1"。

步骤 4：使用色彩抖动变换随机改变图像色彩的亮度、对比度、饱和度和色调。

步骤 5：在图像中随机选择一个矩形区域，使用随机擦除数据增强技术进行擦除。

步骤 6：在迭代中对迷你批次应用 CutMix 增强策略。

但在验证阶段，只使用了调整大小和居中裁剪。

2）CutMix 增强。CutMix 增强方法是一种提高分类和定位性能的正则化策略。如图 13-16 所示，它通过移除一幅训练图像的局部区域，并用同一批图像中另一幅图像的相同大小区域进行替换，从而生成一幅新的局部自然图像。同时，根据两个标签的面积比，按比例混合生成图像的真实标签。

评估指标：由于 IP102 数据集中害虫类别分布不平衡，因此采用准确率（Acc）和加权 F1 Score 作为评价指标来评估分类性能。

3）实验设置和训练。所有训练和验证实验均在 Ubuntu 20.04 LTS 系统的深度学习工作

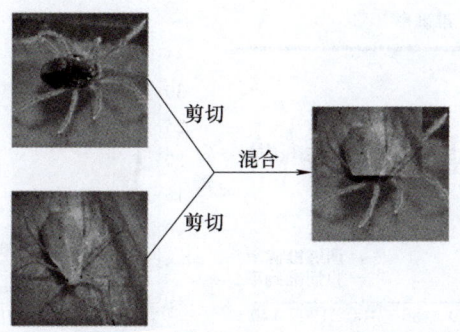

图 13-16　CutMix 示意图

站上进行。软件基于 Python 3.9 的 PyTorch 1.13.0 框架和 PyTorch 图像模型库实现。

为了加快模型的训练时间，我们采用了 AdamW 优化器，学习率 lr 采用线性缩放规则：lr＝base_ lr×batchsize/256，基础 lr 为 0.0005，权重衰减为 0.05，批量大小为 32，层学习率衰减设为 0.65。之所以考虑 Adam 优化器，是因为它结合了权重衰减和 L2 正则化，可以有效防止训练阶段的过拟合问题。

图 13-17 和图 13-18 分别是在 IP102 和 D0 数据集上的实验结果。从这两幅图中可以看出，所提出的方法欠拟合。在精度图中，验证数据的精度结果优于训练数据。不过，从图 13-19可以看出，使用 CutMix 增强是拟合不足的主要原因。如上所述，在一个训练批次中，通过切割和混合随机抽取的两个样本，生成了一个组合的新训练样本，这使得生成的图像和标签看起来很复杂。特别是在农作物害虫数据集中，有些害虫的体型比周围背景小得多（图 13-15），采用 CutMix 数据增强后，就很难选择合适的两幅图像的面积比。因此，所提出的模型在训练过程中会出现混淆，使得训练精度小于验证精度。

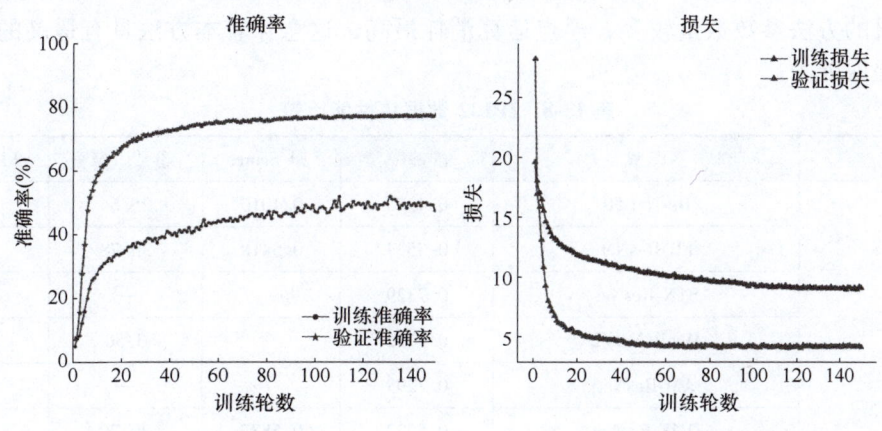

图 13-17　Pest-Conformer 在 IP102 上的实验结果

4）与最新方法的比较：现有在 IP102 数据集上用于害虫识别的方法分为三类：基于 CNN 的方法、基于集合的方法和基于变换器的方法。为了验证所提模型的分类效果，将其性能与 SOTA（最先进的）方法进行了比较。表 13-8 显示了比较结果和计算消耗，其中最佳识别结果以黑体字表示。结果显示，本项目方法在数据集上达到了 77.81% 的准确率和

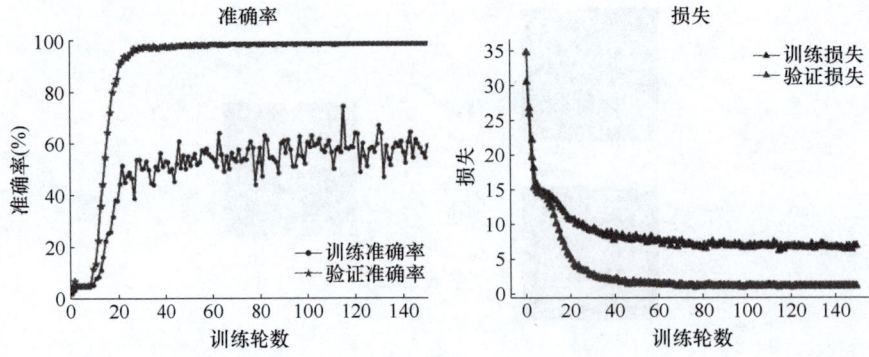

图 13-18　Pest-Conformer 在 D0 上的实验结果

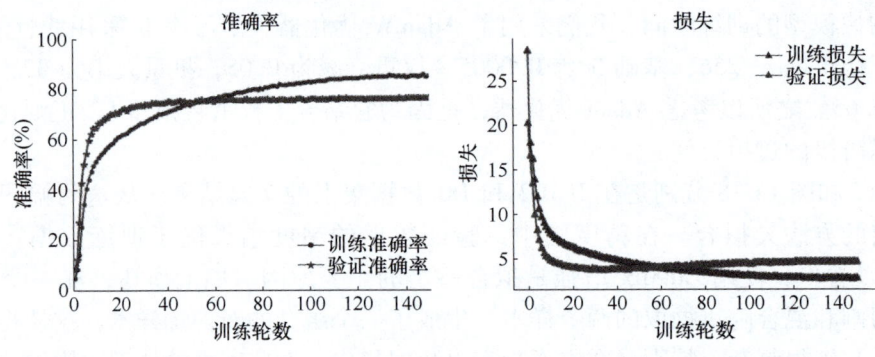

图 13-19　Pest-Conformer 在 IP102 上不使用 CutMix 的实验结果

77.36% 的 F1 Score。但是，由于采用了复杂的混合 CNN 变换器架构，在农作物害虫识别中，本项目的方法参数数量较多，浮点运算消耗最高，这意味着本方法具有最高的模型复杂度和特征提取能力。

表 13-8　IP102 数据集性能比较

类别	模型	准确率	F1 Score	参数（M）	FLOPs（G）
CNN 模型	ResNet-50	0.4950	0.4010	25.64	4.09
	FR-ResNet	0.5524	0.5418	30.78	—
	STN-ResNet	0.7329	—	—	5.45
	MobileNetV2	0.7132	—	3.50	0.30
	AM-ResNet	0.7299	—	—	—
	DMF-ResNet	0.5922	0.5837	29.70	—
	EfficientNet V2-S	0.7000	—	20.31	2.80
	PCNet	0.7370	—	20.70	2.88
	IRNV2	0.7184	0.6406	60.40	—
	VRFNet	0.6834	0.6834	—	—

(续)

类别	模型	准确率	F1 Score	参数（M）	FLOPs（G）
Transformer 模型	FRCF+LSMAE	0.7469	0.7436	85.80	17.60
	CNN + Transformer	0.7489	—	28.31	—
	DWVit-ES	0.7600	—	19.60	3.5
集成模型	GAEnsemble	0.6713	0.6576	—	—
	Ensembles with Six CNN models	0.7411	0.7290	—	—
	Pest-Conformer	0.7781	0.7736	87.37	25.61

为了更好地评估所使用模型的性能，还可在一个相对较小的数据集 D0 上对模型进行评估。现有模型在 D0 数据集上都取得了极高的识别准确率，见表 13-9。

表 13-9 模型在 D0 数据集上的性能比较

类别	模型	准确率	F1 Score	参数（M）	FLOPs（G）
CNN 模型	MobileNet-Small	0.9777	0.973	2.54	0.06
	DenseNet121	0.9589	0.9589	2.83	7.98
	EfficientNet-B0	0.9833	0.9833	5.29	0.39
	Deep CNN	0.9597	—	—	—
	MNV2	0.9989	0.9986	3.50	0.30
	VRFNet	0.9912	0.9912	—	—
Transformer 模型	CNN+Transformer	0.9915	—	28.30	—
集成模型	GAEnsemble	0.9881	0.9881	—	—
	Ensembles with Six CNN models	0.9981	0.9971	—	—
	Pest-Conformer	0.9951	0.9950	87.37	25.61

5）消融实验：为了证明本项目方法中的技巧和设计的有效性和必要性，需要进行多项消融研究。表 13-10 显示了 Pest-Conformer 在 IP102 数据集上的消融实验结果。在第一个实验中，选择了一个预先训练好的多尺度混合 CNN-Transformer 编码器作为主干网络，在数据集上进行微调，以验证分类性能。其准确率达到 77.16%，F1 Score 达到 76.71%。这表明，与之前的研究相比，性能已经有了明显的提高。其主要原因是将 Transformer 与卷积相结合，解决了 Transformer 在视觉任务中缺乏提取局部模式的能力。因此，高层卷积块在早期用于编码局部信息，而低层 Transformer 块在后期用于实现全局信息聚合。因此，所提出的混合主干网络可以通过在不同阶段聚合局部和全局特征图来学习更具判别性的多尺度特征，从而增强判别特征提取能力。另一个原因是，掩码自动编码器架构可以通过对图像块的部分观察来重建原始掩码图像斑块。Pest-Conformer 可以学习具有区分性和可扩展性的特征表征。

表 13-10　消融实验结果

模型	因素				准确率	F1 Score
	无 CutMix	有 CutMix	有 FGVC	采用双路径特征聚合模块		
Pest-Conformer	√				0.7716	0.7671
		√			0.7748	0.7696
		√	√		0.7773	0.7732
		√	√	√	0.7781	0.7736

　　基于上述实验，在训练阶段采用了 CutMix 增强策略。结果表明，CutMix 有助于将识别准确率提高到 77.48%。一方面，CutMix 有助于使主干网络聚焦于目标区域的所有辨别特征，通过学习空间分布的表征，引导分类器基于更广泛的特征系列进行分类。另一方面，在复杂的背景环境主导图像的数据集中，存在大量的微小害虫。因此，在某些极端情况下，两个只包含背景的图像块会合并生成一个新的图片，这将导致 CutMix 无效。不过，在本项目中，结果显示模型通过使用 CutMix 增强得到了改进。

　　第三个实验为混合主干网络添加了一个 FGVC 模块。与前两个实验相同，FGVC 模块也改进了我们的模型。准确率为 77.73%，F1 Score 为 77.32%。这表明该模块可以有效地从不同尺度的像素级特征图中选择适当的区域，然后筛选出具有较强判别能力的特征点。这些判别能力强的特征点通过图组合器进行融合，从而得到预测结果。这意味着融合后的判别特征可以实现所提出的害虫 FGVC 模型的性能改进。

　　在最后的实验中，基于第三次实验的模型采用了双路径特征聚合模块。所提出的方法在 IP102 数据集上取得了最好的分类性能，准确率达到 77.81%。取得这样的结果需要考虑以下原因。其一，选择 FPN 作为自上而下的基础结构来提取不同尺度的特征。较低的金字塔层通过从较高的金字塔层上采样空间上更粗糙，但语义上更稳健的特征图来获得更高分辨率的特征，这有利于分类任务。其二，根据金字塔特征引入自下而上的注意力机制结构；空间注意力模型用于定位不同尺度的分辨特征区域，通道注意力模型用于利用通道间关系、捕捉通道相关性，并以自下而上的方式传递更多局部细节。双通道、多尺度的注意力机制使得低层次特征有效地向高层次传播，丰富了整个特征层次结构，增强了农作物病虫害图像的细粒度特征表示，提高了局部判别特征的定位能力。

　　6）定性分析：如图 13-15 所示，在 IP102 数据集中，由于生态学特性，同一类农作物害虫在不同的生命周期中表现出不同的形态，不同的子类在同一生长阶段可能有相似的形态。研究表明，基于 Transformer 的模型在卵期表现较差，其次是幼虫期。蛹期和成虫期的识别准确率差别不大，相对高于其他两个阶段。其原因有以下几点：①在卵和幼虫阶段，害虫的体型远小于背景的体型，很难识别如此微小和密集的物体；②在蛹和成虫阶段，害虫的体型增大，一些作物害虫具有明显的颜色和纹理特征，这将提高识别准确率。但由于类间相似性的特点，准确率的提高有限。

　　为了更好地评估模型的细粒度特征识别能力，图 13-20 显示了几个错误识别样本。可以看出，Pest-ConFormer 在作物害虫的卵、幼虫和蛹的生长阶段无法有效识别。但在成虫阶段，方法表现良好。主要原因如下：①不同生命周期的图像数量不平衡。与成虫阶段相比，其他三个生长阶段的图像数量相对较少,模型无法学习到图像中的判别特征;②类间相似性特征。处于同一生长阶段的不同农作物害虫具有相似的外观,这会使模型产生混淆。图 13-21 显示了图 13-20 中错误识别样本的形态学相似性。很明显,同一列中的农作物害虫外形相似。因此,为了提高早期生长阶段的分类准确率,需要在训练过程中加入更多早期生长阶段的样本图像。

卵	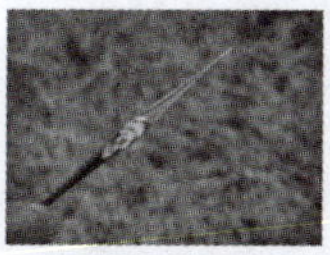		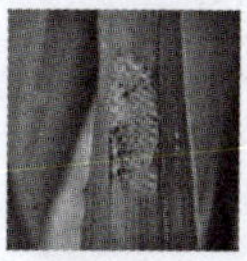
置信度	0.692	0.255	0.515
预测值	稻纵卷叶螟	黄切虫	黄稻螟虫
真实值	稻纵卷叶螟	黑切虫	亚洲稻螟
幼虫	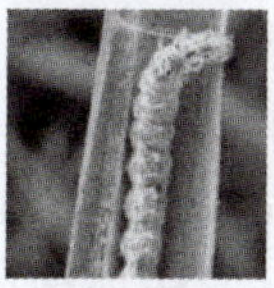		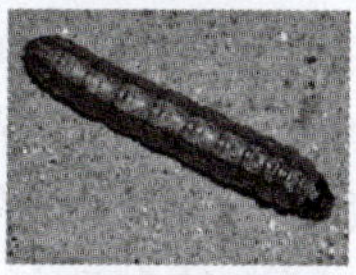
置信度	0.679	0.757	0.628
预测值	稻纵卷叶螟	稻纵卷叶螟	黑切虫
真实值	稻纵卷叶螟	稻纵卷叶螟	大切虫
蛹	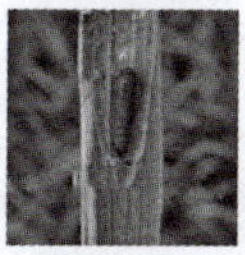	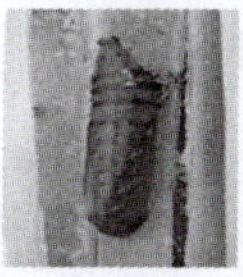	
置信度	0.615	0.755	0.398
预测值	稻纵卷叶螟	亚洲稻螟	大切虫
真实值	稻纵卷叶螟	亚洲稻螟	黄切虫
成虫	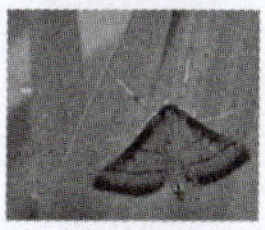	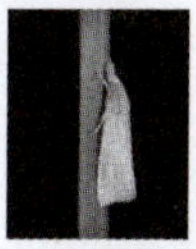	
置信度	0.694	0.682	0.787
预测值	稻纵卷叶螟	亚洲稻螟	黄切虫
真实值	稻纵卷叶螟	亚洲稻螟	黄切虫

图 13-20　IP102 中的错误识别样本

(4) 结论　基于视觉的大规模农作物害虫尤其是幼虫期害虫识别是早期害虫监测的重要且有效的手段之一,也是农作物保护的重要途径之一。作为一种主流的农作物害虫识别技术,传统的深度学习方法面临着各种挑战,包括农作物害虫种类繁多、存在复杂的背景干扰、不同害虫类别之间相似度较高、同一类别中害虫的外观差异较大等。为了解决这些问

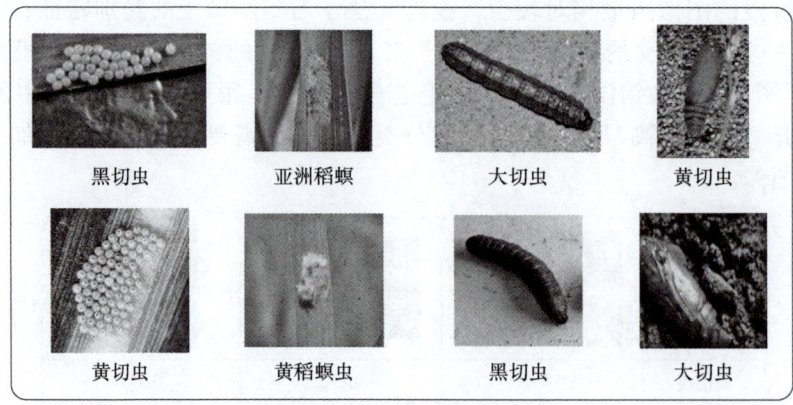

图 13-21 错误识别样本的形态学相似性

题，本研究基于 CNN-Transformer 的新型农作物害虫细粒度识别网络 Pest-Conformer 开展实验工作。Pest-Conformer 采用混合架构，包含双重特征聚合途径。该技术途径由类似于 FPN 的自上而下结构和类似于 PANet 的自下而上的注意力模块结构组成。该技术途径的目的是传递高层次的全局上下文信息和低层次的局部细节信息。这种传递丰富了每个层次的特征。细粒度分类模块由一个弱鉴别特征选择模块和一个基于 GCN 的特征聚合模块组成。该模块旨在选择分辨特征点并结合全局分辨特征，以进一步提高 FGVC 的性能。利用 IP102 基准数据集评估了所提方法的识别性能，并进行了多次消融实验来验证各模块的有效性。实验结果表明，所提方法的准确率为 77.81%，F1 Score 为 77.36%，比 SOTA 农作物害虫识别方法高出近 2 个百分点。

虽然 Pest-Conformer 模型在对 IP102 数据集进行精细分类方面能达到较高的准确度，但仍存在计算成本高的缺点。在未来的工作中，计划创建一个轻量级变压器模块，并在移动设备上实现轻量级模型，以方便在现场进行早期监测。

参 考 文 献

[1] RAFFORT J, ADAM C, CARRIER M, et al. Fundamentals in artificial intelligence for vascular surgeons [J]. Annals of vascular surgery, 2020, 65: 254-260.

[2] GLIKSON E, WOOLLEY A W. Human trust in artificial intelligence: Review of empirical research [J]. Academy of Management Annals, 2020, 14 (2): 627-660.

[3] ZHAI X, CHU X, CHAI C S, et al. A Review of Artificial Intelligence (AI) in Education from 2010 to 2020 [J]. Complexity, 2021, 1: 8812542.

[4] KAUR D, USLU S, RITTICHIER K J, et al. Trustworthy artificial intelligence: a review [J]. ACM computing surveys (CSUR), 2022, 55 (2): 1-38.

[5] ZHANG L, ZHANG L. Artificial intelligence for remote sensing data analysis: A review of challenges and opportunities [J]. IEEE Geoscience and Remote Sensing Magazine, 2022, 10 (2): 270-294.

[6] SECINARO S, CALANDRA D, SECINARO A, et al. The role of artificial intelligence in healthcare: a structured literature review [J]. BMC medical informatics and decision making, 2021, 21: 1-23.

[7] CHOWDHARY K R. Fundamentals of artificial intelligence [M]. New Delhi: Springer India, 2020.

[8] PERES R S, JIA X, LEE J, et al. Industrial artificial intelligence in industry 4.0-systematic review, challenges and outlook [J]. IEEE Access, 2020, 8: 220121-220139.

[9] VRONTIS D, CHRISTOFI M, PEREIRA V, et al. Artificial intelligence, robotics, advanced technologies and human resource management: a systematic review [J]. Artificial intelligence and international HRM, 2023: 172-201.

[10] FANG M, TAN Z, TANG Y, et al. Pest-ConFormer: A hybrid CNN-Transformer architecture for large-scale multi-class crop pest recognition [J]. Expert Systems with Applications, 2024, 255: 124833.

[11] TANG Y, ZHAO J, HUANG H, et al. Multiscale voting mechanism for rice leaf disease recognition under natural field conditions [J]. International Journal of Intelligent Systems, 2022, 37 (12): 12169-12191.

[12] HUANG H, TANG Y, TAN Z, et al. Object-based attention mechanism for color calibration of UAV remote sensing images in precision agriculture [J]. IEEE transactions on geoscience and remote sensing, 2022, 60: 1-13.

[13] BHARADIYA J P, THOMAS R K, AHMED F. Rise of Artificial Intelligence in Business and Industry [J]. Journal of Engineering Research and Reports, 2023, 25 (3): 85-103.

[14] CHIU T K F, XIA Q, ZHOU X, et al. Systematic literature review on opportunities, challenges, and future research recommendations of artificial intelligence in education [J]. Computers and Education: Artificial Intelligence, 2023, 4: 100118.

[15] CHEN R J, WANG J J, WILLIAMSON D F K, et al. Algorithmic fairness in artificial intelligence for medicine and healthcare [J]. Nature biomedical engineering, 2023, 7 (6): 719-742.